기천수련보감

氣天修練寶鑑

일저 조성호 저

身法·丹法·心法

氣天訓

기천훈

말이나 글에 집착하지 말고 몸으로 수행하라

氣天銘 기천명

氣武天然	기무천연	기천무학은 자연 그대로이며
身活心明	신활심명	몸은 활기차고 마음은 밝도다
眼光透青	안광투청	눈은 푸르도록 맑으며
一態美嚴	일태미엄	한 자세는 아름답고도 엄하도다
手手華英	수수화영	손 씀씀이는 화려한 꽃봉오리요
步步飛雲	보보비운	걸음걸음은 나르는 구름이라
神氣鬼影	신기귀영	신의 기운이요, 귀신의 그림자이니
無虛無實	무허무실	허도 없고, 실도 없도다
武道暗香	무도암향	무도란 은은한 향기와 같은 것
岩中石花	암중석화	바위 속에 핀 돌꽃이라
同遊狂風	동유광풍	미친바람과 함께 노닐고
同宿醉月	동숙취월	달에 취해 자노라
一拳打魔	일권타마	일 권의 지름으로 마를 부수고
一劍破邪	일검파사	일 검의 휘두름은 사악함을 자른다
心如浮雲	심여부운	마음은 뜬구름이라
靈光照天	영광조천	영롱한 빛이 하늘에 비추인다.

머리말

나는 천라수련원을 개원한 이후로는 오로지 기천을 전하겠다는 일념으로 지냈다. 나의 모든 것을 걸고 수련하던 중 기천을 새롭게 느끼면서 나는 크게 놀랐다. 그것은 내게 큰 충격이었고 가만히 있을 수가 없었다. 나에게는 새롭게 느낀 기천을 사람들과 함께 공유해야 할 절대적 사명감으로 다가왔다.

그렇지만 그때나 지금이나 기천에 대해 아는 사람은 그리 많지 않다. 간혹 기천에 관심이 있어 온 사람들도 수련에 큰 뜻을 품고 온 사람은 거의 찾아보기 어려웠다. 이런 사람들에게 기천 몸짓을 넘어 단법과 심법까지 이해시켜 참된 수련으로 안내하기까지는 쉽지 않았다.

우선 수련에 대한 개념을 이해시키기 위해 계룡산에서 산장을 빌려 1주일씩 숙식을 함께하며 심법만을 집중적으로 수련해 보기도 했다. 나는 그때 사람들이 변화하는 것을 보았다. 수련한 사람들은 모두 큰 변화를 경험하고 스스로 감동하지 않는 사람이 없었다. 여러 차례에 걸쳐 더 많은 사람을 수련시켜 보았고 그때마다 비슷한 결과가 나타났다. 기천으로 사람들의 건강과 정신을 함께 살리겠다는 나의 각오는 더욱 강렬해졌.

나는 기천 수련 교재를 써야겠다고 생각했다. 그때가 2003년도였다. 기천 몸짓만이 아닌 단법과 심법까지 체계적으로 수련할 수 있도록 정리해야겠다는 생각이었다. 그렇게 할 때 기천은 현대인에게 최고의 수련법이 될 것이라 확신했다. 삼법이 완성된 기천은 몸과 마음 건강은 물론 신성을 밝혀 인간의 무한한 가치성을 드러내는 최고의 법이 될 것이라고 확신했다.

그런데 그 뜻을 쉽게 펴지 못하고 이제야 이 책을 쓰고 있다. 뜻과 같이 기천에 하나의 이정표가 될 만한 책을 쓰기에는 그 책임감 또한 가볍지 않았다. 기천은 몸으로 전해진 수련법으로써 객관적 사료(史料)가 전무하다. 기천 내에 전해지는 이론서 또한 없다. 수련법도 눈에 보이는 몸 수련 이외에 단법이나 심법에 대해서는 구체적으로 정리된 내용은 찾아보기 어려웠다. 오로지 대양 상인으로부터 전수된 기천이 전부였다. 그런데 대양 상인은 기천을 사람마다 다르게 가르쳤기 때문에 모두 다르게 이해하는 실정이었다.

기천을 오래 수련한 분들은 기천 수련에 대한 이론을 정리하고 책을 쓰는 것을 오히려 기천을 훼손하는 일이라고까지 생각하며 불편해하는 사람들도 많았다. 나도 기천의 실정상 이 말에 어느 정도 공감한다. 다만 이 말은 고수들에게만 맞는 말이라고 생각한다. 현재의 지도 방식에서 기천을 처음 접하는 사람이 눈에 보이지 않는 단법이나 심법까지 스스로 알아서 수련하기는 쉽지 않다. 기천에서 깊은 수련의 맛을 느끼기 전에 중도 포기하는 사람이 끝까지 수련하여 기천을 이해하는 사람보다 훨씬 많은 것 또한 현실이다.

기천은 산중에서 소수 인원에게 도제식으로 가르쳐 온 수련법이라서 눈에 보이는 몸짓을 제외한 단법이나 심법은 가르쳤으나 잘 드러나 있지 않다. 현재 단법과 심법은 대부분 이름만 남아 전해지는 실정이다. 몸짓이야 당연히 몸으로 전해져 이어졌지만, 단법과 심법은 스승이 개인에 맞춰 생활 속에서 가르쳤기 때문이다. 그때는 구체적인 이론서가 오히려 군더더기가 되었을지도 모른다.

나는 기천을 처음 접하는 사람들도 기천의 개념과 수련법을 모두 이해하고 수련할 수 있도록 하기 위한 수련서를 쓰고자 한다. 여기서는 구전으로 전해지는 기천에 관한 이야기보다는 기천 수련법을 중점적으로 정리하여 쓰려는 것이다. 현재 기천 관련 책들이 여러 권 있으며, 그 책들에 이미 구전하는 기천 이야기들이 많이 실려 있기 때문이다.

이 책은 사부로부터 배운 기천 몸짓을 기본 삼아 그 원리를 밝혀 우리 몸에 정·기·신을 살리는 완전한 수련법이 되도록 신법은 물론 단법과 심법까지 상세하게 정리했다. 추상적인 얘기가 아닌 몸을 살리고, 마음을 열어 정신을 밝히는 실질적인 수련서가 되도록 하는데 중점을 두었다.

기천 신법에서 기본이고 핵심이 되는 육합단공에 대해서도 나는 육합단공 하나하나의 틀법 모두가 오장육부와 관련된 오행으로 이루어졌음을 느끼고 이해했다. 이는 동양 최고 의서인 황제내경과 동의보감에 근거한 것이다. 육합단공를 오행의 상생 원리에 맞추기 위해 기존의 육합단공 순서에서 대도법과 금계독립법을 맞바꿔 놓았다. 기존 방식도 좋지만, 나의 느낌과 경험으로는 상생으로 연결하는 것이 더 좋을 것 같다는 생각이다.

단법은 심기단법, 원기단법, 원양진기단법이 기천에 공개적으로 전해지고 있지만, 수련 방법이 대중화되어 있지 않다. 단법의 이름만 남아 있어 초보자가 수련하기는 쉽지 않은 실정이다. 이 책에서는 기천에 전해지는 모든 단법도 누구나 체계적으로 수련할 수 있도록 구체적으로 정리하여 설명했다.

심법 또한 구전으로 전해지는 가르침이 약간 있지만, 수련법은 공개적으로 전해지지는 않는다. 수련생 각자가 새겨듣고 깨우쳐야만 하는 실정이다. 당연히 같은 말씀이라도 사람마다 다르게 느끼고 해석할 수밖에 없다. 예전에 도제식 수련 방식으로 전해지던 심법 내용을 지금에 와서 자세히 알 수 없는 것은 당연할지도 모른다. 그렇지만 도제식 수련 방식에서 가르치던 단법이나 심법의 이름만으로 수련생이 알아서 수련하기는 쉽지 않다. 그렇다고 단법과 심법을 놓고 몸짓만으로 기천 수련을 다했다고 할 수는 없을 것이다.

나는 기천을 수련 함에 있어 반드시 신법·단법·심법이 하나 된 삼법 수련이 이루어져야 한다고 생각한다. 그래야 우리 몸에 정·기·신을 살리는 실질적인 수련이 된다고 믿는다. 그래서 몸으로 전해진 기천 신법에, 보이지 않는 단법과 심법까지도 누구나 쉽게 수련할 수 있도록 구체적으로 정리하여 설명했다.

여기에 풀어 설명한 삼법 수련은 내가 실제 수련하고 체득한 내용을 바탕으로 쓴 것으로써 한 치의 거짓도 없음을 밝힌다. 모두 실질적인 수련을 기반으로 했으며 과장되게 부풀려 쓰거나 숨긴 내용 또한 없다. 참된 마음으로 수련한다면 사람마다 다소 차이가 있을지는 모르나, 누구나 그에 상응하는 수련 결과를 얻으리라 확신한다.

아무쪼록 귀하게 전해진 민족의 얼이 담긴 기천이 몸과 마음과 정신을 살려 인간 완성에 이르는 참된 수련법으로 만인에게 전해지기를 소원하는 바이다. 이 책이 그 역할에 조금이나마 도움이 되기를 바라는 마음이다. 이 책에 부족한 부분은 앞으로 더

훌륭한 기천인들이 채워주기를 바라는 마음 또한 간절하다.

끝으로 이 책이 나오기까지 도움 준 모든 분께 진심으로 감사의 마음을 전한다. 수련을 이끌어 주신 사부님과 전찬욱 총재님, 그리고 김창일 원장님과 그외 많은 선후배님께 다시 한번 고마운 마음 전한다. 그리고 지난번 책에 이어 이번 책도 꼼꼼하게 챙겨 교정해 준 오선영 범사에게도 감사의 마음 전하고 싶다. 또 나와 함께 수련원을 이끌어 가는 김황식, 오찬실 범사가 교재 사진의 모델을 해준 데 대해서도 무한한 감사의 마음 전한다.

아울러 이 책을 편집하여 출판한 애드모아 대표님과 임직원 여러분께도 심심한 감사의 인사를 드린다. 특히 사진 촬영에서부터 편집에 이르기까지 두루 수고해 주신 김준 팀장님께 더욱 고마운 마음 전하는 바이다.

갑진년 새봄
천라수련원에서
일저 조성호 쓰다.

격려사

수련은 고통을 수반한다. 그러나 그 결과는 달고 맛있다.
인고의 열매가 더욱 귀한 보석과도 같은 이치다.

단군 시대부터 면면히 이어온 맥으로써 민족의 주체성을 강조하고 상고사의 중요한 경전으로 읽힐 만큼 소중한 문화유산인 "천부경"과 "한단고기"에 이론적 바탕을 두고 있는 기천은 심성을 닦고, 밖으로는 몸을 닦는다는 내성외왕(內聖外王)의 단련 과정을 기초로 하고 있다.

특히 작가는 기천의 외형 수련보다 내공 수련에 정진하여 30여 년이 넘는 인고의 틀을 완성하고 선과 도의 이치를 화두 삼아 새로운 선의 경지를 개척하는데 솔선하고 있다.

늘 존경과 선망의 마음이 앞서는바 기천의 역사를 새롭게 저술하시는 노력에 또 한 번 감사와 격려를 드린다.

현대 무술의 근원적 가치는 도발에 있는 것이 아니라, 건강한 삶의 추구와 신체적 보호 관념에 더 큰 비중을 두고 있다 할 것이다. 현대 문명에서 과학의 발달로 기인한 인간의 신체활동이 줄어 야기된 육체적 불안정 상태에 대한 처방으로써의 효과를 기대할 수 있는 요소를 포함하고 있는 것이 바로 기천의 특징이라 할 수 있다.

말이나 글에 집착하지 말고 몸으로만 수행 하라.

오천 년의 긴 역사를 지닌 민족 고유의 심신 수련법인 기천의 우수성과 특별성을 잘 저술함으로써, 기천의 맥을 이어온 선조들의 지혜와 의지 그리고 전통이 더욱 빛을 발하여 많은 사람의 건강과 삶에 도움 되기를 염원하는 마음으로 단배공을 올립니다.

기천 문주 박사규

추천사

현재 기천뿐만 아니라 많은 무도 단체가 회원 감소로 많은 어려움을 겪고 있는 현실에서 기천을 사랑하는 마음 하나로 기천에 관한 책자를 집필한 것은 참으로 어려운 결단이었다고 생각이 됩니다.

이는 기천을 사랑하고 아끼는 대전 원장 조성호님의 순수하고 아름다운 애정의 마음에 의한 결실이 아닌가 합니다.

조성호 원장님은 기천뿐만 아니라 기천 이외에도 해동검도 도장을 운영하셨고, 마음수련과 호흡에 관하여서도 일가견이 있으신 분으로 알고 있습니다.

이런 기본적인 수련을 바탕으로 기천 수련을 통하여 느끼셨던 결과를 그동안 다른 수행들과 접목하여 이번 책자를 통하여 많은 분과 소통의 장을 마련하신 것이 아닌가 합니다.

기천의 발자취를 비롯하여 육합단공을 황제내경에 비유하여 오행으로 풀어 가르침을 전해주신 것은 기천 수행에 있어서 한걸음 진보하며, 좀 더 넓은 마음으로 기천 공부를 할 수 있는 토대가 되지 않았나 합니다.

나아가 기존 기천 책자들에서 잘 다루지 않았던 단법(丹法)으로 단전호흡에 대하여 다루고 있으며, 특히 심기단법(心氣丹法)과 원기단법(元氣丹法)을 단계별로 체계적으로 수련하는 방법에 대하여 자세히 기술하여 놓아 기천 수행에 많은 도움이 되는 가르침이 아닌가 합니다.

기천은 실내보다 야외에서 대부분 수련을 하는 탓과 실내에서 수련하더라도 시간의 제약으로 단법(丹法) 수련을 중점으로 하지 못하는 것이 현실입니다. 이 책자는

단법(丹法)에 관심이 있던 기천 수행자들에게 꿀맛 같은 단비를 맞은 듯한 느낌을 받을 것이라 봅니다.'

그리고 기천은 몸을 통하여 마음으로 들어가는 공부라는 가르침과 함께 심법에 대하여 마음이란, 심법의 중요성, 심법 수련을 해야 할 이유 등을 자세하게 기술하여 기천 수행에 많은 도움이 될 것으로 봅니다.

이 책자는 조성호 대전 원장님이 그동안 수련하여 온 자신의 모든 과정을 진술하게 다루면서, 수행하여 오신 발자취를 상기시키는 한편, 앞으로 뒤에 오는 수행자들에게 수행에 도움이 되도록 심혈을 기울여 주신 것에 대하여 고마운 마음입니다.

너무 오랜 기간 동안 기천에 관한 기본 책자들이 품절되어 기천에 관해 호감을 갖거나, 기천을 처음 배우는 초보자들에게 길잡이 역할이 부족하였던 터라 이렇게 기천에 대한 책이 출판하게 된 것을 아주 기쁘게 생각합니다.

끝으로 심혈을 기울여 집필하느라 고생하신 조성호 원장님에게 기천 수행자의 한 사람으로서 고마움을 표하며, 이 책자를 접하시는 수행자분들께서는 수행에 가뭄으로 인한 목마름에 단비를 맞아 해소하듯 많은 도움이 되시길 바랍니다.

2024. 초봄
사단법인 기천협회
총재 전찬욱

추천사

기천이란 무엇인가?

기천에 대해 많은 표현과 설명을 들어도 쉽게 와닿지 않고, 설령 이해는 했다고 해도 체험은 어렵고, 체험을 해도 그 드넓은 분야와 끝없는 깊이를 알지 못하는 것이 기천이다.

왜 그러한가? 처음에는 가벼운 건강수련이나 뛰어난 무술인을 목적으로 접근하고 수련하기 때문일 것이다. 처음 기천에 입문하는 사람이 접하는 것은 "말이나 글에 집착하지 말고 몸으로 수행하라"는 박대양 상인께서 내리신 수련 지침의 영향도 크다고 할 수 있다.

하지만 기천이 표방하는 궁극적인 목표는 선도로써 본성의 실현, 즉 깨달음의 과정에 이르러 우리 민족의 건국이념인 홍익인간이 되기 위한 기나긴 여정과도 같다. 그렇지만 기천은 불교의 참선수행이나 단학의 단전호흡을 통한 기주맥정(氣住脈停)의 경지가 아닌, 내 몸의 단련을 통하여 시작한다는 점에서 차원을 달리한다. 몸 공부를 통해 정. 기. 신을 함양하는 과정이 우리를 엄청 힘들게 하는 것이기 때문이다.

무술 수련을 통해 기를 축적하면 축적된 기가 전신을 활짝 열어 줌으로써 오장육부, 전신의 모든 경혈을 자극하므로써 우리 몸의 수승화강을 원활히 이루어진다. 이로 인해 신활심명(身活心明)의 단계를 이룬다.

신활심명의 단계에 이르면 건강한 몸과 힘찬 활력, 자신감을 바탕으로 삶의 질을 향상하고 나아가 정신의 오묘함을 찾아 참된 도(道)와 하나 되어 개인. 가정, 사회, 국가, 인류에 필요한 대승적 인간, 즉 홍익인간이란 완결점을 향하여 나아가는 길이라 할 수 있다.

그러하다 보니 처음에 접해보는 사람마다 기천을 보는 관점이 다양하다. 무술로만 보는 사람, 건강 기공으로만 보는 사람, 단전 수련만 보는 사람, 명상으로만 보는 사람 등 모두 제각각이다. 마치 장님이 코끼리 만지는 식인 것이다.

또한 거기에다가 원혜 상인에게서 박대양 상인에게 전수되는 과정에서 이루어진 산중 일인 전수 관계로 인한 체계적인 교육 방법, 수련 방법에 대한 역사적 고증도 미흡한 것 또한 혼선을 부른 이유 중 하나이기도 하다.

하지만 이는 수련이 아직 초 중급에서 머무르기 때문이다. 과거 대양 상인에게 지도받을 당시 선배님들의 몸짓이 차이 나는 부분에 대해 여쭙자, 박 대양 사부님 말씀이 "사람마다 체형이 다르고 습성이 다른데 그것을 하나로 엮는다는 것은 가르침에 어긋나며, 그 차이는 수련의 깊이가 깊어지면 다 하나로 뭉치는 것이기에 원리는 같은 것이다"라며 궁금증을 풀어 주셨다. 그러나 후학들이 수련의 깊이가 얕다 보니 아전인수 격으로 해석하는 오류를 가지는 경향이 발생한다.

이러한 문제점을 이번에 조성호 원장님의 이 책을 통하여 처음 입문하는 사람이나 기천을 접해본 강호들의 궁금증을 해결하는데 많은 도움을 줄 수 있는 교재가 될 것이라 믿는다.

이 책은 그냥 이론서가 아니라 본인이 현재 진행형으로 수련 정진하고 있으며, 과거의 다양한 수련경력으로 점철된 과정에서 품었던 의심과 고민, 그리고 단계마다의 해결점을 찾아 고군분투했고, 그 과정에서 얻어진 성과물을 있는 그대로 토해 냈기 때문이다.

수많은 수련자가 느끼는 궁금증과 그에 대한 여러 해법 중 저자가 찾은 해답을 이 책에서 여과 없이 보여줌으로써 수련자들이 가질 수 있는 갈증 해소에 도움이 될 수 있으리라 본다. 각자의 개별성을 지니고 있고 그 개별성의 차이는 결과의 다양성을 가져오게 마련인지라 옳고 그름을 떠나 하나의 우뚝 선 산을 바라보듯 바라보면 되는 것이다.

그 산을 등정하고 싶은 자라면 조 원장님의 도움을 받으면 되는 것이다. 이 책의 발간을 통해 기천에 대해 많은 이들의 관심과 여건상 기천 수련에 접근하지 못하는 많은 분에게 도움을 줄 수 있으리라 본다.

기천의 기초수련 과정의 육합과 음양오행과의 상호연계성이라든지, 과거 몰랐던 부분이거나, 묵과 했던 부분을 찾아 기천 수련의 체계를 좀 더 명확하게 확립하고자 하는 저자의 노력이 초석이 되어 더 많은 논의와 검증을 거쳐 위대한 기천 여정의 길잡이가 되었으면 하는 바램이다.

곁에서 바라본 조성호 원장님은 수련을 함에 있어서는 물불 안 가리는 저돌성을 가지고 하면서도, 큰 목적을 향해서는 황소의 뚜벅이 걸음으로 묵묵히 나아가는 모습을 보면, 이 시대 기천이 낳은 많은 기린아 중의 한 명이 아닐까 싶다. 이러한 인재들이 노력하고 정진하는 한 기천의 발전은 지속되며 번성할 날을 믿어 의심치 않으면서 고대해 본다.

2024년 3월
남한산성에서
김창일 씀

목차

머리말 | 천라수련원 원장 조성호 ·················· 5
격려사 | 기천 문주 박사규 ·················· 9
추천사 | 사단법인 기천협회 총재 전찬욱 ·················· 10
　　　　　성남수련원장 김창일 ·················· 12

Ⅰ. 기천이란 ·················· 19
　1. 기천 ·················· 19
　2. 기천의 발자취 ·················· 21
　3. 기천 전수법 ·················· 28

Ⅱ. 기천의 정의 ·················· 31
　1. 몸으로 전해진 선도 ·················· 31
　2. 기천에 담긴 창조 원리 ·················· 32
　3. 기천에 담긴 깨달음의 원리 ·················· 33
　4. 선도에 부합되는 기천 품계 ·················· 36

Ⅲ. 기천 수련의 개요 ·················· 47
　1. 수련의 개념 ·················· 47
　2. 기천 수련의 삼법 ·················· 49

Ⅳ. 도인체조(導引體操 : 준비운동) ·················· 55

Ⅴ. 신법(身法) ·· 71
1. 정공 ··· 71
2. 동공 ·· 123

Ⅵ. 단법(丹法) ·· 159
1. 옛날부터 전해져온 단수련법 ··· 159
2. 생명과 호흡 ··· 163
3. 단전호흡 ·· 164
4. 단전 ··· 168
5. 단전호흡 수련법 ·· 170

Ⅶ. 심법(心法) ·· 193
1. 마음 ··· 194
2. 심법의 중요성 ··· 195
3. 심법 수련 ·· 197
4. 심법 수련 효과 ··· 199

Ⅷ. 기천과 천부경(天府經) ··· 203
1. 천부경 ··· 205
2. 기천과 천부경 ··· 213

Ⅸ. 일저와 다시 느낀 기천 ·· 225
1. 단전호흡 ·· 225
2. 해동검도와 단전호흡 ··· 227
3. 절 수련법 ·· 229
4. 초현실적 체험과 환난 ··· 230
5. 다시 보는 햇살 ··· 233
6. 새로운 나의 길 ··· 234
7. 새 하늘로 거듭난 일저 ··· 256

I. 기천이란

말이나 글에 집착하지 말고
몸으로 수행하라

1. 기천(氣天)
2. 기천의 발자취
   (1) 세상에 알려진 기천
   (2) 대를 이어가는 기천
   (3) 삼법(三法)으로 이어가는 천라수련원
3. 기천 전수법

Ⅰ. 기천이란

1. 기천(氣天)

기천은 현재 전해지는 우리 민족 전통 무예 가운데 하나이다. 나는 개인적으로 한 사회의 전통 무예와 전통 의학은 곧 그 사회 문화의 뿌리라고 생각한다. 전통 무예와 의학은 바로 생명을 지키고 가꾸는 가장 기본적인 기술이기에 그러하다. 문화란 사회 구성원들이 주어진 환경에서 자신들의 삶을 더 편리하고 아름답게 가꾸는 생존 방식들을 말한다. 즉 그 사회 구성원들이 더욱 풍요롭고 행복하게 살기 위해 만들어 이어가는 모든 행동 양식을 문화라고 할 수 있다.

우리 민족의 역사는 상고사를 근거하면 약 1만 년이요, 교과서 내용만 고려해도 반만년의 긴 역사를 이어오는 민족이다. 긴 역사 속에 한때는 동북아의 광활한 영토 위에 찬란한 문화의 꽃을 피워낸 자랑스러운 민족이다. 민족 문화는 조상의 얼이 서린 생명의 속살로서 우리에게 전해졌고, 자손만대로 이어 나갈 우리들의 참 생명선이라고 할 수 있다.

불행하게도 근대에 와서 외세에 침탈당해 민족의 찬란했던 문화의 근거마저 찾기 힘든 지경에 이르렀고, 전통 무예의 맥마저 끊어져 그 뿌리를 찾기 어려운 것 또한 현실이다. 해방 후에 우리가 알고 접한 무술은 대부분 외래 무술뿐이었다.

그 와중에 다행스럽게 민중 속에 면면히 이어오던 전통 무예의 하나가 바로 기천이다. 기천은 옛날 조상들의 생명을 지키던 우리 민족 고유의 전통 무예이다. 그런데 기천을 수련해 보면 무술만이 전부가 아님을 알 수 있다. 기천은 무예에서 끝나지 않고 몸을 살리고 심성을 길러 신성을 밝히는 인간 완성의 심신 수련법이다. 즉 생명을 지키고 보듬어 가꾸는 선도법임을 알 수 있다.

역대 스승으로부터 구전되는 기천의 정의는 다음과 같다.

> 보이지도 아니하고 잡히지도 아니하며, 무게도 형체도 이름도 없는 것을 이름하여 기천(氣天)이라 하노라.[1]

---
[1] 기천본문편, 『기천』, 초록배, 1998, 19쪽.

보이지도 않고 잡히지도 않으며 무게도 형체도 없는 것은 세상에 무수할 것이다. 그렇지만 기천 수련법을 알면 이 말이 무엇을 뜻하는지 쉽게 이해할 수 있다. 기천 수련의 기본이며 핵심이라고 할 수 있는 육합단공만 이해해도 금방 알 수 있다. 육합단공은 우리 몸의 균형을 잡아주고 근골을 강화시키는 법이지만, 그 핵심은 바로 기를 살리고 혈을 북돋아 주는 기공법이다. 몸을 튼튼하게 만들고 기혈을 살리고 북돋아 주는 것은 바로 생명을 살리는 법임을 누구나 쉽게 이해할 수 있을 것이다.

기천(氣天)을 직역하면 하늘의 기(氣)를 뜻한다. 천기(天氣)를 의미한다. 천기를 피상적인 우주 공간의 에너지로 이해해서는 곤란하다. 바로 위에서 언급했듯이 기천 수련법을 알고 보면 기천은 하늘로부터 본래 받고 나온 생명 에너지로 이해해야 한다. 우리가 태어날 때 가지고 나온 원기(元氣), 즉 생명의 기로 이해할 수 있다.

생명의 하늘은 정신[얼]이요, 땅은 몸이다. 기천이란 생명의 하늘을 의미한다. 즉 생명의 근원으로 이해할 수 있다. 생명의 땅인 몸을 통해 그 하늘을 밝히는 길은 바로 기천 수련에서 추구하는 핵심이기도 하다.

그렇다면 구전으로 전해지는 기천의 정의는 순수한 생명 에너지를 말로 풀어놓은 것으로 이해할 수 있다. "보이지도 아니하고 잡히지도 아니하며, 무게도 형체도 이름도 없는 것"이란 기천 수련법으로 보아 하늘로부터 부여받은 순수한 생명을 설명하는 가장 적절한 표현이 아니겠는가?

기천은 몸 수련을 바탕으로 건강을 찾고, 무술이나 기공, 활명(活命) 등을 연마하며, 인간 완성인 깨달음에 이르는 법이다. 즉 몸을 바로 세워 생명[정기]을 살리고, 본래 마음을 되찾아 자신의 참 존재성, 즉 본성을 밝히는 전통적인 심신 수련법이다.

그런데 천기라 하지 않고 기천이라 한 것은 기천 수련이 깨달음을 지향하는 역리법임을 강조한 것으로 이해된다. 스승으로부터 전해 들은 기천 도수는 역도수라는 말을 참조하면 이해하기 쉬울 것이다. [아래 문단 (II-3. 기천에 담긴 깨달음의 원리) 참조]

기천에 드러나는 무술적 특성이 강해서 자칫 무술로만 인식할 수도 있으나, 거기에만 머물러서는 아니 될 것이다. 이 책에서는 이와 같은 기천의 전체적 의미를 포괄해 써나갈 것이다.

2. 기천의 발자취

(1) 세상에 알려진 기천

기천을 세상에 널리 전하기 시작한 큰 스승
대양(大洋) 박정용 상인(上人) (卒 2017. 3. 7)

    기천은 대양(大洋) 박정용 상인(上人)[2]을 통해 처음으로 세상에 알려졌다. 대양 박정용 상인은 어려서 설악산에서 수련하던 원혜(元慧) 상인(上人)에게 의탁 되어 자랐다고 한다. 어려서 호적도 없이 기이한 인연으로 원혜 상인에 이끌려 입산한 관계로 그의 실제 출생년을 정확하게 알지 못한다. (대양 상인이 성인이 되어 사회에 나온 이후 주민등록증을 만들 때 기록된 출생년은 실제 출생년과는 무관하다) 대양 상인은 입산 후 산에서 원혜 상인 밑에서 자라면서 자연스럽게 기천을 배우고 수련하게 되었다.
    대양 상인에 의하면 원혜 상인은 상상을 불허하는, 대 도인이었다고 한다. 몸에서

---

2 상인(上人)은 기천 수련의 최고단계 명칭이다. 기천 수련 품계는 가장 낮은 단계에서부터 행인, 공인, 정인, 법인, 도인, 진인, 상인의 7 품계가 있다.

나오는 공력은 물론 정신적인 면에서도 대양 상인이 보고 겪은 이들 중에는 원혜 상인을 뛰어넘을 분은 어디에도 없었다는 말씀을 종종 하셨다.

대양 상인이 산에서 생활하며 수련할 때는 기천이 무엇인지 모르고 죽도록 맞아가며 배웠다고 했다. 그런데 나중에 알고 보니 천하(天下)의 대도법(大道法)이더라는 말씀을 필자도 대양 상인에게서 직접 들은 바가 있다.

이렇게 수련하던 대양 상인이 원혜 상인 곁을 떠나려 할 때 원혜 상인께서 몇 가지 이르신 말씀이 있었다는데, 대강 이러하다.

첫째 이 법은 구원의 법이니 세상에 나가 만인에게 전하라.
둘째 세상에 나가면 사람들을 함부로 믿지 말고 조신하게 처신하라.
셋째 만약 감당하기 어려운 일이 닥치면 탄허 스님을 찾아가거라. 그리하면 네게 도움을 줄 것이다.

대양 상인이 원혜 상인 밑에서 수련할 당시 가끔 탄허 스님이 찾아와 원혜 상인에게 삼배의 예를 올렸었다고 한다.[3] 이런 상황으로 보아 원혜 상인과 탄허 스님은 각별한 인연이 있었던 것으로 생각된다. 어찌 되었든 대양 상인이 사회에 나와 주민등록증이 없어 경찰서에서 조사받던 중 실제 탄허 스님의 도움으로 풀려났다고 했다. 그 당시 대양 상인에게 신원 보증인이 없어 난처한 상황이었는데 탄허 스님이 신원보증을 해주어 대양 상인이 주민등록증을 발급받을 수 있었다고 한다.

설악산에서 수련하던 대양 상인은 1970년대 초 하산하여 서울 관악산, 충청도 계룡산, 전라도 지리산, 경상도 부산에 이르기까지 전국을 두루 돌며 여러 사람에게 기천을 전하고 가르쳤다. 그 당시 대양 박정용 상인은 만나는 사람에 따라 시시각각으로 기천을 다르게 가르쳤다. 그러기 때문에 사람마다 기천을 달리 이해했다.

어떤 사람들은 기천을 산중 무예로 알고, 어떤 사람들은 기치료 활명법(活命法)으로 알았으며, 또 어떤 사람들은 단학(丹學)으로 이해했다. 이렇듯 기천이 여러 방편으로 이해되는 가운데 늘 따라붙는 수식어가 있었는데 그것은 다름 아닌 "기천은 무학이나

---

[3] 기천본문편, 『기천문』 초록배, 1998, 69쪽.

활명, 단학을 넘어 깨달음의 수행법"이라는 것이었다. 그렇지만 기천을 부분적으로 알고 있는 각각의 수련생들은 기천이 제시하는 깨달음을 가늠하기란 좀처럼 쉬운 일이 아니었다.

기천은 살아 있는 우리나라 선도의 맥을 고스란히 이어오는 한민족 마지막 생명줄이다. 그렇지만 이 법은 "대양 박정용"이라는 한 자연인에게 전수되었을 뿐이다. 이분은 현대인에 맞추어 기천을 체계적으로 가르치지 못했다. 산에서 원혜 상인으로부터 도제식으로 배운 것이 전부이기 때문이다. 사람을 조직적으로 관리하는 방법 또한 알지 못했다. 그저 당신이 알고 있는 대로 만나는 사람들에게 기천을 가르쳤다.

이렇게 1970년대에는 대부분 인연 따라 가르쳤으며, 1980년대에는 기천 수련원이 마련되어 많은 이들에게 관심과 호응을 얻게 되었다. 서울에만도 여러 군데 수련원이 만들어졌으며, 하나의 수련원에 100명 이상의 수련생이 땀 흘려 수련했었다고 한다. 특히 20대 젊은 학생들에게 인기가 많아 S대학교, Y대학교, W대학교를 비롯한 전국에 여러 대학교와 서울에서 유명했던 D고시학원에서도 기천 동아리 활동이 붐을 이루어 활기를 띠었다.

이때 제자들은 박정용 상인의 도제식 가르침의 기천 수련법을 현대인에 맞는 수련법으로 다듬고 체계화시켜 나갔다. 현대인에 맞추어 대중화 프로그램을 만들기 시작한 것이다.

(2) 대를 이어가는 기천

기천이 처음 세상에 전해질 때는 초대 문주 대양 박정용 상인으로 시작되었으나, 1990년대 중반 대하 박사규 진인에게 문주가 계승되어 펼치고 있다. 현재 수련원은 서울에서 부산까지 전국에 두루 있으나, 그 세력은 오히려 1980~90년대에 미치지 못하는 형편이다. 그렇지만 기천의 소중함을 알고 이를 전하려는 지도자들의 노력은 아직도 용광로처럼 뜨겁기만 하다. 각자가 느끼고 깨달은 바대로 기천을 전하기 위해 각 지역에서 고군분투하고 있다.

현재 기천에는 3개의 법인이 있다. 사단법인 기천문, 사단법인 세계기천총연맹, 사단법인 기천협회이다. 그리고 각 지역에 수련원이 분포되어 있으며, 지도자에 따라 약간의 다른 특성을 띠기도 한다. 이런 현상은 앞에서 언급했듯이 기천 수련 내용이 방대하여 초창기 대양 박정용 상인이 배우는 사람의 특성에 따라 기천을 달리 가르쳤기 때문이다.

두 번째 기천 문주 대하(大河) 박사규 진인(眞人)

대하 박사규 진인은 대양 박정용 상인으로부터 1:1로 가르침을 받았다고 한다. 박사규 진인은 사부로부터 가르침을 받을 때 "사부님께서 배우신 대로 가르쳐 달라."고 주문했다고 한다. 박사규 진인은 무엇보다 기천의 원형을 중요하게 생각한다. 그는 늘 옛날 전통 그대로의 모습을 이어가야 한다고 주장한다.

박사규 진인은 문주가 되기 전에는 기천문인회(氣天門人會) 회장을 맡아 대양 상인을 도와 기천의 중추적 역할을 했었다. 1:1 수련 과정에서 초대 문주 박정용 상인으로부터 그 실력을 인정받아 1996년 기천문주(氣天門主) 직책을 물려받았다. 그리고 1998년 평생 일궈 온 서울의 사업체를 접고 가족도 놓아둔 채 혈혈단신 계룡산에 내려와 후학을 가르치는 일에 전념하고 있다.

대하 박사규 진인이 문주가 되어 계룡산에서 후학을 양성하기 시작한 지 얼마 지나지 않아 각지에 수련원이 더 만들어지기 시작했다. 맨 처음 보령에 천룡 수련원을 시작으로 대구에 천여 수련원, 그리고 대전에 천라 수련원이 문을 열었다. 그 후로 대하 진인에게 지도받은 지도자들이 전국에 두루 수련원을 개원하여 지금에 이른다.

전찬욱 (사) 기천협회 총재

일찍이 대양 박정용 상인이 세상에 처음 기천을 전하고 가르치던 1970년대 수련을 시작한 전찬욱 총재는 1983년부터 지도 범사로 활동했다. 그는 직장에서도 기천을 가르쳤으며, 그 이후 1998년부터 지금까지 경희궁 공터에서 대중들에게 기천을 널리 전하고 가르치는 일에 열과 성을 다하고 있다. 그리고 2000년대에 들어서 낮은 산 수련원을 개원하여 지금에 이르며, 현재는 (사) 기천협회 총재로 기천의 한 축을 이끌고 있다.

전찬욱 총재는 대양 상인의 초창기 제자로서 기천 역사의 증인이기도 하다. 특히 독특한 기천 무예의 원리를 연구하고 응용하여 가르치는 능력이 탁월하다. 이렇게 기천을 늘 연구하고 가르치는 큰 스승으로 많은 제자와 함께 현재 서울에서 기천을 전하고 알리는데, 중추적 역할을 하고 있다.

(3) 삼법으로 이어가는 천라수련원

대하 진인, 대양 상인, 필자 (왼쪽부터)

천라수련원은 2001년 초여름 대전에서 문을 열고 그해 음력 10월 10일 개원식을 했다. 필자가 20대부터 수련에 빠져 목숨과도 맞바꿀 수 있다는 열정으로 수련하던 과정에서 기천에 대해 새롭게 느끼고 깨달은 바를 함께 나누고 공유하고 싶은 마음에서 개원한 수련원이다.

나는 기천이 우리 민족 최고 경전인 천부경의 내용을 활짝 열 수 있는 유일한 수련법이라고 느꼈다. 기천은 우리 민족 정통 선도로써 몸을 살리고 마음을 열어 신성을 밝히는 구체적인 수련 체계를 담고 있다고 생각한다.

그렇지만 기천을 어떻게 이해하고 수련하느냐에 따라 그 결과는 천차만별이다. 눈에 보이는 몸짓에만 현혹되어 눈에 보이지 않는 내공이나 정신을 무시한다면 그 결과가 너무나 허무할 수도 있다. 또 몸을 무시하고 보이지 않는 정신세계에만 매달린다면 뜬구름 잡는 허망한 꼴이 되고 말 것이다.

우리 민족 정통 선도는 건강을 바탕으로 생명을 꽃피우고, 마음을 닦아 신성을 밝히는 인간 완성법이다. 신성은 외부에서 받아 내리는 것이 아닌, 내 안에 생명을 닦아 밝히는 것이라야 한다. 나는 기천이 여기에 완전하게 부합된다고 느끼고 깨달았다.

 기천 수련에서 건강을 다지고 마음을 닦아 신성을 밝히기 위해서는 반드시 삼법 수련이 이루어져야 한다고 생각한다. 삼법이란 신법, 단법, 심법을 말한다. 천라수련원은 신법, 단법, 심법을 체계적으로 수련하여 인간 완성을 온전히 이루어 내고자 삼법으로 이어가는 수련원이다.

 이미 기천 수행법에 삼법이 들어 있으나, 삼법을 체계적이고 구체적으로 수련하지 않으면 사람마다 좋은 결과를 기대하기 어렵다고 생각한다. 삼법을 체계적이고 구체적으로 수련할 때 누구나 건강과 기공, 무예, 단학을 뛰어넘어 기천이 추구하는 깨달음에까지 이를 수 있다고 믿는다. 이때 비로소 기천이 진정한 인류 구원의 법이 될 것이다. 이것이 귀하게 전해진 기천을 세상에 바르게 펼치는 길이라고 생각한다.

 천라수련원은 이 책에서 펼치는 내용을 지향하고 수행하는 기천 수련원이다.

천라수련원 수석범사 김황식, 필자, 범사 오찬실 (왼쪽부터)

3. 기천 전수법

산속에서 원혜 상인으로부터 대양 상인으로 전해진 기천 전수 방법은 특이하다. 기천은 대중적 수련 체계를 갖추지 못하고 도제식 수련(徒弟式 修練) 방식으로 전수되었다. 이때는 1:1 지도 과정에서 스승의 모든 것이 제자에게 전해졌기 때문에 자세한 이론이나 설명이 필요하지 않았다. 그 때문에 기천에는 객관적인 자료나 문헌이 없다. 모든 가르침이 말과 글보다는 생활 속에서 사제 간에 직접 눈짓과 몸짓으로 전해졌기 때문이다.

도제식 전수의 특성은 생활 속에서 제자가 스스로 깨달아 알아차리도록 가르치는 것이다. 수련이 곧 생활이요, 삶이 곧 수련이다. 여기서 자세한 설명은 오히려 수련에 방해가 될 뿐이다. 스승의 가르침은 선문답 같은 화두로서 제자가 생활 속에서 스스로 깨닫도록 하는 것이다. 이런 방식은 법을 전하고 꽃피우는데 최상의 방법이지만, 스승과 제자가 이심전심일 때만 가능하다. 다시 말해 생활 속에서 삶의 정서가 서로 공유될 때 이룰 수 있는 교육 방식이다. 만약 그렇지 않으면 똑같은 말이라도 엉뚱한 방향으로 흘러갈 여지는 얼마든지 있다.

이런 도제식 가르침은 스승의 모든 것을 제자에게 온전히 전할 수 있는 장점이 있으나, 시간과 비용이 많이 들고 교육 환경을 만들기 어려워 현대인들에게는 적합하지 않다. 이런 방식은 소수 인원으로 그 맥을 이어갈 수는 있어도 대중에게 널리 알리기는 쉽지 않다.

이제는 기천을 현대인에 맞추어 체계적으로 가르치고 전해야 할 때라고 생각한다. 기천의 의미와 개념은 물론 수련 방법까지 일반인들이 쉽게 이해하고 다가설 수 있도록 가르쳐야 한다. 현재 기천 수련원의 지도 방식은 대부분 도제식 전수 방식과 현대식 교육 방식의 중간 단계에 머물러 있지 않나 생각된다. 이 책을 통해 기천이 현대인들에게 좀 더 가깝고 쉽게 전달될 수 있는 계기가 되기를 바라는 마음 또한 크다.

Ⅱ. 기천의 정의

말이나 글에 집착하지 말고
몸으로 수행하라

1. 몸으로 전해진 선도(仙道)
2. 기천에 담긴 창조 원리
3. 기천에 담긴 깨달음의 원리
4. 선도에 부합되는 기천 품계(品階)
   (1) 행인
   (2) 공인
   (3) 정인
   (4) 법인
   (5) 도인
   (6) 진인
   (7) 상인

Ⅱ. 기천의 정의

1. 몸으로 전해진 선도(仙道)

　기천 수련법을 바르게 이해하고 깊이 수련해 보면, 기천은 면면히 이어져 내려오는 우리 민족 고유의 정통 선도라는 것을 알 수 있다. 선도란 "생명을 보듬어 가꾸고 살리는 법"을 말한다. 궁극에는 본성을 깨달아 신성을 드러내 밝히는 인간 완성법이다.

　기천 수련은 몸을 바탕으로 시작한다. 기맥을 열고 근골을 강화하여 공력을 키우는 기공과 무술로 이어지는 몸짓이 바탕을 이룬다. 기천 몸짓의 건강 원리는 황제내경이나 동의보감 같은 동양 의학의 건강 이치를 그대로 담고 있다. 이토록 기천은 몸에 생명을 살리는 수련을 기본으로 삼는다. 그다음 공(功)을 쌓고 마음을 닦아 근본을 밝히는 깨달음의 법으로 이어진다. 이처럼 기천은 생명을 보듬어 살리고 펼치는 한민족 고유의 선도 수련법이다.

　여기에 삶을 펼치는 창조의 원리와 본성을 밝히는 깨달음의 원리를 모두 담고 있다. 또 내 안의 생명을 어디까지 깨닫고 자신을 어떻게 세우는가가 바로 선도 품계라 할 수 있다. 그런데 기천 품계는 아래로부터 행인⇒공인⇒정인⇒법인⇒도인⇒진인⇒상인의 단계로 올라가며, 총 7단계로 전해진다. 이 품계가 바로 근본을 어디까지 알고 자신을 어떻게 설정하는지를 의미한다. 기천 수련 품계는 이토록 선도 품계에 완전하게 부합된다. 기천 수련 품계의 자세한 의미는 아래에서 다시 설명하기로 하고 여기서는 기천에 대한 기본적 개념부터 알아보자.

　기천 수련을 하면 신기할 만큼 몸이 가벼워지고 건강해진다. 제일 먼저 몸에 기운이 살아나고 마음이 편안해진다. 스트레스가 해소되고 내면의 깊은 상처[Trauma]까지 치유된다. 이것은 기천 수련에서 나타나는 매우 자연스러운 현상이다. 나아가 부지불식간에 욱하고 일어나는 감정 폭발 같은 나쁜 습관들까지 완화되고 해소된다. 감정 조절이 안 되고 스스로 어쩌지 못하는 나쁜 습관들은 대부분 잠재의식으로부터 발현되는 것들이다. 이런 것들은 수련에서 내면 깊은 곳이 정화될 때 없어지는 결과이다. 이와 같이 몸과 마음의 건강과 더불어 심리적 안정을 발판으로 신성을 밝히는 깨달음으로 이어진다. 깨달음은 결코 내 몸과 마음을 떠난 추상적 세계에 있지 않다.

기천이 전래된 길을 보면 기천에서 생명의 본성을 깨달은 이는 사제의 인연을 찾아 생활 속에서 몸으로 체득시키는 도제식 수련 지도법으로 제자를 가르쳐 왔다. 여기에는 말이나 글의 거추장스러운 군더더기가 필요치 않다. 오로지 행하고 느끼고 깨닫는 것 외에는 아무것도 없다. 그러기에 기천 조사들은 "행하되 흔적을 남기지 말라(행이무적-行而無跡)"고 했다. 기천처럼 철저히 몸으로 체득하는 수행법에는 어떤 흔적도 남을 수가 없다. 오로지 행 속에 생명을 살리고 깨닫는 실질적인 수행의 법도만 인맥을 통해 전해질 뿐이다.

이렇게 기천은 내 안에 생명을 살리고 신성을 밝혀 자신의 존재성을 확립하는 수련법으로써 몸으로 전해진 우리 민족 고유의 선도법이다. 그러기에 기천을 문헌이나 역사적 사료를 통해 찾고자 하면 근거를 찾을 길이 없다. 기천은 오로지 몸을 통해 수련한 만큼 이해하고 깨어날 수 있는 참 수련법일 뿐이다.

2. 기천에 담긴 창조 원리

기천은 근본을 밝히는 깨달음의 수행법이지만, 근원으로부터 삶을 펼치는 창조의 법이 먼저 펼쳐진다. 그래서 사람들은 창조의 끝에 드러나는 무술, 활명, 기공, 단학 등을 보고 그것이 곧 기천이라고 말한다. 이와 같이 기천은 깨달음과 창조의 법을 동시에 가지고 있다.

먼저 창조 원리가 어떻게 펼쳐지는지 살펴보자. 하나에서 음양 작용으로 만물 만상이 생기는 우주 변화의 이치가 바로 주역을 바탕으로 한 동양 사상의 뿌리이다. 여기서 하나란 무극(無極)을 말하며, 둘은 태극(太極)을 의미한다. 무극에서 태극이 작용하면 음양의 기운이 오행으로 움직여 무궁무진한 우주 변화와 조화로써 만물 만상이 나오고 들어간다. 여기에 내가 있다.

이런 이치를 내 안으로 끌어들여 생각하면 삶이 만들어지는 원리를 쉽게 이해할 수 있다. 순수 생명으로[무극]부터 마음[태극]이 생기면 마음은 개인의 유불리에 따라 관심이 쏠린다. 그것이 자신에게 좋은 것[양]이거나 나쁜 것[음]일 때 강력한 주의력이 생긴다. 자신에게 좋은 것은 그것을 바라는 마음에서 관심을 끌고, 나쁜 것이라면 그것을 걱정하고 염려하는 마음이 주의를 끈다. 이것이 마음의 음양 작용이다.

유불리에 따른 민감한 마음은 감정이 실려 더욱 강하게 주의를 끌어들인다. 마음에 음양 작용이 활성화되는 것이다. 어떤 이유이든 한 생각에 주의[마음]가 집중되면 그에 맞는 현실을 만든다. 자신이 원하는 상황이든 원치 않는 상황이든 자신의 삶은 모두 이렇게 자신이 만들게 된다. 삶에 나타나는 복잡한 상황은 모두 이런 원리에 의해 만들어진다.

기천 수련법에는 음양의 원리를 그대로 몸으로 그려내고 있다. 여기서 수많은 수법이 만들어진다. 내가신장은 기천 수련의 기본법이며 중심이 되는 자세이다. 내가신장은 내면을 통해 깨달음으로 향하는 시작이며, 수많은 기천 몸짓을 만들어 내는 창조의 출발점이기도 하다. 내가신장에서 반장(攀掌)을 시작으로 펼쳐지는 다양한 기천 몸짓은 무술, 예술, 기공, 활명 등 다양한 술기로 펼쳐진다.

내가신장[무극]으로부터 반장[태극]이 나오고 여기서부터 모든 기천 수가 펼쳐지는 것은 창조의 흐름이다. 기천의 모든 행법(行法)은 반장으로부터 시작된다. 반장은 태극[음양]의 몸짓으로써 여러 가지 기천 술기를 펼쳐내는 시작이다. 다양한 기천 몸짓은 이렇게 만들어진다. 이것은 창조의 원리요, 순리의 길이다. 행인, 공인, 정인 과정이 바로 여기에 속한다. 이것만 보면 기천은 무술이요, 단학이며, 활명법이고, 건강법이라는 결론에 도달할 수밖에 없다. 여러 가지 기천 수련법에 대해서는 다음 장에서 자세히 살펴볼 것이다.

3. 기천에 담긴 깨달음의 원리

거꾸로 복잡하게 얽힌 삶에서 감정의 끈을 놓고 생각을 비워 근원으로 향하는 것은 깨달음의 길이요, 수행자의 길이다. 이것은 마침이요, 소멸의 길이다. 허상을 마침이고, 아상의 소멸이다. 여기서 생명의 참 존재성이 드러난다. 근원에서 하나로 드러난다. 존재의 근원이 내 안에서 순수한 생명으로 발현되는 것이다. 이것이 곧 깨달음이요, 나로부터의 해탈이다.

기천 수련에서 나를 비워 근원으로 향하는 법 역시 내가신장에서 시작된다. 내가신장의 "지천합틀무"가 바로 근원으로 돌아가는 구체적인 지침이다. 몸을 바탕으로 마음을 타고 근원으로 돌아가는 법이다. 이 법은 삶을 창조하는 순리가 아닌, 깨달음으로 가는 역리법(逆理法)이다.

용호비결에도 삶을 향한 창조의 길은 순리요, 근원을 향한 깨달음의 길은 역리라고 말하며, 그 방법까지 설파하고 있다. 용호비결은 16세기 조선의 북창 정렴(鄭磏, 1506~1549)이 쓴 단(丹) 수련에 관한 서적이다. 우리나라에 전해지는 단에 관한 서적 중에서 가장 우수하다는 책이기도 하다. 용호비결의 일부를 인용하면 다음과 같다.

> 삼가 옛사람이 전하기를 순리는 사람이 되고 역리는 신선이 된다. 하나가 둘을 낳고, 둘이 넷을 낳고, 넷이 여덟을 낳고, 마침내 육십사까지 이르러 만 가지로 나누어지는 것은 사람의 길이니라. (이것이 현실 창조의 길인 순리 공부이다)

> 단정하게 가부좌를 하고 눈썹을 드리우며 입은 다물고 만사 어지럽고 번거로운 일을 수습하여 아무것도 없는 태극의 경지로 돌아가는 것이 선도이니라. (내면을 통해 근원으로 향하는 깨달음의 길인 역리 공부이며 수행의 길이다)

> 참동계에 소위 뜻을 버리고 무로 돌아가 항상 무념의 상태가 되고(무는 태극의 본체이다), 스스로 증험하여 나아가면 마음이 종횡으로 흔들리지 않을 것이니 이것이 선도수련의 제일이니라. 다만 그 뜻을 일찍 세우는 것이 귀중하도다. 기가 쇠약해진 후에는 비록 백 배의 공을 들여도 상선의 반열에 들기가 어려울 것이니라.

> 謹按 古人云順則爲人 逆則爲仙 蓋一生 兩 兩生四 四生八 以至於六十四圖
> 分以爲萬事者. 人道也(順推工夫), 疊足端坐 垂簾塞兌 收拾萬事之紛擾
> 歸於一無之太極者 仙道也(逆推工夫). 契 所謂委志歸虛無 無念以爲常
> (無者太極之本體也) 證驗以推移 心專不縱橫 此修仙之第一義也. 但立志
> 貴早 鼎氣衰敗之後 雖百倍其功 難與於上仙之列也.[4]

나는 기천을 수련하면서 사부로부터 기천 도수(度數)는 역도수(逆度數)라는 말씀을 수없이 들었다. 또 기천은 단순 무술이 아닌 깨달음의 수행법이며, 사람을 살리는 구원의 법이라고 들었다. 필자의 사부 대하(大河) 박사규 진인(眞人)은 이 말씀을 초대 문주(門主) 대양(大洋) 박정용 상인(上人)으로부터 귀가 닳도록 들었다고 한다. 대양 박정용 상인 또한 윗대 원혜(元慧) 상인(上人)의 말씀을 전하는 것이라고 했다.

사람들이 기천이 무엇이냐고 물으면 사부는 그 말을 거꾸로 해보라는 말씀으로 대답을 대신하곤 했다. 기천을 거꾸로 하면 천기가 된다. 즉 하늘의 기를 의미한다. 이런 연유로 기천에서는 사범(師範)도 범사(範師)라고 부른다. 기천은 역리법(逆理法)으로서 몸을 통해 깨달음을 추구하는 선도법(仙道法)임을 강조하고 대변하는 말들이라고 이해할 수 있다.

기천은 생명을 살리고 가꾸는 선도법으로써 삶과 죽음마저 둘로 나누지 않는다. 추상적인 사후 세계는 아상(我相) 속에 갇힌 자의 넋으로 넘기자. 기천은 아상에서 벗어나 참 생명의 존재로 깨어나 사는 참 법을 가르친다. 기천은 갇혀있는 자신의 거푸집을 깨고 나와 영원하고 순수한 생명의 존재로 깨어나 사는 법이다.

기천 수련 중 법인, 도인, 진인이 바로 깨달음으로 향하는 역리 과정이나. 순리는 채우는 가짐의 공부요, 역리는 놓고 비워 근원으로 돌아가는 공부이다. 다시 말해 순리는 몸을 바탕으로 공을 이루고 자신을 세우는 길이요, 역리는 마음을 비워 나를 털어내고 본래 마음을 드러내 밝히는 깨달음의 과정이다.

근원을 깨달아 순수한 생명으로 다시 태어난 이에게 죽음은 없다. 추상적인 사후

---

4 정렴저, 서해진편역, 『용호비결 · 龍虎秘決』, 비나리, 2001, 덧붙임1 〈용호비결〉원문, 296쪽.

세계는 더더욱 존재할 수 없다. 모든 것을 포함하면서 초월한 근원적 존재로 깨어나 참삶을 산다. 만약 아상 속에 갇혔다면 그는 살아도 죽은 자요, 아상을 벗고 생명의 신성으로 깨어날 때 그는 영원히 죽지 않는 신성이다. 나는 이것이 바로 원혜 상인께서 대양 상인에게 말씀으로 전한 인류 구원의 법이라고 이해한다. 이 책에서 이런 수련 체계를 구체적으로 밝히고자 한다. 이것이 명실상부한 한민족 정통 선도가 아니고 무엇이겠는가?

4. 선도에 부합되는 기천 품계(品階)

기천 품계는 행인, 공인, 정인, 법인, 도인, 진인, 상인으로 이어진다. 이는 생명을 보듬어 살리고 근원을 깨달아 자신의 존재성을 확립하는 선도 품계에 완전히 부합된다.

앞서 기천 수련법에서 순리와 역리의 개념이 함께 있다고 했다. 순리는 창조의 길로 기천 수련을 통해 만들어지는 다양한 결과물들을 말한다. 예를 들어 건강한 몸, 강력한 내공과 무술, 활명, 기공 몸짓 등이다. 행인, 공인, 정인 과정이 여기에 속한다.

역리는 깨달음의 법이다. 아상에 얽힌 몸과 마음을 정화하고 본래 마음을 찾아 순수한 생명을 드러내는 것이 바로 역리법이다. 여기서는 비움이 핵심이다. 비우지 않고서는 본래 마음을 드러내지 못한다. 그것은 불가능한 일이다. 법인, 도인, 진인 과정이 여기에 속한다.

행인 과정은 여러 가지 수련법을 배우고, 공인 과정에서는 눈에 보이지 않는 기의 존재를 이해하고 내공을 길러 쓸 수 있는 기량을 갖춘다. 정인은 기른 공을 올바르게 쓸 수 있는 바른 사람이 되는 인격도야 과정이다.

법인 과정에서는 내 안에 작용하는 기[생명]를 통해 법[진리]의 실마리를 찾는 과정이다. 여기부터가 진정한 정신 수련이며 깨달음의 과정이다. 도인은 내 안에 기[생명]를 닦고 생명의 길을 열어주는 과정이며, 진인은 나[아상]에서 벗어나 진리와 하나 된 사람을 말한다. 그리고 그 위에 상인으로 이어진다.

이와 같이 기천 수련은 선도 품계 그대로이다. 일반적 무술이나 여타 수련단체의 품계와는 사뭇 다르다. 그렇다면 기천에 전해지는 행인, 공인, 정인, 법인, 도인, 진인, 그리고 상인의 품계에 대한 자세한 내용과 그에 따른 수련은 어떻게 하는지 좀 더 구체적으로 알아보자.

(1) 행인(行人)

행인은 기천의 여러 가지 기본 수련법을 배우고 익히는 과정이다. 기천 수련의 입문 과정이기도 하다. 즉 행인은 기천을 이해하고 적응해 가는 단계이다. 행인 과정에서 가장 먼저 배우고 익혀야 할 내용은 육합단공과 단배공이다. 육합단공과 단배공이 바로 기천 수련의 기본이며 핵심이기 때문이다. 그리고 여러 가지 기본수를 배우게 된다. 이 과정에서 몸이 바로 잡히고 체력이 증진되며 건강 체질로 바뀌어 간다. 그리고 자연스럽게 기천 무술을 익히게 된다.

육합단공과 단배공은 각각의 틀법과 행법으로 이루어졌으며 단전호흡을 기본으로 한다. 육합단공과 단배공은 정공(靜功)의 대표적 수련법으로써 기를 모아 내공을 다지는 수련법이다. 기를 모아 내공을 쌓는 정공 수련에서 단전호흡은 가장 중요하다. 절대 빠져서는 안 될 핵심 내용이다. 단전호흡을 익히지 못하고 육합단공을 하는 것과 단전호흡을 기반으로 하는 수련은 큰 차이가 있다.

기천 기본 단수(單手)는 그 동작에 대한 개념과 원리를 잘 이해하고 익혀야 한다. 동작에 대한 개념과 원리를 모르고 무조건 따라 하면 그 수에서 변화되는 여러 가지 응용 수를 이해하기 어렵다. 모든 분야가 마찬가지이듯 기천도 여러 가지 다양하고 복잡한 몸짓이 모두 기본에서부터 변화되어 응용된다. 기본 동작에 대한 개념을 이해하지 못하고 여기서 변화된 수를 또 다른 수로 알고 배우려 한다면 평생을 배워도 그 이치를 알기 어렵다. 무엇이든 처음 배울 때 기본을 잘 익혀 놓는 것이 무엇보다 중요하다. 그러기 때문에 행인 과정은 그 어느 과정보다 중요하다고 할 수 있다.

(2) 공인(功人)

공인은 여러 가지 기천 수에 공력(功力)을 불어넣어 기르는 과정이다. 공인 과정은 기공 수련이 핵심이라고 할 수 있다. 몸에 근력뿐 아니라 보이지 않는 기를 이해하고 내공을 기르고 쓰는 요령을 터득하는 과정이다. 즉 근력만으로 알지 못하던 내면에 감추어진 어떤 힘에 대해 이해하고 그 힘을 길러 쓸 수 있는 단계로 접어드는 것이다. 그 힘이란 보이지 않는 기가 작용하는 내공의 힘이다.

공인에서의 육합단공과 단배공 수련은 좀 더 깊고 찰진 단전호흡을 바탕으로 기력[내공] 증진에 힘써야 한다. 정공에서 내공을 충분히 다져야 동공 수에서도 근력을 뛰어넘어 기력을 쓸 수 있는 기량이 생긴다. 몸 안에 깃든 보이지 않는 힘을 찾아 기르는 공력이 바로 참다운 기천 수련의 시작이다. 그러므로 공인 과정이야말로 진정한 기천 수련의 시작이라고 할 수 있다. 몸짓에만 치우치지 않고 기를 느끼고 활용하는 본 과정은 매우 중요하지 않을 수가 없다.

공인은 행인 과정과 달리 여러 가지 수법보다는 내공을 기르고 다지는데 더욱 힘써야 함을 다시 한번 강조한다. 그러기 위해서는 정공 수련의 중요성이 더욱 두드러진다. 다시 강조하지만 정공의 핵심은 단전호흡임을 명심하고 반드시 단전호흡을 바탕으로 한 수련이 되도록 한다. 그때 비로소 수련에 대한 만족한 결과를 기대할 수 있을 것이다.

기천 수 또한 공인 과정에서 온전하게 몸에 익혀 자신의 수가 되도록 만들어야 한다. 여러 수를 한꺼번에 나열해서 수련하는 것보다 한수 한수를 반복 수련하는 것이 좋다. 특히 본 과정에서 칠보절권을 충분히 몸에 익히는 것이 중요하다.

대양 박정용 상인께서 지도할 때 제자들에게 "바람은 눈에 보이지 않나니 스쳐봐야 그 위력을 아느니라"라는 말씀을 자주 했다고 한다. 이 말씀인즉 기천 무예는 눈에 보이는 근력에만 있지 않고 눈에 보이지 않는 기력, 즉 기천 무예는 내공의 힘이라는 말씀일 것이다. 내공은 수련 정도에 따라 다를 뿐 결코 외모만으로는 알 수 없다. 이 말씀이 곧 공인 과정의 수행 정도를 가늠하는 말씀으로 이해하면 되겠다.

(3) 정인(正人)

　정인은 힘을 어떻게 기르고 그 힘을 어떻게 쓸 것인가에 대한 인격도야 과정이다. 즉 몸에 기가 쌓이고 내공이 증진됨에 따라 그에 맞는 인격이 뒤따라야 한다. 몸에 힘을 기르는 것도 중요하지만 사람이라면 모름지기 그 힘을 어떻게 쓰느냐가 더 중요하다. 힘[체력, 돈, 지식, 권력 등]을 어떻게 쓰느냐에 따라 자신이나 가족, 또는 이웃에게 도움이 되기도 하고 장애가 되기도 한다.

　여기서 가장 중요한 것이 바로 마음이다. 즉 정인 과정은 심법을 바탕으로 높은 인격을 닦는 과정이다. 정인은 기천 수련에서 몸으로 펼칠 수 있는 최고 과정이기도 하다. 행인, 공인 과정에서 기천의 모든 몸짓[무술, 기공, 활명, 기예 등]이 무르익어야 하고, 정인 과정에서는 쌓은 공력을 세련되게 펼칠 수 있는 인격을 만들어야 한다.

　행인, 공인, 정인 과정은 몸을 바탕으로 자신을 닦아 세우는 수행으로써 가짐의 공부이다. 이 과정에서는 무엇이든 자기 것으로 만들어야만 한다. 행인 과정에서 배우는 여러 가지 수련법도 내 것으로 만들어야 하고, 공인 과정에서 기르는 공력 또한 내 것이 되어야 한다. 물질적이든 정신적이든 모두 내 것으로 만든다. 그것을 바탕으로 나를 세워가는 공부가 바로 행인, 공인, 정인 과정에서의 수련 방식이다. 이 과정에는 흔적이 남고 결과가 있게 마련이다.

　생명이 세상에 드러나 삶을 펼치는 흐름에는 자신을 지키고 세우기 위해 무엇이든 가져야만 한다. 이것이 바로 순리이며 생명을 펼칠 때 필연적으로 욕망이 솟구치는 이치이다. 여기서 본능에만 치우친다면 짐승과 다를 바 없이 다른 개체들과의 에너지 쟁탈전에 매몰될 수밖에 없다. 그래서 사람으로서 필요한 인격이 요구되는 것이다. 필요한 것을 어떻게 갖고, 가진 것은 어떻게 쓰고 나눌 것인지를 아는 것이 바로 그 사람의 인격이 아니겠는가? 즉 힘[건강, 체력, 지식, 돈, 권력 등]을 어떻게 가질 것이며, 어떻게 쓰고 나눌 것인지를 가늠하는 것이 바로 정인 과정에서 갈고닦는 인격 수련이어야 한다.

(4) 법인(法人)

　법인 과정은 법을 알고 밝히는 과정이다. 그렇다면 법이 무엇인가를 알아야 한다. 법이란 이 세상에 존재하는 모든 것에 대한 이치를 뜻한다. 즉 물질적인 것은 물론 정신적인 것까지 포함한 모든 존재와 존재 의미를 말한다. 그렇다면 우주 삼라만상과 인간의 의식에 담긴 모든 것까지라고 이해해야 한다.

　우주 삼라만상의 모든 존재와 그 존재 의미를 알기 위해 우리는 어떻게 수련해야 할까? 끝없이 펼쳐진 우주로 달려 나가 달을 밟고 태양을 건너 북두칠성을 사다리 삼아 북극성까지 내달아 가야만 하는가? 수련의 원리를 잘 알지 못하면 이와 비슷한 오류를 범하는 이도 종종 볼 수 있다.

　드넓은 우주 공간에서 삼라만상의 형상을 쫓아가며 각각의 존재 의미를 찾으려 한다면 아마 우주의 미아가 될지도 모른다. 내 안에 존재하는 신성을 밝혀 우주 삼라만상을 꿰뚫어 볼 수 있어야 한다. 이 말씀은 우리나라 최고 경전인 천부경에서 분명하게 밝히고 있다. 천부경은 삼라만상이 우주의 근원인 하나에서부터 드러나 변화무쌍하게 오고 가는 조화법을 설파하면서 그 근원이 바로 본래 마음의 바탕이라고 했다. 본래 마음의 바탕이 곧 태양이며 우주의 근원으로써 이것을 아는 사람 안에는 천지가 근원인 하나로 들어와 있다고 했다.

　이것은 철저히 자기 자신을 중심에 두고 자기 안에서 찾아야만 한다. "말이나 글에 집착하지 말고 몸으로 수행하라"라는 기천훈을 되새기고 모든 것은 내 안에서 찾아야 한다. 내 안에서 무엇을 어떻게 찾느냐를 아는 것이 기천을 바로 이해하는 것이며 올바른 수련이다.

　그 실타래를 풀기 위해서는 먼저 생명으로 작용하는 기에서 그 실마리를 찾아 들어가야 한다. 기는 공인, 정인 과정에서 갈고닦으며 충분히 체험한 것이기도 하다. 내 안에 작용하는 기[생명 에너지]를 근거로 그 실마리를 찾아 존재의 근원을 지향하는 수련이 바로 법인 과정이다. 기(氣)를 공력으로 분출하는 데서 끝나지 않고 그 존재성을 찾아 밝혀야 하는데 그것은 반드시 마음을 통하지 않고서는 불가능하다. 마음 안에 숨어 있는 본래 마음을 찾아야만 한다. 이런 이치를 이해하고 그 실타래를 풀어내는 것이 바로 법인, 도인, 진인의 수련이다.

본래 마음을 드러내기 위해서는 반드시 현재 마음에 담긴 모든 생각과 감정을 비우고 털어내야만 한다. 여기부터는 가짐이 아닌 비움의 수련이다. 행인, 공인, 정인 수련과는 사뭇 다른 방식이다. 법인부터는 모든 행 법에 비움의 심법이 필요하다. 비우지 않은 마음에서 본래 마음을 찾을 수 없다. 그것은 불가능하다. 아무리 훌륭하고 멋진 생각으로도 본래 마음을 건져낼 수 없다. 오로지 비움만이 본래 마음을 드러낼 수 있는 유일한 길이다.

내 안에 많은 것이 있지만 그 실상을 알고 보면 모두가 실체 없는 허상일 뿐이다. 평소 민감하게 작용하던 수많은 생각과 감정들은 모두 허상이며, 기로 드러나는 생명만이 실재하는 존재성이다. 그러기 때문에 마음을 비우고 비울 때 허상은 모두 사라지고 실재하는 생명의 근원지인 본래 마음자리가 드러나게 된다.

비움은 순리가 아닌 역리이다. 역리는 생각과 감정에 얽힌 복잡한 삶에서 모든 것을 비우고 근원으로 회귀하는 깨달음의 길이다. 기천이 역 도수라는 말은 바로 깨달음의 수행법임을 강조한 말이다. 이 법은 법인, 도인, 진인 수행 과정에 있다.

(5) 도인(道人)

도인이라면 괴력을 내고 초능력을 부리는 초인간적 존재를 상상하기 쉽다. 우리는 전설 속에 전해지는 도인에 대해 그와 비슷한 얘기를 많이 들어 왔기 때문이다. 여기서 말하는 도인 또한 일반인과는 분명한 차이가 있는 특별한 사람이라고 할 수 있다. 그렇지만 전설 속 이야깃거리의 초인간적 존재를 생각해서는 안 된다.

도인은 길을 찾고 길을 연 사람이다. 그 길이란 우리가 꾸준히 갈고 닦아온 기를 바탕으로 한 생명의 길이다. 도인 과정은 내 안에 생명[기]이 막힘없이 자연스럽게 두루 흘러 작용할 수 있도록 하는 것이다. "도 텄다, 도 닦는다, 도를 깨우쳤다, 도가 열렸다"라는 말이 모두 이런 행위를 가리키는 말들이다.

내 안에 생명의 길을 원활히 열기 위해서는 반드시 몸과 마음 작용이 정상이어야만 한다. 다시 말해 도인은 몸과 마음을 정상화시키는 과정이다. 이것은 반드시 몸과 마음을 함께 수련하지 않으면 결코 이룰 수 없는 과정이다. 그래서 예부터 심신 수련, 성명 쌍수법을 도인 수련법으로 말해 왔다.

몸과 마음의 정상화란 무엇을 의미하는가? 우리는 대부분 삶에서 수많은 사연 속에 몸이 틀어져 변형되고, 마음에 짐을 지고 상처투성이가 되어 나뒹굴어져 있다. 몸이 틀어져 변형되면 기맥이 막히고 기가 막히면 생명 기능에 장애가 생긴다. 기가 막힌 몸을 바로잡아 기맥을 열어주는 것이 몸의 정상화요, 마음에 짐을 벗고 상처 난 마음을 치유하여 본래 마음을 되찾아 주는 것이 마음의 정상화이다.

이때 비로소 내 안에 생명이 본래 대로 자유롭게 작용하게 된다. 내 안에 순수한 생명이 정상으로 살아 움직이는 느낌이 바로 즐거움의 극치이다. 이것을 말로 표현한 것이 극락(極樂)이다. 극락을 죽음 후에 찾아가려고 한다면 어리석은 사람에 불과할 뿐이다.

이런 수련이 바로 도인 과정이다. 이렇게 몸과 마음을 바로잡아 정상화시킨 사람은 그렇지 않은 사람과 확연히 다를 수밖에 없다. 도인의 면모는 여기서 드러난다. 나는 이 일을 사람이라면 모름지기 꼭 해야만 한다고 생각한다. 여기에 건강이 있고, 행복이 있고 삶의 가치가 있기 때문이다.

(6) 진인(眞人)

진인은 진리와 하나 된 사람을 말한다. 즉 진리를 깨달은 도인이 곧 진인이다. 그렇다면 진리란 무엇인가? 진리에 대한 사람들의 의견을 들어보면 무언가 하나를 지향하는 것 같으나 구체성이 떨어지고 사람마다 생각하는 것이 천차만별이다.

상상 속에 존재하는 진리는 사람마다 다르다. 그것은 상상할 때만 가치가 있고 그것에 집착하고 매달리면 자신도 모르게 그 속에 갇히고 만다. 자기 생각으로 만들어 놓은 상(相)이기에 그렇다. 이것을 진리라고 생각하는 사람은 시시각각 감정에 시달리고 신마저 자기 입맛에 맞추려 한다. 이런 사람은 안에서 감정을 느끼고 밖에서 진리를 찾으려 한다. 밖에서 신을 구하고 영접하기 위해 애를 쓴다. 이때 추구하는 진리와 신은 여러 사람이 같은 이름으로 부를지 모르지만, 실상은 사람마다 다르다. 진리와 신을 자기 생각으로 찾고 있어 달라질 수밖에 없다. 이것은 진리가 아닌 상상으로 만들어진 생각에 불과하기 때문이다. 진리는 여기에 존재하지 않는다. 진인 또한 여기서 나올 수 없다. 여기서 진인이 나오는 것은 절대 불가능하다.

무아 가운데 드러난 참 생명의 빛이 바로 신성이요 진리다. 참 생명은 몸과 마음마저 초월한 본래 마음자리에 있다. 이것이 바로 생명의 근본이다. 본래 마음을 밝히기 위해서는 현재 마음을 비우고 그 마음마저 놓아야 한다. 비우지 않고 근원으로 회귀하는 것은 절대 불가하다. 마음이 비워질 때 비로소 내 안에 진리가 드러나고, 나 없는 나와 진리는 둘이 아닌 하나가 된다.

천부경에서도 우주의 씨알인 태양이 곧 본래 마음이라고 했다. 기천에서 추구하는 진리는 바로 이것이어야 한다. 내 안에 본래 마음을 드러내 밝힐 때 우주의 근본인 진리가 드러난다. 이것은 누구에게나 있으나 아무나 알 수 없는 절대적 존재이다. 아상을 벗고 진정한 무아가 될 때 본래 마음은 드러난다. 이것은 상상이나 생각으로 만든 것이 아니다. 본래 스스로 있는 무한한 불멸의 존재가 나 없는 내게서 떠오른다. 이것이 바로 본래 마음이 나오는 근본 자리이다. 이것을 드러낸 사람이 바로 진인이다. 이것은 누구에게나 있으며 하나밖에 없는 하나 자체이다. 본래 마음이 드러날 때 누구나 이 하나의 존재를 만난다. 이것은 말이나 글로 표현할 수 없지만, 실재하는 존재여서 드러낸 사람은 누구나 스스로 알게 된다.

(7) 상인(上人)

상인은 진인 위 사람이다. 진인으로 거듭난 이후 근원적 관점의 생활인이 되어 유유자적 삶을 이끄는 이를 말한다. 쉽게 눈에 띄지 않는 평범 속에 비범함을 지닌 사람이다. 상인은 삶 속에 진리를 베풀고 진리로 살아간다. 이런 사람을 일컬어 선인(仙人)이라고도 한다. 이런 사람이 바로 홍익인간이요, 밝은 이 배달 인이요, 단군이며, 하늘 사람 천손이라 할 수 있다.

진리를 깨닫고 진리로 사는 이가 자연스럽게 상인일 수밖에 없다. 진인의 스승이나, 혹 진인이 승천한 후 그의 제자나 후배들이 존대하여 상인 어른이라 칭하기도 한다.

이와 같은 기천 품계를 실제 이루어 낼 수 있는 수련 내용을 앞으로 이 책에서 자세히 설명하고자 한다.

Ⅲ. 기천 수련의 개요

말이나 글에 집착하지 말고
몸으로 수행하라

1. 수련의 개념
2. 기천 수련의 삼법(三法)

Ⅲ. 기천 수련의 개요

1. 수련의 개념

　수행 없이 이론에만 매달릴 때 허망해지며, 원리와 개념도 모르고 무조건 뛰어드는 수행 또한 위험천만하다. 기천 수련의 개념을 이해하는 것은 무엇보다 중요하다. 똑같은 수련법도 어떻게 수련하느냐에 따라 그 결과는 천차만별이다. 기천을 바르게 이해하고 수련할 때 각 품계에 따라 자신의 품성이 달라져 갈 것이다.

　기천 수련의 개념은 가장 먼저 근골의 힘을 키워 몸의 기틀을 바로 세우는 일이다. 여기서 건강의 바탕을 이룬다. 그다음은 기를 불어넣어 내공을 쌓고 기르는 일이다. 내공은 오장육부의 힘이다. 즉 내공 수련은 오장육부의 건강법이기도 하다. 그다음은 개인적 기질을 만들어 가두는 생각과 감정을 정화하는 일이다. 마음에 찌든 생각과 감정의 정화는 마음 건강의 기본이다. 이때 비로소 자기가 바뀌며, 삶에서 자연스럽게 일어나는 각종 스트레스도 스스로 다룰 힘이 생긴다. 그런 후에라야 내면에 숨겨졌던 신성을 드러내 밝힐 수 있다. 최종적으로 내면에 숨겨진 순수한 생명의 빛! 신성을 드러내 밝히는 것이 바로 기천에서 추구하는 깨달음이며, 인간 완성이다.

　다시 말해 기천 수련은 가장 먼저 건강한 몸의 기틀을 다지는 신법이 기본이다. 그다음 기를 불어넣어 공력을 쌓아 기르는 단법이 있으며, 그다음에 신성을 밝히는 심법 수련이 있다. 즉 신법, 단법, 심법은 제일 먼저 건강한 몸과 편안한 마음을 찾는 것이며, 궁극에는 내 안에 감추어진 신성을 드러내 밝히는 것이다.

　개념과 원리를 이해하고 수련하는 것과 그렇지 못한 것은 하늘과 땅 차이다. 그것은 인류 과학 문명에서 뉴턴의 운동 법칙이나 아인슈타인의 상대성 원리, 그리고 슈뢰딩거, 하이젠베르크 등이 설파한 양자역학의 원리를 알고 우주를 보는 것과 그렇지 않은 것과의 차이와 같을 것이다. 만약 이분들이 발견한 과학적 개념을 몰랐다면 인류는 우주에 대해 지금 같이 이해하지 못할 것이다. 천체의 움직임은 인간이 알지 못하는 신(神)이나 초자연적 존재에 의해 작동한다고 믿을 것이다. 그리고 인간의 삶은 지금보다 훨씬 어리석고 미개할 것이다. 똑같은 우주에 살면서도 말이다. 이런 원리들은 과학자들이 발견하든 발견하지 않든 우주에 작용하고 있다. 그러나 그 원리를 이해하고 활용하는 인류의 삶과 그렇지 못한 채 살아가는 인류의 삶은 엄청난 차이가 있다.

기천을 수행하는 사람도 기천의 의미와 수련 개념을 올바로 이해하고 수련하는 것과 그렇지 않은 것의 차이는 이와 같다고 생각한다. 기천에 이미 그런 원리가 있으나, 그 개념을 이해하고 수련하는 것과 그렇지 못한 것의 차이는 천양지차가 될 것이다. 만약 이런 원리를 이해하지 못하고 수련한다면 자기 한계에 갇혀 기천의 일부 특성에만 매이지 않을까 염려된다. 기천 수련의 개념을 이해하지 못하고 수련할 때 염려되는 사항은 대략 다음과 같다.

첫째 기천은 무술적 특성이 매우 강하다. 무술 동작만 익히다 보면 오묘한 기천 무술에 매료되지 않을 수가 없다. 기천 무술은 원과 직선이 잘 배합된 매우 독특한 무예이다. 상대를 넘어트려 제압하는 기술과 치고받는 타격술 또한 독특하여 일반인들은 그것을 막고 받아내기가 쉽지 않다. 또 기천 무술은 내공의 힘이 있어 민첩성과 파괴력이 높아 무술인들에게 매력적이다. 이런 것만을 느낀 사람들은 기천이 무술이라고 생각할 수 있다. 이런 사람은 기천에서 더 이상 다른 것은 생각지 않으려 할 것이다.

둘째 건강적 요소이다. 기천은 기공을 바탕으로 몸을 단련하는 수련이 기본이다. 기천을 수련하면 대부분 자신도 모르는 사이 건강해지는 것을 경험한다. 이런 사람들은 기천이 곧 건강법이라고만 생각하기 쉽다. 이런 사람은 기천을 여기서 만족하기 쉽다.

셋째 기천 수련을 하면 기치유(氣治癒) 능력이 생긴다. 오랜 기간 수련한 사람 중에는 환자의 통증에 손을 대면 쉽게 치유되는 경우가 많다. 이런 사람들은 기천이 곧 마법 같은 활명법(活命法)이라고만 믿을 수 있다. 이런 사람은 기천에서 건강과 활명 이외에 다른 것은 염두에 두지 않으려 할 것이다.

넷째 기천 자세는 힘이 있고 아름다우며 그 흐름이 매우 유려(流麗)하다. 기천 자세나 흐름에 매료된 사람은 기천을 기공 몸짓의 예술로 생각할 수 있다. 이런 사람은 기천 몸짓에 흠뻑 빠진 나머지 기천에 감추어진 참 의미는 알려고 하지 않을 수 있다.

이런 것들은 그동안 기천을 수련해 온 많은 사람의 실제 유형에서 뽑아 놓은 사례들이다. 기천을 바르게 이해하고 수련할 때 한 특성에만 갇히지 않고 참다운 가치를 활용할 수 있는 지혜로운 사람이 될 것이다. 이때 비로소 몸과 마음의 건강을 이루고, 나아가 자기완성을 이룰 수 있다. 자기완성이란 몸과 마음을 바로 세우고 내면에 신성을 드러내 밝히는 것을 말한다. 이는 정충기장신명[精充氣壯神明]을 의미한다.

정충기장신명이란 정을 충만하게 하고 기[마음]를 성장시켜 내면에 깃든 신성을 밝히는 것이다. 몸이 강건해지고 마음 편안해진 후라야 나의 한계를 벗어나 무한한 생명의 존재성으로 녹아 들어갈 수 있다. 이것은 기천 수련의 개념을 잘 이해하고 바르게 수련할 때 이룰 수 있다.

2. 기천 수련의 삼법(三法)

기천 수련은 말이나 글보다 자기 자신을 바탕에 두고 해야 한다. "말이나 글에 집착하지 말고 몸으로 수행하라."가 기천훈(氣天訓)이다. 이 가르침은 추상적인 말과 글에 매이지 말고 내 안에서 진리를 찾으라는 말씀이다. 수많은 경전[성경, 불경, 베다, 코란 등]이나 철학 이론에서 생각으로 진리를 찾으려는 어리석음을 경계하는 말씀이다. 실체를 모르고 하는 말이나 글은 화려하고 허황되기 쉽다. 수행자라면 실체를 벗어난 달콤하고 환상적인 말이나 글에 속지 말고, 오로지 내 안에서 진리를 찾는 실실적인 수련에 힘써야 할 것이다.

기천은 몸 안에 생명을 보듬어 살리는 수행법이다. 튼실한 몸에 기를 살려 아름다운 생명을 피워내는 것이 기천 수련의 요체이다. 가상 먼저 선강하고 튼실한 몸을 만들어야 한다. 몸을 바로 세워 튼튼하게 만드는 법이 바로 몸 수련 신법(身法)이다. 몸은 생명을 담은 집이다. 몸이 무너지면 생명을 바르게 피워낼 수 없다. 몸을 건강하게 만드는 것은 몸 수련을 바탕으로 한 기천의 가장 두드러진 특성이기도 하다.

근골이 건강하고 튼실해지면, 그다음은 몸 안에 기를 보듬어 살려야 한다. 기를 불어넣어 살리는 법이 바로 단전호흡을 바탕으로 한 단법(丹法)이다. 몸을 움직이는 근골 힘의 근본은 기(氣)다. 근골이 튼튼해도 기가 쇠하면 아무런 힘을 쓸 수가 없다. 그렇지만 근골이 튼실치 못하면 결코 기가 성할 수 없다. 기천 신법에서 몸을 튼튼하게 만드는 이유가 바로 그것이며, 건강한 근골이 만들어지면 기를 성하게 해야 한다. 다시 말해 기천 신법은 몸을 바로 세우고 근골을 강화하는 수련법이요, 단법은 신법을 바탕으로 몸 안에 기를 담아 기르는 내공 수련법이다. 내공이란 기력을 말한다. 기력을 기르는 단법은 기천 수련의 핵심이기도 하다.

기천 수련의 완성은 하늘로부터 받은 생명을 깨달아 아름답게 꽃 피우는 것이다. 그러기 위해서는 튼튼한 몸을 만들고, 기를 충만하게 기른 후에는 기가 본래 길을 찾아 흐르게 해야 한다. 이때 비로소 내 안에 생명이 본래대로 아름답게 피어날 수 있다. 이것이 바로 기천 수련의 개념이다.

기는 마음 따라 작용한다. 기가 걸림 없이 본래 길을 찾아 작용하기 위해서는 밝고 맑은 본래 마음이어야 한다. 어두운 마음에서 기는 탁해지고, 탁한 기는 반드시 몸에 병을 일으킨다. 맑고 밝은 본래 마음이 되면 기는 저절로 제 길을 찾아 작용한다. 이렇게 될 때 몸은 활기차고 마음은 청정한 가운데 아름다운 생명의 꽃이 저절로 피어난다. 이는 선도수련의 핵심 내용이기도 하다. 이와 같이 기천 수련의 정점에는 마음을 통해 기를 살려 생명을 꽃피우는 심법이 있다.

세상에 생명보다 더 귀중한 것은 없다. 생명의 가치를 모르고 마음이 삿된 감정에 들끓게 된다면 몸은 한낱 미물에 지나지 않을 것이다. 순수한 생명의 본질이 곧 신성이다. 이것은 천부경에서 말하는 우주의 근본인 본래 마음, 즉 태양의 존재이다. 생명을 살리는 기천 수련의 끝은 이렇게 천부경에서 설파한 생명의 본성에 맞닿아 있다. 이런 이치를 알면 기천이 얼마나 귀중한 것인가를 더 깊게 이해할 수 있을 것이다.

기천 수련에는 이와 같이 신법(身法), 단법(丹法), 심법(心法)이 있다. 그렇지만 삼법은 하나의 수행법으로 이어져야 한다. 몸 수련인 신법에 반드시 단법이 있어야 하며, 단법 안에 심법이 있다. 따라서 신법에는 단법과 심법이 모두 포함될 수밖에 없다. 단법과 심법 없는 단순한 몸짓만을 신법이라고 할 수는 없다. 이것만으로는 건강한 육체를 만들기 어려울 뿐 아니라, 깊은 수행을 이어갈 수도 없다. 그것은 불가능하다. 혹여 단법이나 심법만을 말한다면 신법이 빠질 수도 있다. 그러기 때문에 "말과 글이 아닌 몸으로 수행하라"라는 기천훈은 내 안에서 진리를 찾으라는 선도 수행의 완벽한 가르침이 될 수 있다.

나는 삼족오 다리 세 개의 진정한 의미도 여기에 있다고 생각한다. 삼족오는 고대 동아시아 지역에서 믿던 태양 속에 산다는 전설의 새이다. 태양 속에 사는 새란 신성한 존재를 의미하는 상징물로 이해할 수 있다. 그런데 왜 하필이면 세 발 가진 새였을까? 그것은 세 발로 신성을 받혀 세울 수 있음을 예시한 것이리라. 음, 양, 중 조화 속에 우주 삼라만상의 변화하는 원리로 이해된다.

실제 우리 안에 신성한 존재를 드러내 밝히기 위해서는 반드시 삼법[신법, 단법, 심법]이 필요하다. 세 가지 법이 있어야만 내 안에 신성을 밝게 드러낼 수 있다. 신법은 음이요, 단법은 양이며, 심법은 중이다. 이것이 진정한 삼족오 의미가 아니겠는가?

기천 삼법과 삼족오

우리 민족 삼대 경전 중 하나인 삼일신고 진리훈 마지막 줄에도 지혜롭고 현명한 사람은 삼법(三法)을 통해 성통공완(性通功完) 한다고 했다. 삼일신고에서 말한 삼법이란 지감(止感), 조식(調息), 금촉(禁觸) 이다. 그렇지만 삼일신고에 지감, 조식, 금촉에 대한 구체적인 수련 방법은 적시되어 있지 않다.

현명한 사람은 느낌을 중단하고 호흡을 고르게 하며 느낌을 금하고 한마음으로 수행하여 망령됨을 되돌려 참에 이르면 신성이 드러나니 이것이 곧 성통공완이니라.

"哲 止感 調息 禁觸 一意化行 返妄卽眞 發大神機 性通功完 是" [5]

삼일신고에 기록된 삼법 중 지감은 심법이고, 조식은 단법이며, 금촉은 신법이다. 기천의 심법, 단법, 신법이 삼일신고에서 말한 지감, 조식, 금촉 수련과 맞물려 있음을 알 수 있다.

삼법은 목장을 경영하는 이치와도 같다. 몸은 목초지와 같으며, 기는 양가축과 같은 존재이고, 마음은 목자(牧者)로 비유할 수 있다.

넓은 풀밭에 목초가 무성해야 가축을 길러낼 수 있듯이 몸이 건실해야 건장한 기[생명]를 살릴 수 있다. 아무리 넓은 목초지와 많은 양(羊)이 있어도 목자가 부실하면 관리될 수 없듯이 마음이 온전치 못하면 몸에 생명을 바르게 펼치지 못한다. 기천 수련에는 신법, 단법, 심법이 한 축을 이룬다. 이것이 바로 이 책에서 말하고자 하는 기천 수련의 삼법이다.

---

5 한문화원 출판부, 『천지인』, 삼일신고편, 도서출판 한문화, 1986, 25쪽.

Ⅳ. 도인체조(導引體操 : 준비운동)

말이나 글에 집착하지 말고
몸으로 수행하라

1. 전신 털어주기
2. 손목 운동
3. 어깨 운동
4. 목 운동
5. 등배운동
6. 허리 운동
7. 상체 굽혀 틀어주기
8. 큰 허리 돌려주기
9. 선 자세 전신 늘려주기
10. 전신 늘려 틀어주기
11. 옆구리 운동
12. 가슴 늘려주기
13. 허리 굽혀 견갑골 늘려주기
14. 양손 엇갈려 깍지 끼고 틀어주기
15. 무릎 운동
16. 무릎 눌러주기
17. 고관절 허리 운동
18. 허리 틀어 하늘바라보기
19. 다리 모아 숙여주기 (장근술)
20. 다리 들어올리기
21. 발모아 당겨 숙여주기
22. 다리 벌려 앉기 (골반 운동)
23. 바로 누워 다리 들어주기
24. 바로 누워 허공 걷기
25. 바로 누워 발목 잡고 다리 벌려주기
26. 바로 누워 두 발 모아 틀어주기
27. 무릎 세워 틀어주기
28. 굴렁쇠
29. 숨쉬기 운동

Ⅳ. 도인체조(導引體操 : 준비운동)

　모든 운동이나 수련에 앞서 준비운동이 필요하다. 본격적으로 몸이나 마음을 쓰기 전에 몸과 마음을 풀어주고 준비시켜 줄 필요가 있기 때문이다. 기천 수련에서도 마찬가지이다. 신법이나 단법은 물론 심법마저도 몸과 마음을 풀어주고 이완시켜 주는 준비운동이 절대적으로 필요하다. 본격적인 기천 수련[신법, 단법, 심법]에 앞서 준비운동을 먼저 하고 수련에 들어가도록 한다. 여기서는 단순히 근육만 풀어주는 것이 아니라, 단전호흡과 함께 기맥을 열어주고 몸을 이완시키는 도인체조로 준비운동을 하고 있다.

　도인체조는 예부터 도인술로 전해졌다. 도인(導引)이란 기를 끌어들인다는 의미이다. 기체조로 이해하면 될 것이다. 외형적으로는 스트레칭과 비슷하다. 다만 스트레칭은 기에 대한 이해 없이 근육을 풀어주는 체조라면, 도인체조는 근육과 힘줄만 늘리고 틀어주는 것이 아니라, 기를 이해하고 느끼면서 단전호흡과 함께 기맥도 같이 열어주는 체조이다. 이렇게 기를 바탕으로 하는 도인체조와 기의 개념 없이 하는 단순한 스트레칭은 우리 몸을 변화시키는 데 많은 차이가 난다.

　도인체조는 다음과 같이 크게 3가지 조건에 맞추어서 한다.

　첫째. 모든 동작은 몸을 이완시킨 상태에서 지긋이 힘을 주어 최대한 크고 깊게 몸을 늘려주고 틀어준다. 그리고 동작을 풀어줄 때는 최대한 몸을 이완시켜 준다.

　둘째. 몸을 늘려주고 틀어주는 동작에서 숨을 들이마시고, 동작을 풀어줄 때 숨을 내쉰다. 이때 들숨과 날숨은 당연히 단전호흡으로 한다. 단전을 중심으로 기로 호흡해야 한다.

　셋째. 단전호흡과 함께 이루어지는 모든 동작에 기를 느껴준다. 기를 느끼지 못하는 초보자들은 이 항목에 대해 너무 걱정하지 않아도 된다. 모든 동작을 할 때 몸을 이완시킨 상태에서 단전호흡과 함께 해주면서 몸동작에 주의를 기울여 주면 된다. 그렇게 하다 보면 어느 순간 기를 느끼게 될 것이다.

1. 전신 털어주기

양발을 어깨 넓이로 벌린 자세로 선다. 몸을 이완시키고 숨을 단전에 깊게 들이마셨다가 내쉬면서 온몸의 반동을 이용하여 양팔을 어깨 위에서부터 앞쪽으로 4회 가볍게 던지듯 털어준다. 다음은 양팔을 어깨 위에서부터 양옆으로 4회 가볍게 던지듯 털어준다. 이어서 양팔을 어깨 위쪽으로 가볍게 점프하면서 4회 던지듯 털어준다. 마지막 양팔을 머리 위에서부터 아래쪽으로 4회 털어준다. 이때 가볍게 점프했다가 상체를 앞으로 숙이면서 전신을 아래로 던지듯 털어준다. 양팔을 던져 몸을 털어줄 때마다 반드시 단전에 숨을 들이마셨다가 내쉬면서 한다. 이때 동작에 맞추어 구령을 붙인다.

<구령>　전신 털어주기
　　　　앞으로 (하나, 둘, 셋, 넷)
　　　　옆으로 (다섯, 여섯, 일곱, 여덟)
　　　　위로　 (둘, 둘, 셋, 넷)
　　　　아래로 (다섯, 여섯, 일곱, 여덟)

2. 손목 운동

양발을 어깨 넓이로 벌린 자세로 선다. 양팔을 앞으로 뻗은 상태에서 단전호흡과 함께 손목을 천천히 밖에서 안으로 4회 돌리고 반대로 4회 돌려준다. 다음은 손목을 더욱 이완시키고 조금 빠르게 밖에서 안으로 4회 돌려주고 반대로 4회 돌린다. 이때 동작에 맞추어 구령을 붙인다.

<구령>　손목 운동
　　　　천천히 (하나, 둘, 셋, 넷), 반대로 (다섯, 여섯, 일곱, 여덟)
　　　　조금 빠르게 (둘, 둘, 셋, 넷, 다섯, 여섯, 일곱, 여덟)

3. 어깨 운동

양발을 어깨 넓이로 벌린 자세로 선다. 양손을 어깨 위에 얹고 어깨를 천천히 큰 동작으로 단전호흡에 맞추어 뒤쪽에서 앞쪽으로 4회 돌려준다. 다음은 반대로 앞에서 뒤쪽을 향해 4회 돌려준다. 이번에는 팔꿈치를 펴고 전과 같이 뒤에서 앞으로, 앞에서 뒤로 각각 4회씩 돌려준다. 동작마다 반드시 단전호흡을 병행한다. 이때 동작에 맞추어 구령을 붙인다.

    <구령>   어깨 운동
                양손을 어깨에 얹고 (하나, 둘, 셋, 넷), 반대로 (다섯, 여섯, 일곱, 여덟)
                팔꿈치 펴서 크게 (둘, 둘, 셋, 넷), 반대로 (다섯, 여섯, 일곱, 여덟)

4. 목 운동

양발을 어깨 넓이로 벌린 자세로 선다. 단전으로 숨을 크게 들이마시면서 목을 앞으로 쭉 빼서 늘려주면서 머리를 깊게 숙인다. 숨을 내쉬면서 머리를 바로 세워준다. 다음은 단전에 숨을 깊게 들이마시면서 머리를 뒤로 크게 제쳐주고, 숨을 내쉬면서 바로 한다. 그다음은 같은 방법으로 머리를 좌우로 틀어준다. 그다음 머리가 귀에 닿도록 옆으로 숙여준다. 그다음 목을 좌우로 4회씩 크게 놀려준다. 이 모든 동작에서 반드시 단전에 숨을 깊게 들이마시고 내쉬면서 한다. 이때 동작에 맞추어 구령을 붙인다.

    <구령>   목 운동
                하나 머리를 앞으로 숙이면서 숨 들이마시고, 둘 내쉬면서 바로.
                하나 머리를 뒤로 제쳐주면서 숨 들이마시고, 둘 내쉬면서 바로.
                하나 머리를 오른쪽으로 틀어주면서 숨 들이마시고, 둘 내쉬면서 바로.
                하나 반대로 숨 들이마시고, 둘 내쉬면서 바로.
                하나 머리를 옆으로 숙이면서 숨 들이마시고, 둘 내쉬면서 바로.
                하나 반대로 숙여주면서 숨 들이마시고, 둘 내쉬면서 바로.

(이와 같은 동작을 2~3회씩 해준다)
목 돌려주기 (하나, 둘, 셋, 넷)
반대로 돌려주기 (다섯, 여섯, 일곱, 여덟)

5. 등배운동

양발을 어깨 넓이로 벌린 자세로 선다. 다리와 척추를 곧게 편 상태로 허리를 깊게 굽혔다, 펴주고 다시 허리를 뒤로 크게 제쳐준다. 역시 단전 호흡에 맞추어 천천히 깊고 큰 동작으로 한다. 이때 동작에 맞추어 구령을 붙인다.

<구령>　등배운동
　　　　　앞으로 굽히기 (하나, 둘, 셋, 넷), 뒤로 (다섯, 여섯, 일곱, 여덟)
　　　　　다시 앞으로 (둘, 둘, 셋, 넷), 뒤로 (다섯, 여섯, 일곱, 여덟)

6. 허리 운동

양발을 어깨 넓이로 벌린 자세로 선다. 양손을 양 허리에 대고 동작을 크고 천천히 단전호흡에 맞추어 좌로 4번, 우로 4번 돌린다. 이때 동작에 맞추어 구령을 붙인다.

<구령>　허리 운동
　　　　　왼쪽으로 돌려주기 (하나, 둘, 셋, 넷)
　　　　　반대로 돌려주기 (다섯, 여섯, 일곱, 여덟)

7. 상체 굽혀 틀어주기

양발을 어깨 넓이로 벌린 자세로 선다. 양팔을 수평으로 들어 올린 상태에서 단전에 숨을 들이마시면서 허리를 굽혀 오른손으로 왼쪽 발목을 잡으면서 상체를 왼쪽으로 깊게 틀어준다. 숨을 내쉬면서 바로 한다. 이때 몸을 바로 세우고 양팔은 수평이 되도록 들어

올린 상태로 몸을 이완시켜 준다. 같은 방법으로 반대쪽으로도 한다. 단전호흡에 맞추어 몸에 힘을 빼고 천천히 깊게 틀어주고 되돌려주기를 반복해 준다. 이와 같은 동작을 4회 하고, 4회는 좀 더 빠른 동작으로 해준다. 이때 동작에 맞추어 구령을 붙인다.

    <구령>   상체 굽혀 틀어주기
                하나 오른손으로 왼쪽 발목 잡으면서 숨 들이마시고, 둘 내쉬면서 바로
                셋 반대로, 넷 바로, 다섯 반대로, 여섯 바로, 일곱 반대로, 여덟 바로.
                조금 빠르게 (둘, 둘, 셋, 넷, 다섯, 여섯, 일곱, 여덟).

8. 큰 허리 돌려주기

양발을 어깨 넓이로 벌린 자세로 선다. 허리를 중심으로 상체를 크게 왼쪽으로 4회, 오른쪽으로 4회씩 돌려준다. 이때도 단전에 숨을 크게 들이마시고 내쉬면서 한다. 이때 동작에 맞추어 구령을 붙인다.

    <구령>   큰 허리 돌려주기 - (하나, 둘, 셋, 넷), 반대로 (다섯, 여섯, 일곱, 여덟)

9. 선 자세 전신 늘려주기

양발을 어깨 넓이로 벌려 선다. 양손을 깍지끼고 단전에 숨을 들이마시면서 두 팔이 귀에 닿도록 들어 올려 전신을 늘려준다. 이때 몸에 힘을 빼고 척추가 늘어난다고 상상하면서 지긋이 늘려준다. 숨을 내쉬면서 두 손이 땅에 닿도록 허리를 깊게 숙여준다. 이때 동작에 맞추어 구령을 붙인다.

    <구령>   전신 늘려주기
                하나 양손을 깍지 끼고 들어 올리면서 단전에 숨 들이마시고,
                둘 양손을 내리면서 숨을 내쉬고 전신을 이완시켜 줍니다. 2회 반복.
                하나 숨 들이마시고 양팔을 쭉 들어 올려 몸을 늘려줍니다.
                둘 숨 내쉬면서 깊게 숙여주기. 바로. 2회 반복.

10. 전신 늘려 틀어주기

양발을 어깨 넓이로 벌려 선다. 양손을 깍지 끼고 숨을 들이마시면서 두 팔을 들어 올려 전신을 늘린 상태에서 몸을 왼쪽으로 깊게 틀어준다. 숨을 내쉬면서 두 손이 땅에 닿도록 허리를 깊게 숙여준다. 같은 동작으로 반대쪽으로도 해준다. 숨을 내쉬면서 두 손이 땅에 닿도록 허리를 깊게 숙여준다. 이때 동작에 맞추어 구령을 붙인다.

  <구령> 전신 늘려 틀어주기
       하나 숨 들이마시고 양팔 들어 올려 왼쪽으로 틀어주기,
       둘 숨 내쉬면서 깊게 숙여주기 바로. - 반대로 하나, 둘. 2회 반복

11. 옆구리 운동

양발을 어깨 넓이로 벌려 선다. 양손을 깍지 끼고 숨을 들이마시면서 두 팔을 들어 올려 전신을 늘린 상태에서 상체를 옆으로 숙여주기를 양쪽 모두 해준다. 이때 동작에 맞추어 구령을 붙인다.

  <구령> 옆구리 운동
       하나 숨 들이마시고 양팔 들어 올려 옆으로 숙여주기,
       둘 숨 내쉬면서 바로. - 반대로 하나, 둘. 2회 반복

12. 가슴 늘려주기

양발을 어깨 넓이로 벌려 선다. 양손을 깍지 끼고 앞으로 밀고 머리를 뒤로 제치면서 가슴을 크게 늘려준다. 숨을 내쉬면서 바로 한다. 이때 동작에 맞추어 구령을 붙인다.

  <구령> 가슴 늘려주기
       하나 숨 들이마고 양팔을 앞으로 밀어주기,
       둘 숨 내쉬면서 바로. 2회 반복.

13. 허리 굽혀 견갑근 늘려주기

 양발을 어깨 넓이로 벌려 선다. 양손을 등 뒤로 깍지 끼고 단전에 숨을 들이마시면서 상체를 앞으로 깊게 굽혀 견갑근을 늘려준다. 숨을 내쉬면서 바로 한다. 같은 방법으로 상체를 굽힌 상태로 좌우로 틀어주기까지 해주고 숨을 내쉬면서 바로 한다. 이때 동작에 맞추어 구령을 붙인다.

   <구령> 견갑근 늘려주기
        하나 등 뒤로 깍지끼고 앞으로 숙여주기, 둘 내쉬면서 바로.
        하나 앞으로 숙여주기, 그대로 왼쪽으로 틀어주기, 반대로, 정면으로,
        바로

14. 양손 엇갈려 깍지 끼고 틀어주기

 양손을 앞쪽으로 뻗어 엇갈려 깍지끼고 비틀어 주면서 단전에 숨을 깊게 들이마신다. 숨을 내쉬면서 양팔을 풀어주고 바로 한다. 양팔 엇갈려 깍지 낀 상태로 머리 위로 들어 올려 전신을 좌우로 틀어주고 마친다. 이때 동작에 맞추어 구령을 붙인다.

   <구령> 양손 엇갈려 깍지 끼고 틀어주기
        하나 숨 들이마시고 양손 엇갈려 깍지 끼고 틀어주기,
        둘 숨 내쉬면서 바로. 2회 반복.
        하나 양손 엇갈려 깍지 끼고 들어 상하 반동 주고, 좌우로 흔들어 주기.
        둘 바로. 셋, 손 바꿔서 반동 주고, 흔들어 주기. 넷, 바로.
        두 팔을 머리 위로 올려 전신 틀어주기
        (하나, 둘, 셋, 넷, 다섯, 여섯, 일곱, 여덟),
        (둘, 둘, 셋, 넷, 다섯, 여섯, 일곱, 여덟)

15. 무릎 운동

두 발을 모은 자세로 단전에 숨을 들이마시고 양손으로 무릎과 오금을 문질러준다. 숨을 내쉬고 바로 한다. 다시 단전에 숨을 들이마시고 양손을 무릎에 대고 두 무릎을 왼쪽으로 4회 오른쪽으로 4회 천천히 돌려준다. 그다음 양 무릎을 안에서 밖으로 4회 반대로 4회 돌려준다. 이때 동작에 맞추어 구령을 붙인다.

<구령>   무릎 문질러주기, 무릎 뒤쪽 문질러주기.
          무릎 돌려주기 - 왼쪽으로 하나, 둘, 셋, 넷, 반대로 둘, 둘, 셋, 넷
          안에서 밖으로 셋, 둘, 셋, 넷, 반대로 넷, 둘, 셋, 넷. 바로

16. 무릎 눌러주기

양발을 벌려 한쪽 다리씩 무릎을 눌러주고 상체를 굽혀 다리를 신장시켜 준다.

(1) 좁은 무릎 눌러주기

양다리를 좌우로 어깨 넓이로 벌려서 왼쪽, 오른쪽 무릎을 교대로 가볍게 누르면서 허리를 굽혀 반동 준다. 이때 동작에 맞추어 구령을 붙인다.

<구령>   좁은 무릎 눌러주기 (하나, 둘, 셋, 넷), 반대로 (다섯, 여섯, 일곱, 여덟)
          (둘, 둘, 셋, 넷), 반대로 (다섯, 여섯, 일곱, 여덟)

(2) 넓은 무릎 눌러주기

양다리를 좌우로 넓게 벌려서 왼쪽, 오른쪽 무릎을 교대로 가볍게 잡고 상체를 굽혀 반동 준다. 이때 동작에 맞추어 구령을 붙인다.

<구령>   넓은 무릎 눌러주기 (하나, 둘, 셋, 넷), 반대로 (다섯, 여섯, 일곱, 여덟)
          (둘, 둘, 셋, 넷), 반대로 (다섯, 여섯, 일곱, 여덟)

17. 고관절 허리 운동

오른쪽을 바라보고 앉아 오른쪽 다리는 앞으로 뻗고, 왼쪽 다리는 발끝이 뒤로 향하게 무릎을 굽혀 앉는다. 허리를 펴서 상체를 깊게 굽혀주고 바로 하면서 몸을 세워주고 이완시킨다. 다음은 단전에 숨을 들이마시며 오른손을 뒤로 짚고 왼손을 머리 위로 들어 올리면서 엉덩이를 들고 몸 전체를 쭉 늘려 펴주고, 숨을 내쉬면서 바로 한다. 2~3회 반복한다.

뒤에 있는 왼쪽 발끝이 앞쪽을 향하도록 돌려주고 두 손을 머리 뒤쪽으로 깍지 낀 상태로 옆구리 운동과 앞으로 숙여준다. 그다음 다리는 그대로 두고 상체만 뒤로 돌아 단전에 숨을 들이마시며 상체를 곧게 펴서 허리를 세워주고 숨을 내쉬면서 상체를 앞으로 숙여준다.

이렇게 하면 왼쪽을 향한 자세가 된다. 굽혔던 왼쪽 다리를 앞으로 뻗고 뒤로 뻗쳐진 오른쪽 다리 무릎을 굽혀 앉는다. 이후 모든 동작은 위와 같은 방법으로 진행한다. 이때 동작에 맞추어 구령을 붙인다.

  <구령> 고관절 허리 운동
       하나 숨 들이마시고 앞으로 숙여주기, 둘 숨 내쉬면서 바로.
       셋 숨 들이마시면서 엉덩이 들어주기, 넷 숨 내쉬면서 바로.
       다섯 다시 숨 들이마시면서 앞으로 숙여주기, 여섯 숨 내쉬면서 바로.
       일곱 숨 들이마시고 엉덩이 들어 몸 펴주기, 여덟 숨 내쉬면서 바로.

       좀 더 빠르게 (둘, 둘, 셋, 넷, 다섯, 여섯, 일곱, 여덟)
       (위에서 했던 동작을 조금 빠르게 반복해 준다)

       왼쪽 발끝 앞으로 돌려놓고 옆구리 운동
       (하나, 둘, 셋, 넷, 다섯, 여섯, 일곱, 여덟)
       앞으로 숙여주기 (둘, 둘, 셋, 넷, 다섯, 여섯, 일곱, 여덟)

       다리 그대로 두고 뒤로 돌아 허리 세워주기(이때 숨을 들이마신다)

숨 내쉬면서 상체 앞으로 깊게 숙여주기. 바로.

앞에 있는 왼쪽 다리 뻗어주고 뒤에 있는 오른 다리 무릎을 굽혀 앉는다.
이후 위와 같은 동작을 반복해 준다.

18. 허리 틀어 하늘바라보기

양발을 앞으로 뻗어 편안한 각도로 벌려 앉는다. 허리를 펴서 왼쪽 45° 뒤 방향으로 몸을 틀어주고 하늘을 바라본다. 이때 단전으로 숨을 깊게 들이마신다. 숨을 내쉬면서 몸을 바로 세워 바로 한다. 반대쪽으로도 같은 방법으로 해준다. 2~4회 반복한다.

다음은 숨을 들이마시면서 상체를 뒤로 돌려 반대편 뺨이 땅에 닿도록 깊게 틀어준다. 숨을 내쉬면서 몸을 앞으로 깊게 숙여준다. 같은 동작을 반대쪽으로도 해준다. 2~4회 반복한다. 이때 동작에 맞추어 구령을 붙인다.

<구령>　　허리 틀어 하늘바라보기
　　　　　하나~ 숨 들이마시고, 둘 내쉬면서 바로, 반대로 셋 틀어주기, 넷 바로.
　　　　　다섯 다시 한번 숨 들이마시고, 여섯 바로, 반대로 일곱, 여덟 바로.
　　　　　깊게 틀어주기
　　　　　하나~ 숨 들이마시고, 둘 숨 내쉬면서 상체 앞으로 숙여주기.
　　　　　반대로 셋 깊게 틀어주기, 넷 바로, 다시 한번 다섯, 여섯. 일곱, 여덟.

19. 다리 모아 숙여주기 (장근술)

양발을 모아 앞으로 뻗고 앉는다. 단전에 숨을 들이마시고 두 팔을 머리 위로 올린다. 숨을 내쉬면서 허리를 편 상태로 앞으로 깊게 굽혀준다. 이 자세에서 1~2분 정도 멈춰 있기도 하고, 반동을 주기도 한다. 바로 한 상태에서 발끝 부딪치기를 해준다. 이때 동작에 맞추어 구령을 붙인다.

<구령>   발 모아 숙여주기, 하나~, 둘 바로. 2~4회 반복
         발끝 부딪치기 100회 (혹은 300회~500회)

20. 다리 들어올리기

  양발을 모아 앞으로 뻗고 앉은 자세에서 엉덩이만 땅에 대고 두 다리를 들어준다. 이때 양손을 뻗어 발끝을 향하도록 하고 자세를 1분 이상 지속시킨다. 이때도 단전호흡을 함께한다. 이때 동작에 맞추어 구령을 붙인다.

<구령>   다리 들어올리기 - 하나, 둘 바로. (1분 이상 지속한다)

21. 발모아 당겨 숙여주기

  양발을 모아 발바닥을 맞닿게 앉는다. 단전에 숨을 들이마셨다가 내쉬면서 상체를 앞으로 숙여준다. 이 자세를 1분 지속하거나, 반동을 주기도 한다. 이때 동작에 맞추어 구령을 붙인다.

<구령>   발모아 당겨 숙여주기 (하나, 둘, 셋, 넷, 다섯, 여섯, 일곱, 여덟)
         (둘, 둘, 셋, 넷, 다섯, 여섯, 일곱, 여덟).

22. 다리 벌려 앉기 (골반 운동)

  양발을 최대한 옆으로 벌려 앉는다. 다리를 벌린 자세로 상체를 옆으로 숙여준다. 그다음 가슴을 무릎 방향으로 숙여준다. 그리고 상체를 정면 앞으로 숙여준다. 이 동작을 단전호흡과 함께 천천히 하거나, 반동을 주어 움직이면서 한다. 이때 동작에 맞추어 구령을 붙인다.

<구령>　　다리 벌려 옆으로 숙여주기 - 하나 숨 들이마시고, 둘 내쉬면서 바로.
　　　　　반대쪽으로 하나 숨 들이마시고, 둘 내쉬면서 바로. 4회 반복.

　　　　　가슴이 무릎에 닿게 숙여주기 - 하나 숨 들이마시고, 둘 내쉬면서 바로.
　　　　　반대쪽으로 하나 숨 들이마시고, 둘 내쉬면서 바로. 4회 반복

　　　　　상체 앞으로 숙여주기 - 하나 숨 들이마시고, 둘 내쉬면서 바로.
　　　　　2~3회 반복

23. 바로 누워 다리 들어주기

바로 누워 두 발 모아 다리 들어올리기를 한다. 이때 상체를 들고 하면 복근과 엉덩이, 다리 근력 발달에 더 효과적이다. 45° 측면으로 누워 한쪽 팔 땅 짚고 상체와 다리를 동시에 들어 올려준다. 같은 자세로 반대 방향으로도 해준다. 정면으로 누워 손과 발이 맞닿게 상체와 다리를 동시에 들어 올렸다 내렸다 한다. 모든 동작을 각각 10회씩 한다. 이때 동작에 맞추어 구령을 붙인다.

<구령>　　다리 들어 주기 - 하나, 둘, 셋, 넷, 다섯, 여섯, 일곱, 여덟, 아홉, 열
　　　　　왼쪽 45° 누워 손과 발이 맞닿게
　　　　　하나, 둘, 셋, 넷, 다섯, 여섯, 일곱, 여덟, 아홉, 열
　　　　　반대로 하나, 둘, 셋, 넷, 다섯, 여섯, 일곱, 여덟, 아홉, 열
　　　　　정면으로 하나, 둘, 셋, 넷, 다섯, 여섯, 일곱, 여덟, 아홉, 열

24. 바로 누워 허공 걷기

바로 누워 두 무릎을 편 상태로 허공을 걷듯이 한 발씩 교차로 움직인다. 이때도 상체를 들고 하면 더 강력한 효과가 있다. 다음은 두 발을 좌우로 움직여 준다. 두 동작을 각각 10회씩 한다. 이때 동작에 맞추어 구령을 붙인다.

<구령>　　허공 걷기 - 하나, 둘, 셋, 넷, 다섯, 여섯, 일곱, 여덟, 아홉, 열
　　　　　좌우로 - 하나, 둘, 셋, 넷, 다섯, 여섯, 일곱, 여덟, 아홉, 열

25. 바로 누워 발목 잡고 다리 벌려주기

　바로 누워 양손으로 양쪽 발목 잡고 다리를 벌려준다. 이때 단전에 숨을 들이마시고 내쉬면서 발끝을 땅에 대듯이 앞쪽으로 지긋이 당겨 벌려준다(1분 이상). 이때 동작에 맞추어 구령을 붙인다.

<구령>　　발목 잡고 다리 벌리기 - 하나, 둘 바로.

26. 바로 누워 두 발 모아 틀어주기

　바로 누워 양팔을 벌리고 두 발 모아 왼손으로 가져가면서 시선은 오른쪽으로 돌려 몸을 틀어준다. 이때 단전에 숨을 들이마시고 내쉬면서 몸을 이완시켜 틀어준다. 같은 동작을 반대쪽으로도 해준다. 각 동작 2~4회 반복. 이때 동작에 맞추어 구령을 붙인다.

<구령>　　두 발 모아 틀어주기　하나, 둘 바로. 반대로 하나, 둘 바로

27. 무릎 세워 틀어주기

　바로 누운 자세에서 무릎 세우고 엉덩이를 높게 들어 올린 상태에서 잠시 단전호흡한다. 엉덩이 내려놓고 두 무릎 왼쪽으로 숙이고 시선은 반대로 몸을 틀어준다. 같은 동작을 반대쪽으로도 해준다. 2~4회 반복. 이때 동작에 맞추어 구령을 붙인다.

<구령>　　무릎 세워 틀어주기 - 왼쪽으로 하나, 둘 바로. 반대로 하나, 둘 바로

28. 굴렁쇠

바로 누운 자세에서 두 무릎을 가슴 쪽으로 끌어당겨 앉고 둥글게 굴러 일어나고 눕기를 반복한다. 10회 반복. 이때 동작에 맞추어 구령을 붙인다.

<구령>　　굴렁쇠 - 하나, 둘, 셋, 넷, 다섯, 여섯, 일곱, 여덟, 아홉, 열.

29. 숨쉬기 운동

차려 자세에서 왼발 앞으로 내디디며 양팔 벌려 가슴 열고 크게 숨 들이마시고, 왼발 들어오며 양팔 가슴 앞에 모아 상체를 굽히면서 숨 내쉰다. 4회 반복. 이때 동작에 맞추어 구령을 붙인다.

<구령>　　숨쉬기 운동
　　　　　　하나 숨 들이마시고, 둘 내쉬고. 셋~, 넷, 다섯, 여섯, 일곱, 여덟.

여러 가지 도인체조 중 수련 내용에 따라 선별 활용하면 몸을 풀어주는데도 매우 효과적이다. 잘 익혀 놓고 자신에 맞는 동작으로 준비운동을 대신하면 좋을 것이다.

V. 신법(身法)

말이나 글에 집착하지 말고
몸으로 수행하라

1. 정공(靜功)
   (1) 육합단공(六合丹功)
   (2) 육합단공 수련방법
   (3) 단배공(丹拜功)
   (4) 기공법(氣功法)

2. 동공(動功)
   (1) 반장(攀掌)
   (2) 단수(單手)
   (3) 칠보절권(七寶絶拳)
   (4) 연결수(連結手)

Ⅴ. 신법(身法)

신법은 몸 수련을 말하며 크게 정공(靜功)과 동공(動功)으로 구분된다. 정공이란 움직임이 적은 고요하고 정적(靜的)인 수련을 말하며, 동공(動功)은 움직임이 많은 활동적인 몸짓을 뜻한다. 육합단공, 단배공, 기공법 등은 정공 수련에 적합하며, 동공에는 단수(單手), 칠보절권, 천룡수, 천여수, 천라수, 천강권, 어룡장법 등 여러 가지 기천수가 잘 어울린다.

정공에 적합한 육합단공, 단배공, 기공법을 동공 수련으로 할 수도 있다. 반면 동공에 적합한 기천수 등도 정공이 될 수도 있다. 대략 정공과 동공에 적합한 종목을 분류할 수는 있어도 고정적으로 정하기는 어렵다. 같은 종목이라도 어떻게 수련하느냐에 따라 정공이 될 수도 있고 동공이 될 수도 있기 때문이다. 정공과 동공의 기준은 어떤 종목이 아니라, 어떻게 수련하느냐에 따라 나누어진다.

1. 정공(靜功)

정공은 움직임이 적은 정적(靜的)인 수련으로써 단전호흡을 바탕으로 한 내공 수련이 주를 이룬다. 정공 수련은 내공을 길러주고 오장육부의 기력을 증진시켜 건강은 물론 무예, 활명, 기예 등 기천 수련의 바탕을 만들어 준다. 그렇기에 정공은 기천 수련의 정수(精髓)라 할 수 있다.

정공이 내공 수련이 되는 것은 음생양(陰生陽)의 원리가 있기 때문이다. 즉 음에서 양이 나온다. 고요하고 정적(靜的)인 음세(陰勢)에서 양기(陽氣)가 만들어진다. 여기서 단전호흡은 빠질 수 없는 수련의 요체이다. 왜냐하면 음태(陰態) 속에서 양기를 살리는 가장 강력하고 효과적인 방법이 바로 단전호흡이기 때문이다. 여기서 양기란 생명 에너지를 뜻하며 순수 생명의 존재를 태양이라고 이해할 수 있다.

정공에는 앞서 말했듯이 육합단공, 단배공, 기공법 등이 적합하다. 육합단공은 기천의 기본 수련법이며 고유한 틀법으로 이루어져 있다. 즉 마법 내가신장, 범도법, 금계독립법,

소도법, 대도법, 허공법이 바로 그것이다. 단배공은 예절법인 동시에 양기를 기르는 수련법으로써 단법의 정수이며 신법의 바탕이다.

(1) 육합단공(六合丹功)

육합단공은 기천 수련의 기본이며 핵심이다. 신법의 대표적인 수련법으로써 내공을 기르는 기공법이다. 6가지 기본자세로 되어있으며 몸을 바로 잡아주고 근골을 강건하게 만들어 준다. 나아가 오장육부까지 건강한 체질로 바꾸어 준다.

〈1〉 육합(六合)

우주 공간에서의 육합은 상하 사방을 뜻하며, 몸에서는 손끝과 발끝에서부터 뻗친 삼양, 삼음, 6쌍이 표리(表裏)를 이루는 12 경맥의 합을 말한다.

황제내경에서 육합(六合)을 다음과 같이 설명한다.

> 하늘과 땅 사이 육합[상하 사방] 안에서 음양의 기(氣)는 땅에서 구주(九州), 우리 몸에서는 구규(九竅), 오장(五臟), 12절(節) 등과 통한다. 음양은 오행을 만들고 음양이 변화한 기는 삼음(태음, 소음, 궐음)과 삼양(양명, 태양, 소양)인데, 음양이 변화하는 이치를 위배하면 사기(邪氣)가 인체를 손상시키니, 이것이 곧 수명의 근본이다.
>
> 陰陽, 天地之間 六合之內 其氣九州, 九竅, 五臟, 十二節 皆通乎. 天氣 其生五 其氣三數 犯此者 則邪氣傷人 此壽命之本也.[6]

우리 몸에서 음양의 기가 변화하는 삼음(三陰)과 삼양(三陽)의 이치를 잘 따를 때, 즉 육합의 기가 조화로워야 건강을 지킬 수 있다는 말이다.

황제내경에서 말하는 우리 몸에서의 육합은 다음과 같다. 족경맥(足經脈) 3양과 3음, 수경맥(手經脈) 3양과 3음, 총 6쌍의 경맥이 다음과 같이 표리(表裏)를 이루는 것을

---
6 김달호·이종형 공역, 『황제내경 소문』, 사기조신대논편 제2, 도서출판 의성당, 2001, 48쪽.

육합이라고 했다.

> 족태양과 소음이 같이 표리이고, 소양이 궐음과 표리이며, 양명과 태음이 표리를 이루는데, 이것이 족음양이라. 수태양과 소음이 같이 표리이고, 소양은 심주(궐음)와 표리이며, 양명은 태음과 표리이다. 이것이 수의 음양이니라.
>
> 足太陽與少陰爲表裏 少陽與厥陰爲表裏 陽明與太陰爲表裏, 是爲足陰陽也.
> 手太陽與少陰爲表裏 少陽與心主(厥陰)爲表裏 陽明與太陰爲表裏
> 是爲手之陰陽也.[7,8]

이렇게 우리 몸에서 서로 표리관계에 있는 6쌍의 경맥을 육합이라고 한다. 다시 정리하면 수태음폐경-수양명대장경, 수궐음심포경-수소양삼초경, 수소음심경-수태양소장경, 족태음비경-족양명위경, 족궐음간경-족소양담경, 족소음신경-족태양방광경이 서로 안팎을 이룬다는 것이다.

음양의 기(氣)가 우리 몸에서 변화되어 작용하는 3양·3음의 6쌍 경맥은 생명을 관장하는 근본이다. 이는 오장육부로부터 손끝과 발끝까지 전신에 두루 뻗쳐있다. 전신에 뻗친 경락에 기가 원활하면 우리 몸에 생명은 안정되어 건강하고, 그렇지 못하면 병들어 죽는다. 황제내경에서는 우리 몸에서 육합, 즉 족경맥과 수경맥 삼양 삼음, 6쌍의 경맥의 기운을 관리하는 것이 바로 생명을 지키는 길임을 천명하고 있다.

오장육부는 경맥의 근원으로서 생명의 뿌리이다. 따라서 경맥을 보고 오장육부의 건강 상태를 가늠한다. 오장(五臟)은 간, 심장, 비장, 폐, 신장과 심포(心包)를 말한다. 심포는 경락은 있되 실체가 없어 심포를 제외하여 오장으로 분류하기도 하고, 심포를 포함시켜 육장으로 취급하기도 한다. 육부(六腑)는 담, 소장, 위장, 대장, 방광, 삼초(三焦)를 말한다.

황제내경에서는 육합에 작용하는 기를 파악하고 병을 다스리는 경로를 다음과 같이 설명한다.

---

7 김달호·이종형 공편역,『황제내경 소문』, 혈기형지편, 도서출판 의성당, 2001, 561쪽.
8 최형주,『황제내경 영추』, 경별 제십일, 자유문고, 2004, 261~267쪽.

기(氣)는 사람의 근본이라, 모든 병 또한 기에 있다. 고로 치료를 잘하는 사람은 사기(邪氣)가 피모에 있을 때 다스린다. 그다음은 피부와 살갗에서 다스리며, 그다음은 근육과 힘줄에서 다스리고, 그다음 수준은 육부에서 다스리며, 그다음은 오장에서 다스리는데, 오장에 있을 때 다스리면 반은 죽고 반은 산다.

氣者 人之根本也. 百病而 氣於病
故善治者 治皮毛 其次治肌膚 其次治筋脈 其次治六腑 其次治五臟, 治五臟者 半死半生也.[9]

육경(六經)이 조화로운 사람은 질병에 걸리지 않으며, 비록 질병에 걸리더라도 스스로 낫는다.

六經調者 謂之不病 雖病 謂之自己也.[10]

이것은 육합단공이 건강에 얼마나 중요한 것인지 알 수 있는 대목이다.

이와 같이 육합이란 우리 몸의 생명줄과도 같은 6쌍의 기맥을 뜻한다. 기천 육합단공에서 육합의 의미 또한 여기서 찾아야 할 것이다.

〈2〉 단공(丹功)

단공은 기공(氣功)과 같은 말이다. 기공이 넓은 의미로 기(氣)를 다스리는 공법이라면, 단공은 우리 몸 안의 생명 에너지를 가꾸고 기르는 법을 말한다. 따라서 단공은 기공보다 몸에 있는 생명 에너지에 초점이 맞추어진 용어로 이해할 수 있다.

우리 몸에 작용하는 생명의 기를 단(丹) 또는 불[화기-火氣]이라고 한다. 동물의 수컷 생식기를 "불알"이라고 한 것도 같은 맥락이다. 불알이란 바로 생명의 씨알을 의미한다. 불(火)은 뜨거움과 붉은색을 상징한다. 따라서 몸에 작용하는 생명의 기는 붉은색, 즉 불을 의미하는 단(丹)으로 표현한 것이다. 그러기에 몸에 작용하는 기의 중심 자리를 단전이라고 한다.

---

9 김달호·이종형 공편역, 『황제내경 소문』, 음양응상대논편, 도서출판 의성당, 2001, 146쪽.
10 최형주, 『황제내경 영추』, 하편 제11권, 자유문고, 2004, 322쪽.

〈3〉 육합단공이란

위에서 언급했듯이 우리 몸에서 생명의 기[丹]는 육합[족경맥과 수경맥 삼양, 삼음의 12 경맥]을 통해 작용한다. 육합에 기[단]를 가꾸고 기르는 것이 육합단공이다. 즉 육합단공은 우리 몸에 생명을 살리고 기르는 법이라고 이해할 수 있다. 육합단공은 무예, 활명, 기예, 단학 그리고 인간 완성인 깨달음의 토대가 되는 기천 기본 수련법이다.

동양 최고(最古) 의서인 황제내경과 동의보감에서는 경락에 작용하는 기의 상태를 보고 건강을 판단했다. 또 기를 조절하여 질병을 예방하고 치료했으니, 육합이 얼마나 중요한지를 충분히 이해할 수 있다. 육합과 더불어 우리 몸에 생명을 관장하는 기경팔맥으로 임맥, 독맥, 대맥, 충맥, 양유맥, 음유맥, 양교맥, 음교맥이 있다.

육합단공은 6가지 틀법으로 구성되어 있다. 기천태양역근 마법 내가신장, 범도법, 금계독립법, 소도법, 대도법, 허공법이 바로 그것이다. 틀법이 6가지라서 육합단공이라고 이해하는 것보다, 육합[12경맥] 안에 생명의 기[丹]를 살리는 법으로 이해하는 것이 더 깊고 올바른 해석이라 할 수 있을 것이다.

〈4〉 육합단공과 단전호흡

육합단공에서 단전호흡은 매우 중요하다. 육합단공의 특성상 단전호흡을 모르고 해도 오래 수련하면 어느 정도 내공이 쌓이지만, 먼저 단전호흡을 정확하게 익히고 수련한다면 그 효과는 훨씬 크고 빠르다. 육합단공에서 단전호흡을 어떻게 하느냐에 따라 수련 결과가 달라진다.

육합단공에서 단전호흡은 단전까지 숨이 들고나는 것이 가장 중요하다. 처음에는 호흡이 조금 거칠거나 짧더라도 반드시 숨결이 단전에 이르도록 해야 함을 명심할 필요가 있다. 또 하나 중요한 것은 몸과 마음을 열어주는 것 또한 잊어서는 아니 된다. 초보자가 몸과 마음을 긴장시키고 단전호흡을 너무 길게 하려 하거나 고르게 하려는 욕심에 치우치면 오히려 화를 자초할 수도 있다. 왜냐하면 육합단공 틀법만으로도 힘에 겨워 숨이 거칠어질 수가 있기 때문이다.

이렇게 하다 보면 자연스럽게 저마다 육합단공에서 균형 잡힌 단전호흡이 만들어질 것이다. 단전호흡이 안정감을 찾으면 그때부터 기를 느끼고 음미하면서 깊게 몰입해 들어간다. 이와 같이 육합단공에서 단전호흡은 가부좌를 틀고 단전호흡할 때와 처음에는 그 양상이 조금 다르다.

육합단공에서 단전호흡을 조절하는 것은 바로 역근(易筋)이다. 역근을 어떻게 하느냐에 따라 호흡의 형태가 달라지고 몸에 서리는 기가 달라진다. 역근을 어떻게 하느냐에 따라 몸에 기운을 단기간에 폭발적으로 쓸 수 있게 만들어 주기도 하고, 건강을 바탕으로 깊고 중후한 내공을 기르는 호흡을 만들기도 한다.

역근과 단전호흡 관계를 이해하기 위해서는 먼저 몸으로 기를 느끼고 익힐 필요가 있다. 자연스럽게 선 자세에서 상체 역근만 하고 호흡을 해보고, 하체 역근만으로 호흡해 보면 누구나 쉽게 느낄 수 있다. 상체 역근이 강하면 단전에 기운을 끌어올려 온몸에 기가 뻗치게 만든다. 만약 상체 역근이 너무 강하면 단전호흡이 원활하지 못하고 억지호흡을 만들어 상기시킬 수도 있다. 이런 점을 잘 이해하고 역근 강도를 조절해 주어야 한다.

내가신장에서 하체 역근이 강할수록 기가 단전으로 깊게 내려간다. 이때 단전호흡도 자연스럽게 깊어진다. 하체 역근에서도 몸무게를 뒤꿈치로 쏠리게 하면 호흡이 위로 뜨고, 앞쪽에 둘 때 호흡이 단전까지 깊게 내려간다. 이런 이치를 무시하고 무작정 수련에 뛰어든다면 공들인 만큼 자신이 원하는 수련 효과를 기대하기 어렵다.

육합단공을 할 때 상체와 하체 역근 비율은 초보자는 3:7, 숙달자는 4:6이 적합하다. 무술을 하기 위한 수련이라면 역근 비율을 5:5에 가깝게 한다. 이렇게 하면 단기간에 몸에 힘을 끌어 쓸 수 있는 호흡법이 된다. 만약 깊고 중후한 내공 수련에 치중한다면 3:7의 비율이 좋다. 육합단공에서 역근 비율은 단전호흡을 조절해 주고 몸에 기운을 다르게 만들어 준다. 수련 정도와 추구하는 방향에 따라 육합단공에서 상·하체 역근 비율을 알맞게 조절하는 것이 좋다.

⟨5⟩ 기천 태양 역근 [틀법] 내가신장

기천이란 하늘 기운이란 뜻으로 여기서는 선천적으로 받고 태어난 생명의 원기로 이해할 수 있다.

태양(太陽)은 생명의 근원인 신성을 뜻한다. 천부경에서는 태양을 우주의 씨알과 하나로 통하는 존재라고 밝히고 있다. 즉 태양은 선천적으로 받고 태어난 생명의 기운인 기천 안에 있는 신성(神性)으로 이해할 수 있다.

역근(易筋)은 근육을 비틀고 변형시켜 다른 모양을 이룬 근육 형태를 말한다. 역근에서 易 자는 "바꾸다" 또는 "쉽다"라는 의미가 있다. 易 자의 갑골문은 그릇을 기울여 무언가를 쏟는 모양과 같다. 이것은 바로 그릇에 담긴 낡은 것을 버리고 새로운 것으로 갈아치운다는 뜻으로 이해할 수 있다. 또 상형문자에서 易 자는 태양과 달을 의미하며, 태양과 달의 운행 법칙을 나타낸 것이라고 한다. 태양과 달의 운행 법칙이라면 우주 자연의 법도를 의미하는 상징이다.

그렇다면 역근은 단순하게 근육을 비틀고 짜주는 것에만 국한 시킬 수는 없다. 육합단공에서 역근은 몸속의 독소를 내보내고 맑은 기운을 새로 담아 생명이 살아나도록 우주 자연의 법도에 맞게 변형시킨 신체 모양이라고 이해할 수 있다. 여기에는 근육의 비틀림이나 꺾임은 물론 펼치고 늘리거나 당겨져 변형된 근육 형태가 모두 포함된다.

육합단공 역근은 평근(平筋)에 대비되는 근육 형태로 오묘하게 변형된 모양이다. 평근일 때와 역근일 때 몸에 기혈 작용이 달라진다. 역근으로 변형된 자세에서 기혈은 그 장애를 뚫기 위해 더욱 역동적으로 움직일 수밖에 없다. 역근의 강도와 시간이 강하고 길어질수록 몸에 기혈이 강력하게 작용한다. 역근은 기혈 작용을 강하게 만들어 몸을 점점 건강체로 만들어 간다. 몸을 움직이지 않지만, 몸에 기운이 살아나도록 근육을 자연 법도에 맞춰 변형시킴으로써, 호흡을 조절하고 기혈 순환을 왕성하게 촉진 시키는 원리가 있다. 육합단공을 수련해 보면 누구나 몸에 기운이 살아나는 현상을 체험할 수 있다.

처음 수련하는 사람은 자신의 체력에 맞추어 역근 강도와 역근 시간을 조절해 주는 것이 바람직하다. 육합단공에서 역근을 뚫고 기혈을 순환시킬 힘이 부족할 만큼 몸이 허약한 사람은 더더욱 그러하다.

틀법이란 마법, 범도법, 금계독립법, 소도법, 대도법, 허공법과 같은 자세를 말한다. 틀이란 재봉틀, 다식틀, 벽돌틀과 같이 어떤 형태의 물건을 만들어 내기 위해 갖춘 모양이나, 가정의 틀, 국가의 틀과 같이 어떤 조직이나 단체를 이끌어가기 위한 규범을 말한다. 육합단공 또한 각각의 틀법마다 몸을 정화하고 특정한 기운을 살려 기혈을 북돋아 주는 자세들이다. 이에 대해서는 뒤에 하나하나 자세히 설명할 것이다.

내가신장(內家神掌)이란 내면에 존재하는 신성을 드러내라는 의미로 볼 수 있다. 속에 감춘 것을 내놓으라고 할 때 "네 속에 있는 것을 손바닥 위에 내놓아라."라고 한다. 따라서 내가신장은 "내면에 감추어진 신성[태양·순수 생명]을 밝혀 드러내라."라는 의미로 이해할 수 있다.

즉 기천태양역근 마법 내가신장(氣天太陽易筋 馬法 內家神掌)은 마법(馬法)으로 역근(易筋)을 통해 기천(생명) 안의 태양[신성]을 드러내라는 뜻으로 이해된다. 이것이 추상적 이론으로 끝나서는 안 된다. 수련의 원리를 이해하고 바르게 수련하여 실제 내 안에서 태양을 밝혀 신성을 드러내야 한다. 그러기 위해서는 틀법의 형태만 가지고는 안 된다. 반드시 틀법과 함께 단법과 심법이 있어야만 한다.

내가신장에서 신성을 드러내는 수련의 길은 틀법을 짜는 과정에서 찾을 수 있다. 틀법 구령은 **"지, 천, 합, 틀, 무"**이다. 틀법에서 땅과 하늘을 합하여 무극으로 돌아가라는 의미이다. 반드시 내 안에서 땅과 하늘을 합하여 무극을 이루어야 한다. 지(地)는 몸을 의미하며, 천(天)은 생명의 뿌리인 정신을 뜻한다. 내 안에 땅과 하늘, 즉 몸과 정신이 하나로 합해지는 곳은 마음이다. 마음에서 몸과 신(神)이 하나로 합해지기 위해서는 먼저 마음을 비워야 한다. 마음을 비워 청정무구한 본래 마음이 되어야 비로소 하늘과 땅을 하나로 담을 수 있다.

그러기 위해서는 마음에 짐부터 내려놓아야 한다. 그다음 찌든 감정까지 정화 시킬 때 우리는 "지천합틀무"에서 길을 찾을 수 있다. 텅 빈 본래 마음 안에 땅과 하늘을 하나로 합하여 신성을 밝힐 수 있는 길을 열 수가 있다. 만약 마음에 짐을 가득 지고 수많은 감정에 갇힌다면 마음은 무겁게 가라앉아 몸에 치우칠 수밖에 없다. 이때 자신은 감정에 매인 채 몸[땅]에 갇힌 신세가 되고 만다. 이것이 바로 지옥에 갇힌 것이다. "지천합틀무"로 이루어지는 내가신장은 몸과 마음을 정화하여 나에게서 벗어나 신성을 드러내는 공법이다. 이것이야말로 몸에 갇힌 지옥에서 벗어나 새 생명으로 거듭나는 참 구원이 아니겠는가?

"지" 구령에 몸에 얽힌 감정을, "천"에서 정신적으로 얽매인 생각[相]을, "합"에서 하나로 모아 "틀" 속에서 "무"로 돌아간다. 즉 내가신장은 육합의 틀에서 무아가 되어 내 안에 신성을 밝게 드러내는 단법이다. 틀은 마법, 범도법, 금계독립법, 소도법, 대도법, 허공법의 틀법을 말한다.

내 안에서 무(無)를 이루기 위해서는 모든 것을 내려놓은 텅 빈 본래 마음이 되어야만 한다. 이것이 내 안의 무극이다. 이는 곧 우주의 근원과도 통한다. 이때 비로소 생명의 근원인 태양이 드러난다. 이것이 천부경에서 가르치는 본래 마음자리이며, 기천에서 지향하는 인간 완성인 깨달음이다.

마음을 비우지 못하고 틀법만 고집한다면 그 결과가 어떻게 될지 불분명해진다. 내가신장의 개념을 바르게 이해하고 수련할 때, 내가신장 틀법에서 "지, 천, 합, 틀, 무"는 몸과 마음을 정화하고 신성을 드러내는 지침이 될 것이다.

"내가신장"을 아침에 떠오르는 태양을 바라보고 서라고 한다. 먼저 "기천태양역근내가신장"은 내 안에 신성[태양]을 밝혀 드러내는 수련임을 이해할 필요가 있다. 이런 개념을 이해하고 아침에 떠오르는 태양을 바라보고 서는 것은 합당할지 모르지만, 그렇지 않고 단순하게 태양 에너지를 받기 위한 것이라면 본질적인 수련과는 거리가 멀어진다. 실제 그 효과 또한 너무나 미약할 것이다.

내 안에 태양신성·순수 생명을 드러내면 "나"는 근원과 하나로 통한 하늘 사람이다. 반면 몸에 치우치고 감정에 갇히면 고통 속에 헤매는 중생이다.

기천 수련은 중생에서 신선이 되는 길이다. 몸과 마음을 닦아 나로부터 해탈이 될 때 내 안에 신성이 드러난다. 건강하고 행복한 삶과 깨달음은 한 길이다. 사람들은 이것을 따로 분리해서 이해하려고 한다. 오히려 수련하면 세상 삶을 살기 어렵다는 생각까지 한다. 이는 수련에 대한 잘못된 생각임을 분명히 밝히고자 한다. 수련에 대한 개념과 원리를 잘 이해하고 수련한다면 기천은 건강하고 행복한 삶으로 가는 지름길이 될 것이다.

(2) 육합단공 수련 방법

육합단공은 6가지 기본 틀법으로 이루어졌다. 그렇다면 6가지 기본 틀법이 무엇이며, 각각의 틀법을 어떻게 수련하는지 알아보자. 먼저 틀법의 정확한 자세를 알 필요가 있다. 그리고 역근은 어떻게 하고 호흡은 어떻게 하며, 어떤 마음가짐으로 하는가가 바로 수련 방법이 될 것이다. 자세가 바르고 호흡이 깊어야 육합단공 효과가 극대화될 수 있다.

육합단공 6가지 틀법

하나. 기천태양역근 마법 내가신장(氣天太陽易筋 馬法 內家神掌)
둘. 기천태양역근 범도 내가신장(氣天太陽易筋 氾蹈 內家神掌)
셋. 기천태양역근 금계독립 내가신장(氣天太陽易筋 金鷄獨立 內家神掌)
넷. 기천태양역근 소도 내가신장(氣天太陽易筋 小蹈 內家神掌)
다섯. 기천태양역근 대도 내가신장(氣天太陽易筋 大蹈 內家神掌)
여섯. 기천태양역근 허공 내가신장(氣天太陽易筋 虛空 內家神掌) 이다.
육합단공의 6가지 틀법은 반복되는 말을 제외하고 하나부터 내가신장, 범도, 금계독립, 소도, 대도, 허공이라고도 한다.

육합단공 6가지 틀법을 살펴보면 모두 오장육부와 연관된 오행의 자세로 이루어졌음을 알 수 있다. 이런 연결 고리는 황제내경을 살펴보면 명확하게 이해할 수 있다. 오장육부는 각각 몸의 특정 부위를 지배하고 영향을 준다. 이것은 황제내경 영추편에 두루 실려 있는데, 이를 『오행생식요법』 책을 보면 아래와 같이 한눈에 알아볼 수 있도록 정리되어 있다. 오장육부가 우리 몸 어느 부위와 상관관계를 갖는지에 대한 아래의 서술 내용은 황제내경을 바탕으로 한 『오행생식요법』[11]을 참조했다.

---

11 김춘식, 『오행생식요법』, 도서출판 유림, 1992, 72~85쪽.

그리고 육합단공 틀법들이 몸의 어느 부위에 어떻게 영향을 주는지 파악했다. 그러면 자연스럽게 육합단공 틀법이 다음과 같이 모두 오행으로 되었음을 이해할 수 있다. 마법은 종합형(綜合形), 범도는 목형(木形), 금계독립은 상화형(相火形), 소도는 토형(土形), 대도는 금형(金形), 허공은 수형(水形)임을 알 수 있다.

이렇게 육합단공 각각의 틀법이 오행의 형태임을 알 수 있는 내용은 다음과 같다.

첫째. 간담(肝膽)은 목기(木氣)로써 눈(시각), 근육, 손발톱, 목구멍, 엄지손가락에 영향을 준다. 간담이 약해지면 화를 잘 내고, 한숨이 나온다. 기경팔맥 중 대맥과 연결되며, 관절과 사지에서는 고관절과 발이 상관관계를 갖는다. 육합단공에서 범도법이 고관절을 가장 강하게 굴절하며 강화시켜 준다. 이는 간담의 목기를 도와주는 목형으로 이해할 수 있다.

둘째. 심장과 소장은 화기(火氣)로써 혀, 촉각, 혈관, 검지손가락에 영향을 준다. 감정에는 기쁨을 관장하고, 심장에 문제가 생기면 딸꾹질한다. 기경팔맥에는 독맥과 연결되며, 주관절과 상완에 영향을 주고받는다. 이는 육합단공 6가지 틀법 전체와 연관이 깊다.

셋째. 비위장(脾胃臟)은 토기(土氣)로써 입술, 미각, 살(肉), 눈꺼풀, 중지손가락에 영향을 준다. 비위가 약해지면 생각이 많아지고 트림을 많이 한다. 충맥과 연결되며, 무릎과 대퇴부와 서로 영향을 주고받는다. 육합단공의 소도법이 무릎관절과 허벅지 근육을 가장 강하게 자극하며 비위인 토기를 도와주는 토형이 된다.

넷째. 폐와 대장은 금기(金氣)로써 코, 후각, 체모, 입천장, 약지손가락에 영향을 준다. 감정에는 슬픔과 관계가 있고, 폐가 안 좋아지면 재채기를 많이 한다. 임맥과 연결되며, 손목관절과 팔뚝에 영향을 주고받는다. 대도법이 가슴을 열고 임맥을 열어주는 틀법으로써 폐·대장의 금기를 도와주는 금형으로 볼 수 있다.

다섯째. 신장과 방광은 수기(水氣)로써 귀, 청각, 머리털, 눈동자, 새끼손가락에 영향을 준다. 신장이 약해지면 공포심이 커지고, 하품을 자주 한다. 기경팔맥 중 교맥과 연결되며, 발목관절, 종아리와 영향을 주고받는다. 허공법이 바로 발목관절과 종아리를 비롯해 신장과 방광 경락을 가장 강하게 자극하는 자세로써 신·방광의 수기를 도와주는 수형이 된다.

여섯째. 심포와 삼초는 상화기(相火氣)로써 생명력과 가장 관계가 깊으며, 표정, 시력, 손발과도 관계가 있다. 상화기가 부족하면 진저리를 치게 된다. 유맥과 연결되고, 어깨관절과 손에 영향을 주고받는다. 육합단공에서 금계독립법이 바로 심포와 삼초를 도와 생명력을 강화시키는 상화형이다. 금계독립과 금계비선은 한 발로 서서 몸에 균형감각을 키워주는 자세로써 생명력과 관계가 깊을 뿐 아니라, 양유맥을 열어주는 자세이다. 또 금계화장은 음유맥에 자극을 주고 열어주는 자세이다. 이와 같이 금계독립법은 상화기를 살려주는 틀법이 된다.

마법은 6대 관절 모두를 변형시켜 전신을 변형시킨 틀법으로써, 오장육부 모든 장부와 연결되는 오행의 종합형으로 볼 수 있다.

이와 같이 육합단공 하나하나의 틀법은 모두 오장육부에 맞춰진 오행의 자세들로써 12경맥의 기를 살리고 북돋아 주는 단법임을 알 수 있다.

오행은 상생과 상극 작용으로 서로를 돕거나 견제하며 변화하고 조화를 이루는 원리가 있다. 서로의 기운을 도와서 살리는 상생 작용은 목⇒화⇒토⇒금⇒수⇒목이다. (목생화, 화생토, 토생금, 금생수, 수생목). 즉 목기는 화기를 돕고, 화기는 토기를 돕고, 토기는 금기를 도우며, 금기는 수기를 돕고, 수기는 다시 목기를 도와주는 원리이다.

서로의 기운을 견제하고 억제하는 상극 작용은 목⇒토⇒수⇒화⇒금⇒목이다. (목극토, 토극수, 수극화, 화극금, 금극목). 다시 말해 목기는 토기를 억제하고, 토기는 수기를 견제하며, 수기는 화기를 억누르고, 화기는 금기를 억압하며, 금기는 다시 목기를 견제하고 억제하는 원리를 말한다.

기존에 수련하던 육합단공은 마법⇒범도⇒대도⇒소도⇒금계독립⇒허공 순이다. 여기서 범도⇒대도가 서로 상극의 연결이고, 대도⇒소도⇒금계독립은 오행 작용이 역으로 연결되었으며, 금계독립⇒허공 또한 상극으로 연결된 것을 알 수 있다.

이 책에서는 상생 육합단공을 우선하여 설명한다. 상생 육합단공은 오행 상 마법 종합형에서 시작하여 범도 목형, 금계독립 상화형, 소도 토형, 대도 금형, 허공 수형의 순서이다. 즉 마법⇒범도⇒금계독립⇒소도⇒대도⇒허공⇒범도 순으로 수련한다. [기존에 하던 육합단공 방식도 참고로 뒤에 적어 넣었다.]

상생 육합단공에서 하반장(下攀掌)은 손목을 꺾지 않고 손끝을 펼친 천강권 반장형으로 했다. 두 손바닥을 마주 보게 하여 우주 기운을 감싸 안는 역근 자세이다. 여기서 양 손바닥으로 크게 감싸 안은 기운을 느껴준다. 두 손이 큰 기운으로 서로 연결되어 있다고 상상하면서 느껴주면 누구나 쉽게 기를 느낄 수 있을 것이다. 하반장에서 기존과 같이 손목을 꺾는 것보다 두 손바닥을 마주 보게 한 자세가 몸에 기를 운용하기에 더 유리하기에 이렇게 했다.

육합단공 모든 틀법은 내가신장형과 반장형으로 수련한다. 일반적으로 마법은 내가신장형으로 수련하지만, 나머지 범도, 금계독립, 소도, 대도, 허공법은 반장형으로 연결하여 수련하는 경우가 대부분이다.

내가신장형 육합단공은 각각의 틀법 모두 마법 내가신장처럼 "지, 천, 합, 틀, 무"로 완성한다. 다만 손 모양은 마법을 제외한 나머지 틀법은 두 손을 나란히 펼치지 않고 겹쳐 놓는다. 반장형 육합단공은 손 모양을 반장세로 하여 틀법마다 다양한 변화수로 펼쳐진다.

반장형 육합단공을 설명하기 위해 우선 반장세부터 소개한다.

반장세 (우)

반장세 (좌)

오른쪽 반장세는 오른손 손끝이 몸 중심에서 눈높이가 되도록 하고, 왼손은 오른손 손끝과 단전과의 직선거리 중간에 위치하도록 한다. 왼쪽 반장세는 오른쪽 반장세와 반대로 왼손이 위, 오른손을 아래에 놓는다. 이것이 반장의 기본적인 자세로써 "반장세(攀掌勢)"라고 한다. 이후 반장의 정지된 손 위치를 명명할 때는 "반장세"로 쓴다.

그럼 6가지 육합단공 각각의 틀법을 구체적으로 어떻게 수련하는지 자세히 알아보자.

〈1〉 기천태양역근 마법 내가신장(氣天太陽易筋 馬法 內家神掌)

기천태양역근 마법 내가신장은 육합단공 중 가장 대표적인 틀법으로써 오행 상종합형이다. 말 탄 자세와 같다고 하여 기마자세라고도 한다. 이를 줄여 "마법" 또는 "내가신장"이라고도 한다. 마법은 틀법만의 이름이고, 내가신장은 6가지 육합단공 중 가장 대표성을 갖기 때문에 "태양역근 마법 내가신장"을 통칭 "내가신장"으로도 부른다.

내가신장 준비

하나, 둘, 셋, 넷

기천태양역근 마법 내가신장은 두 발을 모아 붙인 자세에서 "내가신장 준비"라는 구령에 중지(中指)가 튀어나오게 말아쥔 일지권(一指拳)을 양 옆구리에 붙인다. "하나" 구령에 양 발끝을 45° 벌려준다. "둘" 구령에 뒤꿈치를 벌려 양발을 나란히 11자형(字形)으로 놓는다. "셋" 구령에 양 발끝을 다시 45° 넓이로 더 벌려준다. "넷" 구령에 뒤꿈치를 밖으로 넓게 벌려 양발을 팔자형(八字形)으로 선다.

내가신장 – 지

"지(地)" 구령에 내가신장준비, 하나, 둘, 셋, 넷으로 양발을 팔자형(八字形)으로 벌린 자세에서 양손을 밖으로 원을 그려 높게 들어 올린 후, 머리 위에서 두 손목을 엇갈려 겹친 상태로 무릎 아래까지 내린다. 이때 허리를 곧게 편 채로 엉덩이는 의자에 앉듯이 뒤로 빼면서 무릎을 굽혀 몸을 낮춘다. 구부린 무릎은 발끝보다 앞으로 나가지 않도록 주의한다. 마음은 몸에 집중하고 몸으로 인하여 만들어진 나의 모든 것을 떠올린다.

이때 하체 역근은 발목, 무릎, 고관절로 이어지는 다리가 지그재그로 꺾인 모양이다. 엉덩이를 뒤로 빼는 힘으로 수건을 짜듯이 발에서 고관절까지 다리 전체를 지그시 안쪽으로 비틀어 짜주어야 한다. 무릎을 안으로 조여주는 힘으로 근육의 역근 강도를 조절한다. 다리 전체의 조임 없이 단순하게 엉덩이만 뒤로 빼고 무릎만 안쪽으로 조여주는 것은 옳지 못하다. 이런 경우 경맥 전체에 자극을 줄 수 없을 뿐 아니라, 무릎관절에 무리를 줄 수 있어 조심해야 한다. 하체 역근은 발, 무릎, 엉덩이 3곳이 꼭짓점이 되어 하체 역근을 만든다. 하체 역근은 음세(陰勢)로서 양기를 품은 자세이다.

내가신장 – 천

"천(天)" 구령에 "지" 자세에 있던 두 손을 위쪽으로 높게 들어 올리면서 가슴을 활짝 열어준다. 마음은 정신에 집중하고 정신적으로 얽힌 나에 대한 모든 상(相)을 떠올린다. 이 과정에서 상체 역근은 엉덩이를 뒤로 빼는 힘과 손목을 교차한 두 손을 뻗어 올리는 힘을 고리처럼 만든다. 이때 허리는 활처럼 펴주고 가슴을 열어준다. 그래야 앞쪽으로 복직근, 복사근, 대흉근 등이 펴지고 뒤쪽으로는 승모근을 타고 활배근, 기립근, 광배근 등 상체의 모든 근육이 펼쳐져 마법 고유의 역근 형태를 이룰 수 있다. 상체 역근은 엉덩이, 가슴, 두 손 3곳이 꼭짓점이 되어 만든다. 상체 역근은 꽃송이가 피어나는 모양의 양세(陽勢)로서 하체 역근과 조화를 이루어 온몸에 기맥을 열어주는 자세이다.

내가신장 – 합

"합(合)" 구령에 양손을 위에서 아래로 큰 원을 그려 내리면서 무릎 밑에서 합장한 후 손끝이 눈높이에 이르도록 올린다. 이때 마음은 "지"와 "천"을 합하여 나 자신에 집중한다.

내가신장 - 틀

"틀" 구령에 합장된 두 손바닥을 비벼서 오른손을 안쪽으로 틀어주고 다시 바깥쪽으로 틀어 두 손바닥이 겹친 상태로 수평이 되도록 한다. 마음은 몸을 중심으로 한 물질적 욕망과 정신적 이상을 포함한 나 자신에 집중한다. 이것이 자신으로 인지되어 나를 가두고 있는 생각 덩어리이다.

내가신장 - 무

"무" 구령에 오른손을 바깥으로 돌려 두 손바닥을 펼쳐준다. 펼친 두 손바닥은 손끝을 마주하여 수평이 되도록 벌려준다. 기존에는 두 손을 아래위로 나란히 겹쳐 놓았는데 수평으로 잡는 것이 기운 고르기에 훨씬 좋다. 이렇게 "지-천-합-틀-무"로써 "마법 내가신장" 틀 법이 완성된다. 이때 마음을 열어주고 지, 천, 합, 틀에서 가지고 들어온 정신적, 물질적인 자신의 모든 것을 마음으로부터 놓고 비워낸다. 텅 빈 마음이 되어 무극으로 돌아가는 수행 과정이다.

마법(馬法) 내가신장의 완성은 상·하체 전신 역근이다. 전신 역근은 우리 몸에 기맥이 열리도록 6대 관절을 모두 꺾어 변형시킨 모양이다. 6대 관절은 어깨, 팔꿈치, 손목, 고관절, 무릎, 발목관절을 말한다. 이런 관절을 변형시켜 주기 위해서는 그 관절들을 움직이는 근육이 모두 비틀리고 변형될 수밖에 없다. 자연스럽게 전신의 근육이 비틀려 변형된 독특한 자세가 된다.

역(易)자를 상형문자에서 해와 달을 뜻하고, 일월의 운행을 의미하듯 상체는 양태(陽態)이고, 하체는 음태(陰態)를 이룬다. 또 갑골문자에서 의미하는 것과 같이 몸에 독소를 빼내고 새로운 기운을 받아들여 자연의 법도대로 몸에 기가 살아나도록 변형된 근육 형태가 된다. 즉 마법의 고유한 틀법으로 변형된 상·하체 전신 역근 자세이다.

마법 내가신장이 완성된 상·하체 전신 역근은 발, 엉덩이, 손바닥 3곳이 꼭짓점이 된다. 엉덩이를 중심으로 발끝까지 길게 비틀어 하체를 지그재그로 역근하고, 손끝까지 길게 비틀어 허리를 활처럼 펴지도록 가슴을 활짝 열어 상체 역근을 만든다. 이때 땅을 짚은 발의 힘과 엉덩이를 뒤로 빼는 힘, 그리고 손바닥을 앞으로 미는 힘이 서로 균형을 이루도록 한다. 여기서 몸의 중심은 단전이어야 한다.

이때 몸의 중심을 약간 앞쪽으로 기울여 발가락으로 땅을 움켜잡은 힘으로 안정된 자세를 취한다. 몸의 중심이 앞쪽에 있어야 단전호흡이 깊어진다. 이는 닭이 홰에 오르면 발가락으로 홰를 감아쥐고 몸무게를 약간 앞쪽에 실어 안정되게 앉는 이치와도 같다. 만약 몸의 중심이 뒤꿈치 쪽으로 쏠리면 호흡이 횡격막 위쪽으로 떠오르게 되니, 주의해야 한다.

앞쪽으로 뻗은 양손은 백회혈 높이로 하고 위에서 설명한 자세를 유지한 상태에서 가슴을 열고 허리를 펴준다. 그래야 임·독 맥이 자연스럽게 열릴 수 있다. 시선은 손 밑을 통해 멀리 허공을 바라본다. 우주 중심을 꿰뚫어 본다는 마음으로 깊고 멀리 바라보되, 시선의 초점은 어디에도 고정하지 않는다. 시선이 땅을 향하면 번뇌가 일기 쉽고, 높게 쳐들리면 망상에 들기 쉽다. 시선이 아래도 위도 아닌 자연스러운 자세로 먼 곳을 응시하는데 초점 없는 반개(半開)가 좋다.

여기서 단전호흡과 심법은 행인, 공인, 정인 과정과 법인, 도인, 진인 과정이 다르다. 행인, 공인, 정인 과정은 기를 끌어들여 쌓고 기르는 공법(功法)이며, 법인, 도인, 진인 과정은 모든 것을 내려놓는 비움의 공법(功法)이다. 이것은 앞으로 이어지는 범도, 금계독립, 소도, 대도, 허공의 육합단공 모든 행법에 동일하게 적용된다. 단법과 심법에 대한 자세한 내용은 단법과 심법 편에서 다시 설명할 것이다.

〈1-1〉 마법 내가신장 수련 방법

내가신장을 처음 서는 초심자라면 먼저 내가신장을 이해하고 정확한 자세부터 연습한다. 자세가 어느 정도 잡히면 몸을 느끼면서 단전호흡을 할 수 있도록 연습하는 것이 좋다. 몸을 느낄 때는 먼저 전체적 자세를 느껴주고, 점차 부분을 느껴주는 것이 좋다. 즉 처음에는 내가신장을 선 몸 전체를 느껴주다가 익숙해지면 손이나 발, 머리, 다리, 팔과 같이 몸의 부분을 느껴준다. 느끼기가 익숙해지면 몸 전체와 부분을 교대로 느껴주어 마음이 몸에서 떠나지 않도록 하는 것이 중요하다.

초보자들이 내가신장에서 단전호흡할 때 가장 중요한 것은 단전까지 깊게 숨결이 들어가고 나가도록 하는 것이다. 처음에는 단전호흡 길이나 호흡의 고르기보다 우선하여 단전까지 숨이 들고나도록 하는 것이 먼저다. 초보자는 내가신장 자세로 인해 몸에 힘이 들어갈 수 있어 잘못하면 복압이 생길 수도 있다. 가능한 복압이 강하게 걸리지 않도록 하고 자연스러운 숨결이 되도록 한다.

이와 같이 단전호흡을 하면서 몸을 느껴주다 보면 자연스럽게 몸에 이는 기가 느껴진다. 기가 느껴지기 시작하면 기몰이 하듯이 마음을 집중하여 기를 느껴준다. 이때 절대 조급하거나 성급하게 기를 움직이려고 해서는 안 된다. 몸에 기맥이 열릴 때까지는 마음이 기를 쫓아다녀야 한다. 마음이 열려야 몸이 열리고 몸이 열려야 기맥이 열린다. 기맥이 열려야 육합단공에서 내공이 쌓인다. 그 첫 단추가 바로 기를 느끼고 기로 호흡하면서 마음이 기를 쫓아다니며 길들이는 것이다.

기가 느껴지면 육합단공에서 본격적인 내공 수련에 접어들 수가 있다. 단공의 핵심은 바로 기로 호흡하는 것임을 잊어서는 안 된다. 맑은 물이 흘러 들어가 맑은 못을 이루듯 텅 빈 마음으로 단전에 끊임없이 기를 불어넣고 내쉴 때 기가 쌓여간다. 이것은 기를 느낄 수 있어야 할 수 있다. 기맥이 열릴수록 몸에 힘도 덜 들고 점점 강하고 찰진 기가 느껴진다.

행인, 공인 과정은 몸에 기를 담아 채우고 기르는 단법에 주를 한다. 내가신장에서 심신을 열어주고 단전호흡을 하여 몸에 기를 채워나간다. 주머니 속에 기를 담아 넣듯이 단전호흡으로 몸에 기를 담아 채운다. 몸에 기가 쌓일수록 찰진 기가 느껴지고 기분 좋은 느낌이 생긴다.

몸에 기운이 차고 넘치면 마음으로부터 더 이상 기를 끌어들이려는 미련이 없어진다. 이때부터는 몸을 열어주고 기를 정화한다는 마음으로 느껴주면 기운은 마음 따라 흐른다. 기를 끌어들여 쌓는 단법도 좋지만, 정화하는 느낌은 또 다른 세상을 만나는 기분이다. 이 단계가 바로 정인으로 넘어가는 과정이다.

정화하는 방법 또한 다양하게 활용할 수 있으며 그때마다 몸에 느껴지는 기운이 달라진다. 예를 들어 숲에서 내가신장을 서면서 몸을 열어주고 맑은 솔바람에 몸이 정화된다는 마음으로 기를 느껴주는 것은 좋은 정화법 중 하나이다. 또 맑은 시냇물이 내 몸속을 씻어내린다고 상상하면서 몸을 열어주고 느껴주기, 밝은 빛이 몸속을 정화하는 진실한 마음으로 느껴주기, 혹은 들리는 모든 소리에 몸을 열어주고 음 파장으로 몸속이 맑게 정화되는 상상을 하면서 느껴주기 등 몸을 정화하는 수련 방법 또한 무궁무진하다. 이 중 자신에게 맞는 방법을 찾아서 수련하면 된다.

이쯤 되면 수련에 원리가 몸에 붙게 될 것이다. 법인, 도인 과정은 심신을 정화하고 모든 것을 놓아주고 비우는 허공 심법으로 들어간다.

이어지는 범도, 금계독립, 소도, 대도, 허공법의 육합단공 모두 이와 같은 방법으로 수련한다.

〈1-2〉 마법 내가신장 수련 효과

마법 내가신장은 오행 상 종합형에 속하는 전신 역근법으로써 6대 관절과 각 관절을 움직이는 근육들이 모두 변형된 자세이다. 관절과 근육이 변형되어 역근이 되면 그 상황을 극복하기 위해 12 경맥의 기(氣)가 역동적으로 움직인다. 이때 오장육부는 몸에 쌓여 있는 잉여 에너지를 끌어당겨 부족한 에너지를 보충한다. 이 과정에서 자연스럽게 온몸이 정화되고 오장육부 기능이 향상된다.

처음에 시작하는 사람은 힘들지만, 기맥이 열리고 내공이 쌓여갈수록 점점 쉽게 설 수 있다. 온몸에 기맥이 열릴수록 오장육부의 기능이 살아나는 것을 누구나 느끼고 체험하게 된다.

수련하면 가장 먼저 소화력과 장(腸) 기능이 좋아지는 것을 느낄 수 있다. 점차 몸 균형과 걸음걸이가 바르게 잡힌다. 이어 몸에 힘이 생기고 자신감이 생기며, 피부 또한 윤택하게 살아나고 혈색이 좋아진다. 오래 수련하여 내공이 쌓이면 온몸에 힘이 뻗치고 몸이 가벼워진다.

〈2〉 범도법(氾蹈法)

본명은 "기천태양역근 범도 내가신장(氣天太陽易筋 氾蹈 內家神掌)"이다. 약칭 범도법 또는 범도세나 범도라고도 한다. 범의 자세와 같다고 하여 붙여진 이름이라고도 한다. 기천 무예에서 가장 기본이 되고 넓게 쓰이는 자세이다.

내가신장형 범도법 (좌)　　　　　　　　내가신장형 범도법 (우)

내가신장형은 모든 육합단공에서 두 팔을 마법 내가신장과 같이 "지-천-합-틀-무"로써 틀법을 완성한다. 그런데 "지-천-합-틀-무"의 마무리 손 자세는 마법 내가신장과 같이 양손을 수평으로 하지 않고 아래위로 겹쳐 놓는다. 오른쪽 자세에서는 오른손을 위에 놓고, 왼쪽 자세에서는 왼손을 위에 놓는다. 이렇게 두 손을 아래위로 겹쳐 놓는 것은 범도뿐 아니라, 이어지는 금계독립, 소도, 대도, 허공법이 모두 같다.

그래서 내가신장형 육합단공의 모든 틀법에 대한 설명은 생략하고, 대신 반장형 육합단공을 다음과 같이 하나하나 자세히 설명한다.

범도법 (반장)   범도법 (하반장)

"마법 내가신장"에서 "범도 - 법" 구령에 오른쪽으로 90° 돌면서 팔은 오른쪽 반장세을 한다. 마법 내가신장을 90° 방향 틀어 한쪽으로 선 자세와 같다. 이때 몸무게는 뒤에 있는 다리에 의지하여 서는 것이 특징이다. 앞에 있는 다리는 물 위를 짚은 것과 같이 가볍게 땅을 짚는다. 단순히 앞쪽 다리 힘을 빼고 뒤쪽 다리 힘만으로 서는 것은 아니다. 엉덩이를 뒤로 빼는 힘으로 몸 중심이 뒤쪽 다리로 이동하도록 해야 한다. 이렇게 하면 앞쪽 다리는 저절로 힘이 빠지고 뒤쪽 다리에 몸무게가 실린다. 엉덩이는 의자에 앉듯이 최대한 뒤로 빼고 양 무릎을 안으로 틀어 발부터 엉덩이까지 다리 전체를 안쪽으로 조여주면서 역근 한다.

양손은 손바닥을 편 상태로 앞 손(오른손)끝을 눈높이로 하여 손끝을 당기고 손목을 앞으로 밀어 꺾어준다. 앞 손을 뻗는 힘은 엉덩이를 뒤로 빼는 힘에 맞춘다. 손을 뻗는 힘으로 상체 역근을 만드는데 이는 마법 내가신장과 같은 이치이다. 아래에 있는 왼손도 손끝을 안쪽으로 당기고 손목을 꺾어 역근하고 오른손을 받쳐준다. 왼손의 위치는 앞에 있는 오른손 끝과 단전을 연결하는 중간에 왼손 손끝이 있도록 한다. 왼손은 오른손을 받쳐주는 보조 역할이고, 오른손은 상을 위시하여 전체를 경계한다.

하반장(下攀掌)은 양손을 반장결로 흘러 왼손 끝이 하늘을 향하여 어깨 위로 자연스럽게 쭉 뻗어 올리고, 오른손은 손바닥을 위쪽으로 하여 배꼽 위에서 앞쪽으로 뻗어준다. 이때 양손이 연결된 느낌으로 기운을 끌어안듯 우주 허공을 감싸 안아준다. "법" 구령에 왼쪽으로 180° 방향을 바꾸어 준다. 왼쪽 범도의 모든 동작은 오른쪽 범도와 대칭을 이룬 같은 자세이다. 이때 호흡은 단전을 꼭지 삼아 펼쳐진 양손을 통해 온몸으로 호흡한다.

"법"이라는 구령은 동령(動令)으로써 현재와 같은 틀법으로 방향을 바꾸라는 명령이다. 만약 틀법까지 바꿀 때는 반듯이 틀법의 이름으로 예령(豫令)을 삼고 뒤에 동령으로 "법" 구령을 붙인다. 예를 들어 현재 오른쪽 범도에서 왼쪽 범도로 방향을 바꾸라는 구령은 그대로 "법"이다. 다른 모든 틀법도 같다. 만약 범도에서 금계독립이나 소도로 틀법을 바꾼다면 "금계독립 - 법" 또는 "소도 - 법"이라는 구령으로 명령한다. 여기서 금계독립이나 소도는 예령이고, 뒤에 붙는 "법"이 동령이다.

기천 수련에서 대부분 처음 동작을 오른쪽부터 시작한다. 처음 방향 전환할 때도 오른쪽으로 선회한다. 이렇게 기천 행법의 시작이 오른쪽을 향하는 것을 우연한 일로 치부할 수만은 없다고 생각한다. 우리말에 오른쪽[Right]을 바른쪽이라고 한다. 무엇이 옳고 바른 길인가? 눈에 보이는 물질세계에만 빠져 몸에 갇힌 사람들을 신성을 밝히는 세계로 안내하는 길이야말로 가장 참되고 올바른 길이 아니겠는가? 기천 수련에서 오른쪽부터 시작하는 것을 몸[地]을 기반으로 펼쳐진 세속적 삶에서 정신지적 참 존재성을 찾아가는 의미로 이해할 때 그 가치가 훨씬 커질 것이다. 기천을 처음 전할 때부터 이미 이런 의미로 오른쪽부터 시작하는 몸짓을 담고 있지 않았나 하는 생각이 든다.

〈2-1〉 범도법 수련 방법

틀법은 바로 위에서 설명한 바와 같은 자세로 한다. 뒤에 있는 다리가 축이 되어 두 무릎을 조여주면서 단전호흡으로 내공을 쌓는다. 엉덩이를 뒤로 빼고 허리를 추켜세워 단전호흡이 잘 될 수 있는 자세를 만들고 동시에 임, 독맥을 열어주는 것이 중요하다. 이때 시선은 손끝을 통해 전체를 보는 안법으로 마음을 비우고 생각을 놓는다. 오로지 몸에 이는 기의 느낌을 쫓아 단전호흡에 집중한다. 단전호흡과 심법은 마법 내가신장에서 설명한 바와 같이 행인, 공인, 정인 과정과 법인, 도인, 진인 과정별로 자신에 맞는 수련 품계에 따라 한다. 이것은 앞으로 이어지는 육합단공 모든 틀법에서 똑같이 적용된다.

하반장은 범도 틀법에서 나오는 기운을 모아 갈무리하는 수련법이다. 즉 몸에 목기를 영글게 강화시키는 역할을 한다. 이 과정에서 각 수련 품계에 맞는 단전호흡과 심법으로 범도 틀법에서 이는 기운을 기르고 닦을 수 있도록 한다. 양손으로 기를 느끼며 올바른 범도 틀법을 만든 후에 자기 수련 품계에 맞는 단법과 심법을 하면 된다. 기운을 끌어들이는 법이든 내려놓고 비우는 법이든 양손에 기운을 느낄 수 있어야 한다. 기를 느껴야 단법이나 심법에서 마음대로 기를 움직일 수 있다. 기를 느끼지 못하고 생각만으로 기를 움직이려 들면 기는 움직여지지 않고 오히려 상기시키는 결과가 되고 만다.

앞으로 이어지는 금계독립법, 소도법, 대도법, 허공법에서 하반장 역시 그 의미는 모두 이와 같은 개념이다.

⟨2-2⟩ 범도법 수련 효과

육합단공 틀법은 모두 오행에 맞춰졌다. 범도는 목형(木形)에 해당하며 목기를 기르는 틀법이다. 목기는 간담(肝膽)의 기운이다. 간담은 우리 몸의 목, 관절, 근육, 잇몸, 눈 기능, 편도선에 밀접한 영향을 준다. 특히 고관절과 발에 미치는 영향이 매우 크다. 한쪽 다리에 의지하여 서는 자세로써 하체 근골 발달과 함께 골반을 바로 잡아준다. 좌우 범도법(氾蹈法)에서 실제 틀어진 골반이 교정되고 척추가 바로 서는 효과 또한 매우 크다.

⟨3⟩ 금계독립법(金鷄獨立法)

본명은 "기천태양역근 금계 내가신장(氣天太陽易筋 金鷄 內家神掌)"이다. 약칭 금계독립법 또는 금계독립세, 금계독립이라고도 한다. 별칭으로는 장수법으로 불리기도 한다. 금계독립법은 심포·삼초와 관계가 있는 상화형이다. 심포와 삼초는 우리 몸에 생명을 관장하는 중요한 요소이다. 한 발로 서서 몸에 중심을 잡는 힘 또한 생명력과 관계가 깊다. 장수법은 이 때문에 붙은 별명이라는 것을 알 수 있다.

금계독립법은 육합단공의 꽃이라 할 만큼 온몸으로 기운을 드러내 펼치는 단공법이다. 온몸에 기운을 펼쳐 조화를 이룬 자세로써 6가지 육합단공 중 가장 아름답고 화려하다. 금계독립법은 금계비선과 금계화장이 덧붙여져 하늘의 기상을 펼치는 건세(乾勢), 안정적인 자세로 땅의 기운을 담는 곤세(坤勢), 생명을 아름답게 펼치는 이세(離勢), 천지만물의 기운을 포용한 감세(坎勢)로 이루어졌다.

금계독립법 (반장)

금계독립법 (하반장)

육합단공에서 "마법 내가신장"⇒"범도법"⇒"금계독립법"으로 이어진다. 범도에서 "금계독립 - 법" 구령과 함께 앞에 있던 왼발을 들어 좌측으로 펄쩍 뛰어 정면을 향해 왼쪽 다리로만 선다. 이때 오른쪽 발끝은 땅을 향하여 발목을 곧게 펴준다. 손바닥은 편 상태로 왼손이 위, 오른손이 아래에 있는 반장세(攀掌勢)를 취한다. 이때 왼쪽 무릎은 약각 굽히고 엉덩이를 뒤로 빼는 동시에 양 무릎을 안쪽으로 모아 하체 역근을 만들고, 가슴을 활짝 열어주며 손끝에 힘을 주어 상체 역근을 완성한다. 이 자세는 하늘의 기운과 통하는 건세(乾勢)이다.

하반장(下攀掌)은 양손을 반장결로 흘려 위에 있던 왼손은 손바닥을 위로하여 배꼽 위에서 좌측 45° 방향으로 뻗어주고, 오른손은 손끝이 하늘을 향해 어깨 위로 자연스럽게 쭉 뻗어 올린다. 금계독립법에서 상화 기운을 내 몸에 다지는 틀법이다. 이 자세는 땅의 기운과 통하는 곤세(坤勢)로써 금계독립법에서 가장 안정감을 준다.

금계비선   금계화장

　금계비선(金鷄飛僊)은 금계독립법의 변화수로써 학이 하늘 높이 날아올라 나르는 모양이다. 신선이 학처럼 춤추는 모습을 연상시킨다. 금계 하반장에서 "금계비선 - 법" 구령에 왼쪽 무릎을 펴면서 들고 있던 오른쪽 다리를 뒤로 쭉 뻗어준다. 자세는 하늘을 나는 학처럼 가슴을 펴주고 머리에서부터 발끝까지 수평이 되도록 한다. 이때 양손은 반장결로 흘려 아래에 있던 왼손을 앞으로 뻗고 위에 있던 오른손을 아래에 둔 반장세로 되돌린다. 금계비선은 가장 화려하게 온몸의 기운을 활짝 펼친 자세로써 불을 상징하는 이세(離勢)이다.

　금계화장(金鷄華掌) 역시 금계독립법의 변화수이다. 학이 날개를 활짝 펴고 뽐내는 자태와 같으며, 꽃송이가 피어나는 모습과 닮았다고 하여 붙여진 이름이다. 금계비선에서 "금계화장 - 법" 구령에 구부렸던 상체를 세우고 뒤로 뻗었던 오른발을 앞으로 쭉 뻗어준다. 이때 발 안쪽이 위를 향하게 하여 발끝은 당기고 뒤꿈치를 앞쪽으로 밀어 발목을 꺾어준다. 무릎은 완전히 펴지 않고 약간 굽힌 상태로 양손과 함께 둥근 원이 되도록 한다. 이때 양손은 다시 반장결로 흘려 왼손 손바닥을 위로 배꼽 위에서 왼쪽 앞으로 뻗어주고, 오른손은 손끝이 하늘을 향하여 어깨 위로 쭉 뻗어 올린다. 손 자세가 "하반장세(下攀掌勢)"와 같다. 이 자세는 만물을 수용하고 받아들이는 수기(水氣)를 담은 감세(坎勢)이다. 생명을 잉태하여 기르는 어머니 자궁과도 같은 자세이다. 천지 기운을 품고 상화 기운을 키워 몸을 살리는 틀법이다.

　"법" 구령에 오른쪽으로 펄쩍 뛰어올라 오른발로 땅을 딛고 왼발을 들어 올린 "금계독립법"을 취한다. 이후 모든 자세는 왼쪽과 같다.

⟨3-1⟩ 금계독립법 수련 방법

금계독립법에서 가장 중요한 것은 한 발로 서서 몸 균형을 바로잡는 것이다. 바닥에 착지한 발은 발가락으로 땅을 움켜쥐듯이 하고, 들고 있는 발은 발끝을 세우거나 꺾어 당기는 자세를 분명하게 하여 기맥을 열어주어야 한다. 특히 양유맥과 음유맥을 여는 자세임을 이해하고 정확한 틀법과 함께 단법이 이루어지도록 호흡을 맞춘다.

음유맥은 목 상단부 염천혈에서 시작하여 임맥을 타고 내려가다가 가슴과 복부를 지나 서혜부를 통과하여 다리 안쪽으로 흘러내려 종아리 안쪽 축빈혈에서 맺는다.[12]

양유맥은 어깨 위 천료혈을 중심으로 아래로는 팔 뒤쪽 옆구리를 타고 내려가 다리 바깥쪽으로 내달아 양교혈을 지나 방광경의 금문혈까지 가고, 위쪽으로는 견정혈, 양백혈을 지나 풍지혈, 풍부혈, 아문혈까지 달려간다.[13]

금계독립법은 들고 있는 발끝이 땅을 향하도록 곧게 펴주고, 금계비선은 가슴, 엉덩이, 발끝이 살도록 한다. 즉 금계비선에서 가슴은 활짝 펴주고, 엉덩이 힘을 주어 다리가 곧게 펴지도록 하면서 그 힘이 발끝까지 뻗치도록 한다. 금계화장은 어머니 자궁 같은 자세이다. 내 안에 생명의 꽃을 활짝 피운다는 느낌으로 수련 단계별로 자신에 맞는 단법과 심법을 함께 수련한다.

⟨3-2⟩ 금계독립법 수련 효과

금계독립법은 상화형(相火形)의 틀법이다. 상화는 심포·삼초와 밀접한 관계가 있다. 기경팔맥에는 양유맥과 음유맥에 연결되며, 어깨관절과 손, 표정, 감정, 생명력과 신진대사에 밀접한 영향을 준다. 또 림프순환을 관장하여 우리 몸에 불필요한 물질을 배설하고 노쇠한 세포를 분해하는 등 생명현상을 조절하는 등 매우 중요한 역할을 한다. 또 각종 호르몬을 분비하는 일과 함께 면역력을 높여 준다. 이뿐만 아니라 장(腸)에 있는 지방을 흡수하고 운반하는 일까지 도맡아 한다.

---

12 김춘식, 『음양오행체질분류법』, 도서출판 오행생식, 1997, 117쪽
13 김춘식, 『음양오행체질분류법』, 도서출판 오행생식, 1997, 119쪽

한 발로 지탱하는 틀 법에서 발목관절과 종아리를 비롯하여 하체 근력 강화에도 탁월하다. 특히 금계독립법은 한 발로 서고 한 발은 높게 들어 정면, 전방, 후방으로 다양하게 몸을 쓰는 자세로써 균형감각을 높여 준다. 이는 몸의 전반적인 생체기능을 살려주는 효과가 있다. 이 법이 "장수법"이라고 불리는 이유가 바로 여기에 있음을 알 수 있다.

〈4〉 소도법(小蹈法)

본명은 "기천태양역근 소도 내가신장(氣天太陽易筋 小蹈 內家神掌)"이다. 약칭 소도법 또는 소도세나 소도라고도 한다. 소도는 하체 근력을 강화하고 내공을 기르기에 좋은 단공법이다. 소도보(小蹈步)를 일명 밭갈이라고도 하는데, 소도는 민첩하게 몸을 움직여 쓰기에 좋은 자세로써 기천 무예에서 가장 많이 사용된다.

소도법 (반장)

소도법 (하반장)

소도법은 육합단공에서 "마법 내가신장"⇒"범도법"⇒"금계독립법"을 거쳐 "소도법"으로 이어진다. 금계독립법에서 "소도 - 법" 구령에 왼쪽으로 방향을 틀어주고 들고 있던 왼발을 왼쪽으로 내디딘다. 이때 오른발이 따라가 발가락, 발목, 무릎관절을 모두 직각이 되도록 굽힌다. 앞에 있는 발끝은 45° 이상 직각에 가깝게 안쪽으로 틀어주고 무릎도 90° 가깝게 굽힌다. 여기서 허리는 세우고 앞쪽 다리의 무릎을 안쪽으로 조여주면서 발끝에서부터 골반까지 역근한다. 몸무게는 두 다리에 똑같이 배분되도록 한다. 손바닥은 펴서 왼손 위, 오른손 아래로 왼손 반장세(攀掌勢)를 한다. 하반장(下攀掌)은 범도나 금계독립법과 같다.

역소도법 (하반장)　　　　　　　역소도법 (반장)

역소도법(逆小蹈法)은 소도법의 변화된 자세이다. 왼쪽 소도법인 경우 역소도법는 앞에 있는 왼발을 밖으로 틀어 발 안쪽이 정면을 향하게 한다. 이때 손은 반장결로 흘려 하반장부터 하고 반장을 뒤에 한다. 반장은 왼손을 위에 오른손을 아래에 둔 왼손 반장세로 한다. 손 모양은 모두 소도법과 같다.

"법" 구령에 오른쪽으로 180° 방향을 바꾸어 준다. 오른쪽 소도법의 모든 동작 또한 왼쪽 소도법와 대칭을 이룬 같은 자세이다. 이어지는 역소도법 역시 전과 같다.

〈4-1〉 소도법 수련 방법

소도법은 다리 관절을 모두 90° 가까이 꺾어 놓은 자세로써 하체 근력 강화에 좋은 수련법이다. 그렇지만 소도법은 내공을 다지고 기르는 법임을 알아야 한다. 단순히 근력으로만 선다면 누구나 금방 체력의 한계에 이르고 만다. 기맥이 열리기 전까지는 소도법을 3분 이상 서기가 쉽지 않다.

근력과 동시에 내공을 다지고 기르기 위해서는 틀법만이 아니라, 반드시 단법이 있어야 함을 잊어서는 안 된다. 몸무게를 두 발에 똑같이 양분하여 서되, 두 발로 땅을 움켜쥐고 짓누르듯 틀법을 서면서 단전호흡과 함께 기를 느껴준다. 기를 느끼지 못하는 단계라면 몸을 느껴주면 된다. 처음에는 소도법을 서는 전체적인 몸을 느껴주고, 점차 손이나, 다리, 또는 허리 등과 같이 부분을 교대로 느껴주면서 마음이 몸을 떠나지 않도록 한다.

기맥이 열려가고 기가 느껴지면 소도법 서기가 훨씬 수월해진다. 기맥이 열려가면 몸을 열어주고 단전호흡에 더욱 집중한다. 때로는 몸이 나뭇잎이나 구름 위에 올라섰다고 상상하면서 서는 것도 수련에 도움이 될 수 있다.

〈4-2〉 소도법 수련 효과

소도법은 오행 중 토형(土形)으로써 몸에 토기를 만들어 주는 틀법이다. 토기는 비위장(脾胃臟)과 관련이 깊다. 비위는 음식을 받아들여 소화시키고 운반하는 오장육부의 중심 역할을 한다. 비장과 위장에 병이 나면 산(酸)과다증이 되어 산성체질이 되기 쉬우며, 속이 쓰리고 위궤양이나 당뇨병 같은 고질병으로 발전할 수도 있다.
특히 비장은 피를 만들고 통괄하는 중요한 역할을 한다. 우리 몸에서 입과 입술, 살(肉), 유방, 대퇴부, 배꼽 부위, 무릎 등에 영향을 준다.

소도법은 무릎관절과 허벅지를 단련하는 자세로써 비위(脾胃)에 좋은 자세이다. 특히 엉덩이, 허벅지, 종아리 근육을 발달시켜 하체를 튼튼하게 만든다. 엉덩이와 허벅지, 종아리 근육은 제2의 심장 역할을 할 정도로 혈액순환에 중요한 역할을 한다.
그 외에도 하체 힘을 키워주고 몸을 가볍게 만든다. 이는 건강에 필수적 조건이다. 실제 소도법을 수련하면 위와 같은 현상이 그대로 몸에 나타나는 효과가 있다.

〈5〉 대도법(大蹈法)

본명은 "기천태양역근 대도 내가신장(氣天太陽易筋 大蹈 內家神掌)"이다. 약칭 대도법 또는 대도세나 대도라고도 한다.
대도는 큰 힘을 기르고 쓰는 자세라서 붙여진 이름이다.

대도법 (반장)　　　　　　　　대도법 (하반장)

　대도법은 육합단공에서 "마법 내가신장"⇒"범도법"⇒"금계독립법"⇒"소도법"을 거쳐 "대도법"으로 이어진다. 소도에서 "대도 - 법" 구령에 180° 방향 바꿔 보폭이 어깨 넓이 1.5~2배 정도가 되도록 왼발(앞쪽 발)을 앞으로 내디딘다. 앞에 있는 발끝을 45° 정도 안쪽으로 틀어주며 무릎을 굽한다. 뒤쪽 다리는 오금을 펴서 쭉 뻗어준다. 이때 허리는 세우고 앞무릎을 안쪽으로 조여주어 발끝에서부터 골반까지 비틀어 역근한다. 손바닥은 펴서 범도처럼 반장세(攀掌勢)로 한다. 반장에서 앞 손은 양태로써 전체적인 경계를 맡고 아래에 있는 손은 음(陰)의 자리로 아래를 군건히 지지하고 앞 손을 받쳐주는 보조 역할을 한다. 하반장(下攀掌)은 앞의 육합단공 틀법인 범도, 금계독립, 소도법과 같다.

대도포장

　대도포장(大蹈包掌)은 왼쪽 대도법일 경우 하반장으로 아래에 있던 왼손 반장결로 들어간다. 오른손은 손바닥을 펴서 오른쪽 머리 위로 자연스럽게 뻗어 올리고, 왼손은 왼쪽 90° 방향으로 손바닥을 위로하여 뻗어준다. 시선도 자연스럽게 왼손 끝을 따라간다. 이때 뒤에 있는 오른 다리는 쭉 뻗어주고 앞쪽의 왼 다리는 무릎을 굽히면서 안쪽으로 조여준다. 이 상태에서 골반을 중심으로 상체를 좌측으로 틀어주어야 한다. "법" 구령에 오른쪽으로 180° 방향을 바꾸어 준다. 오른쪽 대도의 모든 동작은 왼쪽 대도와 대칭을 이룬 같은 자세이다.

〈5-1〉 대도법 수련 방법

대도법은 하체를 견고하면서도 안정적인 자세를 취하고, 상체를 바르게 세우고 가슴을 활짝 펴서 임맥과 독맥을 열어준다. 하체에서 뒤에 있는 다리는 뒤꿈치를 땅에 붙인 상태에서 엉덩이에 힘을 주고 무릎을 곧게 펴준다. 그래야 엉덩이, 허벅지, 종아리 근육까지 모두 펼쳐줄 수 있다. 또 앞쪽 장요근에서부터 서혜부를 지나 앞쪽 넙다리 근육과 정강이 근육까지 모두 강화시키는 역근이 되도록 한다.

대도법은 뒤에 놓인 다리를 쭉 뻗어주고 허리를 펴주는 것이 가장 중요한 자세라고 할 수 있다. 여기서 앞에 있는 다리의 무릎을 굽히는 정도가 대도법의 강도를 조절하는 역할을 한다. 앞에 있는 무릎을 직각에 가깝게 꺾어주면 강력한 대도법이 된다. 만약 앞쪽 다리 무릎을 약간 느슨하게 펴 줄 경우에도 뒤에 있는 다리를 펴주고 허리를 바르게 세워주면서 가슴을 열어주는 것은 그대로 유지한다.

여기서 자기 수련 품계에 맞는 단법과 심법으로 수련의 내면을 채워간다.

〈5-2〉 대도법 수련 효과

대도법은 오행 상 금형(金形)이다. 금기는 오장육부 중 폐와 대장의 기운이다. 폐와 대장은 면역력과 신경 기능에 지대한 영향을 주는 장부이다. 특히 피부와 관계가 크다. 폐 기능이 떨어지면 여드름, 아토피, 기미, 주근깨 등이 생기고, 대장 기능은 배변 작용과 관계가 깊다. 대도 포장은 대도법 효과가 더욱 강력하다. 이 외에도 허리를 중심으로 엉덩이에서 종아리 근육까지 잘 발달시켜 균형 잡힌 하체를 만들어 준다. 대도법은 골반과 척추교정에도 빼놓을 수 없는 좋은 효과가 있다.

⟨6⟩ 허공법(虛空法)

본명은 "기천태양역근 허공 내가신장(氣天太陽易筋 虛空 內家神掌)"이다. 약칭 허공법 또는 허공세나 그냥 "허공"이라고도 한다. 또 별칭으로 "복호세(伏虎勢)"로 불리기도 한다. 호랑이가 사냥하기 위해 숲속에 엎드려 있는 자세와 같다는 의미이다.

허공법 (반장)   허공법 (하반장)

육합단공에서 "마법 내가신장"⇒"범도법"⇒"금계독립법"⇒"소도법"⇒"대도법"⇒"허공법" 순서로 수련한다. "대도법"에서 "허공 - 법" 구령에 180° 방향 바꿔 오른쪽 무릎을 90° 정도로 굽혀준다. 이때 왼발은 쭉 뻗은 상태에서 발끝을 낭겨 발목을 꺾어준다. 왼손을 위에 오른손을 밑에 놓아 반장세(攀掌勢)를 하고 허리를 곧게 펴준다.

하반장(下攀掌)은 양손을 반장결로 흘려 왼손 손바닥을 위로 향하여 왼발 위쪽에 자연스럽게 뻗어준다. 오른손은 우측 머리 위로 손끝을 빈 사세로 뻗어 올린다. 육합단공 모든 자세에서의 하반장은 양 손바닥은 서로 연결되어 기운을 감싸듯이 허공을 감싸 안는다. "법" 구령에 그대로 180° 방향을 바꾸어 왼쪽 다리를 굽히고 오른쪽 다리를 쭉 뻗은 "허공세(虛空勢)를 취한다. 자세는 왼쪽과 대칭되는 자세로 같다.

⟨6-1⟩ 허공법 수련 방법

허공법은 신장, 방광 경락을 유통시키고, 양교맥과 음교맥을 열어주는 수련법이다.

신장 경락의 본명은 족소음신경이다. 족소음신경은 발바닥 용천에서부터 시작하여 다리 안쪽을 타고 올라가 서혜부를 거쳐 배와 가슴으로 올라가 빗장뼈 아래 유부혈에서 맺는다.[14] 방광 경락은 족태양방광경으로 새끼발가락 끝에서 시작하여 다리 바깥을 타고 올라가 등과 머리를 지나 눈 안쪽 끝 청명혈에서 끝난다.[15] 신·방광과 연결된 음교맥 역시 다리 안쪽을 타고 올라가 방광경이 끝나는 청명에서 맺고,[16] 양교맥은 반대로 다리 바깥을 타고 올라가 얼굴과 머리를 지나 뒷머리 풍지혈에서 맺는다.[17]

이렇게 펼쳐진 경락은 모두 다리 안쪽과 바깥쪽 그리고 상체 앞쪽과 뒤쪽으로 나란히 타고 올라간다. 그렇다면 허공법에서 가장 중요하게 여겨야 할 부분은 바로 뻗친 다리와 상체를 바로 펴주어야 한다. 뻗친 다리의 안쪽과 바깥쪽이 팽팽하게 펼쳐질 수 있도록 반대쪽 굽힌 다리로 잘 조절해 준다. 만약 굽힌 다리를 너무 깊게 앉아도 뻗친 다리의 긴장감이 무너지고, 너무 느슨하게 해도 마찬가지 현상이 나타난다.

강도는 각자의 체력에 맞게 조절하되 뻗친 다리가 팽팽하게 펼쳐질 수 있도록 조절해 주는 것이 무엇보다 중요하다. 그래야 허공법의 목적인 신장, 방광 경락을 비롯해 음양의 교맥까지 바로 유통시킬 수가 있다. 그리고 단법과 심법은 위에서 설명한 바와 같이 자기 품계에 맞는 법으로 한다.

〈6-2〉 허공법 수련 효과

허공법은 오행에서 수형(水形)에 속하며 몸에 수기를 만들어 주는 틀법이다. 수기는 신장·방광과 밀접한 관계가 있다. 신장과 방광은 생명 작용에 매우 중요한 역할을 한다. 우리 몸의 뼈와 골수를 만드는 역할을 할 뿐만 아니라 생식 기능을 주관하기도 한다. 신·방광이 약하면 혈압에 영향을 줄 수 있고 편두통, 혈뇨 등이 나타날 수도 있다. 신장은 정력과 수명에도 지대한 영향을 미친다. 또한 굽힌 다리와 뻗은 다리 모두 하체 근력 발달과 유연성을 길러주는 자세이고, 발목과 무릎, 고관절도 강화시켜 준다.

지금까지 살펴본 육합단공 6가지 자세는 전신의 근골을 고루 발달시키는 자세이고 오장육부를 살리는 효과가 있다. 또 몸의 균형을 바르게 잡아주고 몸을 밀첩하게

---

14 김춘식, 『음양오행체질분류법』, 도서출판 오행생식, 1997, 197쪽.
15 김춘식, 『음양오행체질분류법』, 도서출판 오행생식, 1997, 201쪽.
16 김춘식, 『음양오행체질분류법』, 도서출판 오행생식, 1997, 205쪽.
17 김춘식, 『음양오행체질분류법』, 도서출판 오행생식, 1997, 207쪽.

만들어 준다. 실제 육합단공을 하면 몸에 힘이 솟고 가벼워진다. 한편 힘든 틀법 수련은 지구력과 인내심까지 길러주기 때문에 수련자에게는 금상첨화가 아닐 수 없다. 6가지 틀법의 육합단공은 기천 수련의 바탕이며 핵심이다.

〈7〉 기존의 육합단공

마법 내가신장

기존에 하던 육합단공 수련순서는 마법⇒범도⇒대도⇒소도⇒금계독립⇒허공법이다. 마법 내가신장은 앞에서 설명한 상생 육합단공과 같다. 다만 손 모양만 두 손바닥을 아래위로 겹쳐 놓는다. 범도, 대도, 소도, 금계독립, 허공법의 반장형도 앞에서 설명한 상생 육합단공과 같다. 다만 하반장만 아래와 같이 다르게 펼쳐진다.

범도법 (하반장)

범도 하반장(下攀掌)은 오른쪽 범도일 때 왼손이 왼쪽 머리 위 정수리(백회혈) 45° 위 방향에서 손목을 꺾어 역근하고 손끝이 오른손을 향하도록 한다. 오른손은 손바닥이 땅을 향한 상태로 배꼽 높이에서 손목을 꺾어 역근하고 최대한 앞쪽으로 뻗는다. 이때 손바닥으로 단전을 감싸듯이 손날 쪽을 약간 아래쪽으로 숙여준다.

왼손은 상(上)을 방어하고 오른손은 하(下)를 경계하는 자세이다. 전체적인 자세는 엉덩이를 뒤로 빼고 허리는 세우고 머리를 들어 하늘을 향하도록 한다. 왼쪽 범도법도 오른쪽과 대칭되는 같은 자세이다.

대도역권

대도역장

대도법에서 하반장은 범도와 같다. 이외에 대도역권과 대도역장의 변화수가 있다. 대도역권(大蹈力拳)은 오른쪽 대도법일 경우 오른손 반장결로 들어간다. 왼손 주먹은 손목을 꺾어 역근하고 정면 머리 위 45° 전방에 수평으로 가로막는다. 오른손 권은 역근으로 오른쪽 90° 방향으로 뻗어준다.

이때 팔꿈치와 손목관절을 완전히 펴지 않고 약간 구부려 여유를 갖는다. 주먹은 어깨높이로 하고 시선도 주먹 끝을 따라간다. 대도역장(大蹈力掌)은 대도역권과 같은 자세로 주먹 대신 손바닥을 편다. 왼쪽 대도법일 경우에는 오른쪽과 대칭되는 같은 자세이다.

소도법 (반장)　　　　　　　소도법 (하반장)

　소도법 하반장(下攀掌)도 범도나 대도 하반장과 같다. 다만 소도는 타권반장을 하기도 하는데 "타권반장"일 경우 반장세에서는 앞 손만 타권으로 하고 아래 손은 손바닥을 편 자세이다. 하반장은 양손 모두 타권을 한다. 양손의 위치나 "반장-하반장"의 의미는 범도나 대도의 "반장" 또는 "하반장"과 동일하다.

금계화장

　금계독립법은 하반장 대신 금계화장이 있다. 오른쪽 금계독립법에서"금계화장 - 법" 구령에 들고 있던 왼발을 앞으로 쭉 뻗어준다. 이때 뻗은 왼발 안쪽이 위로 향하도록 한다. 발끝은 당기고 뒤꿈치를 앞쪽으로 밀어 발목을 꺾어 역근한다. 무릎은 완전히 펴지 않고 약간 굽힌 상태로 양손과 함께 둥근 원이 되도록 한다. 손은 오른손이 하를 경계하고 왼손이 상을 막아주는 "하반장세(下攀掌勢)"로 한다. 왼쪽 금계독립법일 경우도 오른쪽과 대칭으로 같은 자세이다.

허공법 (하반장)

허공법 하반장(下攀掌)은 처음 왼손을 뻗고 있는 왼발 위쪽에 손목을 꺾어 역근하고 오른손은 우측 머리 위에서 왼손 끝을 향해 손목을 꺾어 역근한다. 반대 자세에서는 손과 발의 위치만 바뀐 같은 모양이다.

(3) 단배공(丹拜功)

단(丹)은 앞에서 말한 바와 같이 우리 몸에 생명 에너지를 말한다. 절을 통해 단(丹)을 기르고 쌓는 공법이 단배공이다. 단배공은 먼저 몸 균형을 잡아주고 기맥을 열어주는 효과가 있다. 또 몸을 가장 크게 신장시키고 가장 낮게 구부리는 연속 동작으로써 전신 굴신운동이다. 절은 우리나라 전통 예절 법으로써 서로 간에 예를 갖출 때 절을 했다. 그런데 기천 단배공은 단순한 예절 법만이 아니고, 몸에 기를 살리고 내공을 기르는 수련법이기도 하다.

단배공은 양의 극에서 시작하여 음의 극으로 가고, 음의 극에서 다시 양의 극으로 돌아오는 태극의 몸짓 속에 기맥을 열어주고 몸에 기를 살려 내공을 기르는 원리가 있다. 발끝을 곧추세운 자세는 양의 극으로써 우리 몸에 작용하는 기운은 자연계 하지(夏至)에 이른 것과 같으며, 무릎을 꿇고 손바닥과 이마가 땅에 닿은 자세는 음의 극이 되며 우리 몸의 기(氣)가 자연계 동지(冬至)의 기운과 같다. 이러한 몸짓에 단전호흡과 심법이 어우러지면서 내 안에 기를 살려 조화를 이룬다.

단배공 시작과 끝은 양극(陽極) 자세로써 발끝으로 온몸을 받쳐 골반과 척추를 바로 세워준다. 이 자세로 발끝에 말초 신경이 살아나고, 엉덩이와 하체를 바르게 잡아주고 발달시킨다. 발끝까지 뻗친 말초 신경은 몸을 움직이고 균형을 잡아주는 절대적인 역할을 한다. 자연과 동떨어진 삶에서 많이 걷지 않는 현대인들은 말초 신경이 많이 둔화되어 있다. 이로 인해 골반이 균형을 잃고 틀어지는 원인이 된다. 골반의 틀어짐은 척추 변형으로 이어져 현대인들의 골칫거리인 척추병으로 이어진다.

척추 디스크, 측만증, 협착증, 목 디스크 등 대부분 허리와 어깨 통증이 여기서부터 시작된다. 현대인들에게 큰 부담을 주는 허리, 어깨 병의 주요 원인이 바로 말초 신경의 둔화에 있다는 것을 알 때 단배공의 효능은 참으로 대단하다. 또 하체 근력과 복근, 배근(背筋)의 힘을 길러주는 좋은 법이기도 하다.

이뿐만 아니라, 단배공은 단전호흡을 깊고 자연스럽게 만들어 주고 단전 자리를 키워준다. 더 중요한 것은 임·독 맥을 열어주고 몸에 기운을 살려준다. 또 단배공은 마음이 편안해지고 머리도 맑아진다. 이렇듯 단배공은 기천 삼법의 통합수련법이라 할 만하다. 기천 삼법이란 신법, 단법, 심법을 말한다. 반면 단배공이 단군배공의 준말로써 단군 할아버지 때부터 내려온 절이라고도 한다.

〈1〉 단배공 수련법

단배공을 시작할 때 먼저 음파공을 하기도 한다. 음파공이란 소리의 파동으로 몸에 기를 살리고 정화하는 소리 공법(功法)이다.

〈1-1〉 음파공

"단배공 준비" 구령에 단전에서 나오는 청량하고 우렁찬 소리로 "단~ , 배~ , 공~"이라고 부른다. 이어서 단전호흡과 함께 아래의 순서대로 한다.

〈1-2〉 단배공 준비 자세

단배공 준비

차렷 자세에서 양손을 수평이 되도록 양옆으로 들어 올린다. 오른손을 아래로 왼손을 위쪽으로 원을 그려 오른손 위, 왼손 아래인 오른쪽 반장세를 하면서 뒤꿈치를 높게 들어 올린다. 엄지발가락을 중심으로 5개의 발가락으로 땅을 움켜잡고 몸을 곤추세운다. 이때 가슴을 열어주고 단전으로 깊게 숨을 들이마신다. 이 자세는 온몸의 기를 발산시켜 최고점을 이루는 자연계의 하지와 같은 자세이다.

〈1-3〉 무릎 굽혀 내려가기

무릎을 붙인 상태로 천천히 두 무릎을 굽혀 몸을 낮춘다. 이때 숨도 천천히 내쉬면서 내려간다.

〈1-4〉 무릎 꿇어 역근하기

무릎을 땅에 대고 꿇어앉아 오른발을 아래에 놓고 왼발은 오른발 위에 겹쳐 올려놓는다. 이때 발끝에 힘을 주어 역근으로 아래를 조여 짜준다. 이렇게 해야 발끝을 강하게 짜줄 수 있고, 항문도 힘 있게 조여진다. 이 동작은 몸에 기를 강하게 증폭시켜 주는 자세이다. 이렇게 할 때 몸의 중심이 저절로 단전에서 회음으로 이어지고 온몸에 기가 서린다. 마치 공작새의 꼬리털이 X자로 겹쳐 있어 꼬리를 자유자재로 펼치고 닫는 힘을 가질 수 있는 원리와 같다. 이 자세는 온몸에 기운의 조화를 이루는 단배공의 중심 자세이다.

무릎 꿇어 역근하기

⟨1-5⟩ 양팔 벌려 역근하기

양팔 벌려 역근하기

왼손을 오른손 바깥으로 두 손목을 겹친다. 겹친 두 손목을 안쪽으로 감아 두 손바닥이 하늘을 향하게 한다. 양 손끝이 수평이 될 때까지 양손을 벌린 다음 손끝을 안쪽으로 감아 돌려 손목을 비틀어 역근한다. 이 과정에서 가슴을 열어주면서 숨을 단전까지 깊게 들이마신다. 중심 자세에서 마지막 기를 모아 안으로 끌어모으는 동작으로써 자연계의 추분점과 같다.

〈1-6〉 엎드려 절하기

엎드려 절하기

꼬리뼈에서 경추까지 척추를 곧게 편 자세로 이마가 땅에 닿도록 엎드린다. 이때 머리가 숙여지지 않고 바르게 편 자세를 유지한 채 이마가 땅에 닿도록 한다. 양손은 양쪽 머리 옆에 역근 하여 가볍게 땅에 닿도록 하기도 하고, 손바닥으로 땅을 무겁게 누르기도 한다. 손이 가볍게 땅에 닿도록 할 때는 단전에 중심을 잡고 상체를 굽혀 엎드릴 때 숨을 내쉰다. 진중하면서도 가벼운 몸짓이 되도록 하며 온몸을 열어준다.

손바닥으로 땅을 강하게 누를 때 역시 단전에 중심을 잡고, 상체 전체로 땅을 힘껏 누른다. 이때는 숨을 단전에 멈추고 모든 힘이 단전에서부터 나와 온몸으로 땅을 눌러 주어야 한다. 땅을 누를 때는 태산을 누르듯이 크고 무거운 몸짓이 되도록 한다. 이 자세는 온몸의 기를 수렴하여 땅과 하나가 되는 음(陰)의 최고점으로써 자연계의 동지와 같은 자세이다.

〈1-7〉 양팔 벌려 상체 세우기

꼬리뼈를 기점으로 척추를 곧게 편 자세로 상체를 들어 올린다. 이때 두 손은 수평이 되도록 하고 가슴을 열어준다. 엎드릴 때 숨을 내쉬었다면 상체를 세우면서 숨을 들이마신다. 엎드릴 때 숨을 멈추었다면 호흡 정도에 따라 그대로 멈추고 올라 올 수도 있고, 짧게 내쉬었다가 들이마시며 올라올 수도 있다. 어떤 형태이든 단전호흡이 자연스럽게 되도록 한다. 음에서 양으로 가기 위해 다시 돌아온 중심 자세이다.

양팔 벌려 상체 세우기

⟨1-8⟩ 무릎 꿇은 반장세

무릎 꿇은 반장세

양손을 천천히 크게 감아 반장세를 한다. 이때 숨을 편안하게 내쉬면서 머리는 텅 비워주고 가슴을 활짝 열어준다. 생각을 놓고 느낌을 따른다. 안에 담은 기를 온몸에 발산하기 위한 준비 자세이다. 자연계의 춘분점에 해당한다. 양기를 피워내기 위한 준비 자세이다.

⟨1-9⟩ 온몸을 곧추세운 마감세

발끝을 세워 까치발로 무릎을 들어 올린 후 몸을 일자로 천천히 바르게 일으켜 세운다. 일어서는 동작에 따라 숨을 깊게 들이마신다. 발가락끝으로 땅을 딛고 손끝은 하늘에 닿아 머리를 열고 우주와 교감한다. 하늘과 하나 되어 내 안의 기를 발산하는 양극(陽極)의 자세로 돌아온다. 처음 시작한 자세로써 하지와 같은 자세이다.

이와 같은 동작을 반복한다. 언제나 자기 체력에 맞게 하는 것이 중요하다. 처음에는 10배 또는 21배 정도로 연습하며 동작을 몸에 익힌다. 단배공이 몸에 익숙해지면 그 이상 횟수로 늘려간다. 보통 103배나 108배 정도 수련하면 좋다. 단배공에서 단전호흡이 자연스럽게 이루어지고 체력에 자신이 생기면 300배, 혹은 1000배도 좋다. 많은 횟수의 단배공을 할 때는 양손의 위치를 바꿔가며 하면 몸의 균형을 맞추기에 더욱 좋다. 단배공은 전신운동과 함께 단전호흡하기에도 좋은 수련법이다. 그뿐만 아니라, 기를 끌어들여 모으거나 마음을 비우기에도 더없이 좋은 수련법이다.

마감세

⟨2⟩ 단배공 수련 방법

단배공을 처음 수련하는 사람은 먼저 몸이 흔들리지 않게 단배공의 전체 동작을 자연스럽게 익히는 것이 좋다. 모든 동작이 자연스럽게 익혀지면 동작에 따라 단전호흡을 하는 것이 무엇보다 중요하다. 단배공에서의 단전호흡은 본인의 호흡 길이에 맞게 단배공 몸동작에 들숨과 날숨을 맞춰서 한다.

초보자라면 처음 단배공을 시작하는 반장 동작에서 들숨을 시작하여 "⟨1-2⟩ 단배공 준비 자세"에서 들숨을 완전히 채운다. 그다음 "⟨1-3⟩ 무릎 굽혀 내려가기"에서 숨을 내쉬기 시작하여 "⟨1-4⟩ 무릎 꿇어 역근하기"에서 숨을 완전히 내쉰다. "⟨1-5⟩ 양팔 벌려 역근하기"에서 숨을 들이마시고, "⟨1-6⟩ 엎드려 절하기"에서 숨을 내쉰다. "⟨1-7⟩ 양팔 벌려 상체 세우기"에서 다시 숨을 들이마시고, "⟨1-8⟩ 무릎 꿇은 반장세"에서 숨을 내쉰다. 마지막 "⟨1-9⟩ 온몸을 곧추세운 마감세"에서 들숨이 채워지도록 하면 된다.

이것은 단전호흡과 단배공을 처음 시작하는 사람에게 맞추어 설명한 것이다. 단배공 동작이 몸에 익고 단전호흡이 깊고 길어지면, 자연스럽게 자신의 동작과 단전호흡을 맞추어 주는 것이 가장 좋다.

단배공 동작에 맞추어 단전호흡을 하다 보면 자연스럽게 몸에 서리는 기를 느낄 수 있다. 기가 느껴지기 시작하면 처음에는 느끼는 기를 쫓아가면서 단배공 동작에 맞춰 단전호흡을 계속해 나간다. 언제나 마음이 기를 벗어나 몸을 떠나지 않도록 집중한다.

단배공도 육합단공과 마찬가지로 행인, 공인, 정인 과정에서는 기운을 끌어들여 단전에 정기(精氣)를 기른다는 마음으로 호흡한다. 들이마시는 숨에 몸을 열어주고 우주의 기운을 끌어들이며, 내쉬는 숨과 함께 온몸이 정화되는 느낌으로 숨을 놓아준다. 법인, 도인 과정에서는 모든 것을 내려놓고 비운다. 처음에는 마음에 상(相)을 비우고 점차 몸마저 놓고 비우는 마음으로 수련한다.

⟨3⟩ 단배공 수련 효과

단배공은 전신 굴신운동으로써 신법, 단법, 심법을 포괄하는 종합 수련법이다. 그 효과 또한 정기신에 모두 나타난다. 먼저 몸의 균형이 바로잡히고 날씬해진다. 하체 근력이 좋아지고 골반이 바르게 교정된다. 몸이 가벼워지고, 균형감각 또한 좋아진다. 몸에 기력과 활기가 넘치고 피부가 윤택해진다. 특히 발가락 끝에서부터 점점 둔화되던 말초신경의 기능이 되살아나 건강 체질로 바뀐다.

이뿐만 아니라 단법과 심법에도 최상이다. 단배공과 함께 단전호흡하면 단전 자리가 커지며 호흡이 깊고 길어진다. 또 온몸에 기운이 살아나면서 마음이 편안하고 머리가 맑아진다.

(4) 기공법(氣功法)

기천 수련법을 단법과 같이한다면 모두 기공법이라고 해도 과언이 아니다. 그럼에도 불구하고 여기에 기공법을 따로 분류한 것은 기를 운용하는 기법에 따른 것이다. 여기서는 기천의 4대 기공법인 반탄신공, 용틀임, 개운기공, 오공탄지법을 소개한다.

〈1〉 반탄신공(撆彈神功)

반탄신공

반탄신공은 기천 수련의 핵심인 반탄을 이용해서 전신에 기맥을 열어주고 유연성과 함께 기력을 기르는 기공법이다. 반탄(撆彈)은 단전을 중심으로 몸을 흐느적거리듯 흔들어 온몸에 기맥을 열어주고 몸을 유연하게 쓸 수 있도록 하는 몸짓이다. 즉 반탄신공은 반탄을 기반으로 내공 증진과 더불어 내공을 온몸으로 분출하여 쓸 수 있도록 다지는 기공법이다. 기천 기공의 기본이며 상승무술인 천강권을 열고 들어가는 기공법이기도 하다. 동공 수련 전후 수련하면 좋다.

기본 동작은 두 발을 모아 선 자세에서 양손을 흔들어 날갯짓하면서 단전을 중심으로 허리를 앞뒤로 흔들며 온몸에 기혈을 열어준다. 호흡은 허리를 앞으로 내밀 때 단전으로 들이마시고, 엉덩이를 뒤로 빼면서 허리를 접을 때 내쉰다. 호흡 정도에 따라 들이마신 숨을 단전에 머금어 멈춘 상태에서 할 수도 있다.

처음 하는 사람은 두 발을 땅에 붙인 상태에서 허리만 앞뒤로 흔들어 준다. 점차 몸동작이 익숙해지면, 허리를 앞으로 내밀 때 발뒤꿈치를 들어 까치발로서고, 엉덩이를 뒤로 빼면서 허리를 접을 때는 거꾸로 발 앞꿈치를 들고 뒤꿈치로만 선다. 이때 허리를 전후로 낭창낭창 몸을 휘저으면서 온몸이 율동을 탈 수 있도록 한다.

반탄신공의 기본이 다져지고 온몸에 힘이 차오르면 한 단계 높여 다음과 같이 한다. 허리를 앞으로 내밀 때 발뒤꿈치를 바짝 들어 발가락 끝으로만 섰다가 엉덩이를 뒤로 빼면서 허리를 접을 때 발끝을 튕겨 허공에 높이 떠올랐다가 착지한다. 착지할 때는 온몸을 둥글게 감아 몸을 낮춘 자세에서 발뒤꿈치만 땅에 닿도록 한다. 이 단계는 온몸에 기맥을 열고 기를 증폭시키는 반탄신공의 고급 과정으로써 온몸에 탄성을 높여 강건한 체질로 만들어 주는 효과가 있다.

〈2〉 용틀임

용틀임

용틀임은 양팔 근육을 짜고 틀어주는 모양이 마치 승천하는 용이 꿈틀대는 형상과 같아서 붙여진 이름이다. 손끝에서부터 팔 전체를 비틀어 짜주는데 한쪽 팔이 오르면 다른 쪽 팔은 똑같이 비틀면서 내리고, 또다시 오르고 내리기를 반복한다. 이러한 양팔의 움직임에 따라 단전의 기를 발동시켜 전신으로 돌려주는 운기법(運氣法)이다.

용틀임을 위해서는 먼저 단전에 기가 충만해야 한다. 그리고 단전에 충만한 기를 느끼고 감지할 수 있어야 한다. 기가 감지되어야 기를 운용할 수 있기 때문이다. 따라서 단전호흡과 함께 육합단공과 같은 기초적인 수련이 이루어진 후라야 용틀임을 할 수 있다. 기를 운용하지 못하고 손목만 비틀어 짜주는 것만으로는 용틀임의 효과를 기대하기 어렵다.

처음에는 손끝과 손목을 중심으로 팔뚝을 비틀어 짜주면서 한 손은 하늘로 솟구쳐 올리고, 다른 한 손은 땅을 향해 비틀어 내린다. 이때 단전에 기를 온몸으로 끌어 올리고 내려야 한다. 몸에 기의 움직임이 느껴지면 그에 따라 손동작도 키워간다. 오르내리는 높낮이와 좌우로 펼쳐지는 폭은 몸에 느끼는 기운의 폭에 맞춰 나간다. 온몸에 기가 돌고 달궈지면 손끝에서 어깨까지 팔 전체를 비틀고 짜주면서 용틀임 동작을 크게 한다. 이와 같이 용틀임은 비틀어 짜주는 몸짓과 함께 단전에 기를 온몸으로 돌려주는 기공법이다. 처음에는 마법(馬法)에서 시작하고 익숙해지면 육합단공의 모든 틀법에서 할 수 있다. 몸짓에 따라 기의 움직임이 자연스러워지면 자연스러운 몸짓에 맡겨 자유롭게 펼친다. 이쯤 되면 형태에 구애받지 않고 얼마든지 자기만의 몸짓을 펼칠 수 있다.

〈3〉 개운기공(開雲氣功)

개운기공

개운기공은 구름을 여는 기공이라는 뜻으로 중단전을 열어주는 기공법이다. 개운기공을 하려면 먼저 용틀임에서 하단전에 기를 다지고 온몸에 기맥을 열어주어야 한다. 양손으로 기를 모아 밀고 당기는 몸짓에서 기의 움직임이 있어야 한다. 기의 작용 없이 밀고 당기는 몸짓만으로는 의미가 없다. 반드시 하단전의 충만한 기를 끌어 올려 중단전을 열어주어야 한다.

하단전에 기가 충만하면 기운이 솟구쳐 호랑이라도 때려눕힐 것 같은 기백이 생긴다. 이 기운으로 중단전을 열어야 한다. 중단전이 열려야 호연지기가 생긴다. 중단전이 열리면 가슴이 뻥 뚫리고 박하사탕을 녹이는 것 같이 화~ 한 느낌이다. 몸은 새털처럼 가볍고 발걸음 또한 가벼워진다. 이때 개운기공에서 마음을 쓰면 기가 그대로 반응한다. 산을 당기면 산이 끌려오고 구름을 밀면 구름이 밀린다. 이는 빈틈없이 움직이는 기운의 느낌을 말하는 것이다. 이런 마음이어야 세상을 품고 우주를 담을 수 있다. 몸과 마음이 열리면 우주가 내 안에 들어온다. 내 안에 들어온 우주가 내 우주이다. 여기에 참 생명이 있고 진리가 있다.

개운기공은 다음과 같이 한다. 기본자세는 마법(기마자세)에서 시작하고, 점차 육합단공 모든 자세에서 할 수 있으며, 자유자재해지면 어떤 자세에서도 무방하다. 어떤 자세로도 자유분방하게 펼칠 수 있다.

마법에서 양손을 펴서 수영하듯이 앞쪽 허공을 감아 양 옆구리로 끌어들인다. 이때 가슴을 열고 숨을 단전으로 깊게 들이마신다. 양 옆구리에서 손목을 감아 돌려 손바닥이 전방을 향하도록 한다. 단전에 중심을 두고 손바닥에 느끼는 기를 천천히 밀어낸다. 내쉬는 숨은 느끼는 기를 단전호흡 깊이에 따라 다음과 같이 단계별로 조절한다.

제1단계
초심자는 양손을 밀어내는 동작에서 가슴을 열고 숨을 천천히 내쉰다. 이때 밀어내는 힘을 강하게 하려고 애쓰기보다는 손에 잡히는 기를 느끼고 밀어내는 것이 더 중요하다. 기의 느낌 없이 근육의 힘으로만 밀어내는 것은 헛손질에 불과하다. 반드시 기의 느낌을 찾아 밀어내야만 한다. 밀어내는 힘은 느껴지는 기의 힘에 맞춘다. 초보자가 너무 힘들여 밀어대면 기를 놓치기 쉽다. 기를 놓치고 생 힘을 쓰는 것은 기공과는 거리가 멀다. 느끼는 기에 맞춰 단전호흡을 조절하며 기초를 충분히 다져야 한다. 그런 연후에 다음 단계로 넘어가는 것이 좋다.

제2단계
단전에 기를 느끼고 숨을 멈춘 상태로 태산을 밀듯이 양손으로 기를 힘 있게 밀어낸다. 충분히 밀어낸 후에 가슴을 열고 숨을 내쉰다. 본 단계는 단전과 양손에 모두 기가 느껴지고 잡혀야 한다. 단전과 손에 잡힌 기를 타고 단전호흡이 깊어져야 한다. 초심자가 너무 성급하게 욕심을 부려 숨을 무리하게 참거나, 기를 모르고 생 힘을 쓰는 것은 결코 수련에 도움이 되지 않는다. 기공에 쓰는 힘은 언제나 기를 느끼며 밀고 당겨야 한다.

제3단계

숨을 멈춘 상태에서 양손을 밀어낸 후 곧바로 숨을 짧게 더 들이마시고 멈춘 다음 양손으로 태산을 당기듯 힘 있게 끌어당긴다. 끌어당기는 동작을 끝내고 나서 가슴을 열고 숨을 천천히 내쉰다. 이때 중요한 것은 기를 놓치지 않아야 하고 호흡을 자연스럽게 담아내야 한다. 억지로 참는 호흡은 바람직하지 않다. 그러기 위해서는 반드시 단전호흡이 깊어져야만 한다. 단전호흡이 안되는 상태에서 형태만 흉내 내는 개운기공은 의미가 없다.

위 단계에서 단전호흡이 잘 이루어지면 더 깊은 심법이 필요하다. 가슴을 열고 느끼는 기에 따라 얽힌 감정과 부정적 생각 덩어리들을 풀어서 밀어내는 것이다. 반복되는 개운기공에서 이렇게 마음을 비운다. 마음은 비워야 열린다. 마음이 비워지면 기운은 몸 경계선 밖을 훨씬 넘어선다. 마음이 비워지면 나중에는 몸마저 개운기공에 실어 날려버린다. 마음에 몸이 날아가 없어진다면 느껴지는 기운을 마음대로 쓰고 부릴 수 있게 된다.

마음이 열리면 몸은 깃털처럼 가볍고 마음 또한 편안하며 평화롭다. 기를 타고 노니는 느낌이다. 삼성기 앞 구절에 나오는 "승유지기(乘遊至氣) 묘계자연(妙契自然)"이다. 승유지기란 지극한 기운을 타고 노닌다는 뜻이며, 묘계자연은 신묘한 자연의 이치를 말한다. 즉 신묘한 자연의 이치에 맞춰 지극한 생명의 기운을 타고 노니는 신선놀음이다. 이것이 개운기공으로 마음을 여는 이유이다.

〈4〉 오공탄지법(五空彈指法)

오공탄지법은 손끝에 기를 모아 발산시키는 기공법이다. 기천 무예에서 손끝과 손날을 쓰기 위한 공력 단련법이기도 하다. 손끝과 손날 단련과 함께 오공탄지법을 수련한다. 오공탄지법을 하면 먼저 손끝에 기운이 강하게 형성된다. 손끝뿐만 아니라 점차 손

전체에 커다란 기운 덩어리가 엉겨 붙는 느낌이다. 나중에는 기가 점점 커져 팔뚝을 타고 올라가 어깨까지 꽉 차오른다. 솜처럼 몽실몽실한 기운이 뭉쳐 감싸는데 속에는 강철같은 느낌이다.

오공탄지법

오공탄지법은 손끝 공력만이 아니라, 온몸의 모공까지 열어준다. 온몸의 혈이 모두 열리는 개혈(開穴) 기공법이기도 하다. 개혈이 되면 몸이 활짝 열린 느낌이고 깃털처럼 가벼워진다. 기천명에 보보비운(步步飛雲)이라 했는데, 온몸에 혈이 열려야 걸음걸음이 나는 구름같이 가벼워진다.

오공탄지법 역시 단전호흡을 바탕으로 손에 기가 잡혀야 한다. 아무 느낌 없이 맨손만 던지는 행위는 아무런 의미도 없다. 반드시 기가 있어야 하고 느끼는 기에 따라 행법이 이루어져야 한다.

수련법은 마법(기마자세)에서 권 지르기 하듯이 손끝을 편 상태로 옆구리에서부터 정면으로 툭툭 던진다. 옆구리에서 정면으로 던지는 양팔은 비틀어 뻗어 역근이 되도록 한다. 이때 팔꿈치는 완전히 펴지 않도록 하며, 어깨에 힘을 빼고 손끝에는 기운이 뻗치도록 한다. 단전에 기를 머금은 상태에서 손끝으로 기를 쏘듯이 던진다.

기운을 타고 자기만의 리듬에 맞춰 반복한다. 한 번에 30분 이상씩 하는 것이 좋다. 반복 수련하다 보면 처음에는 손끝에 기운이 생기다가 점차 팔 전체에 강한 기가 느껴진다. 좀 더 수련이 깊어지면 몸이 허공에 붕 뜬 느낌이 든다. 던지는 손이 묵직하면서도 몸은 깃털처럼 가벼운 느낌이고 기분 좋은 상태가 된다. 이런 기의 느낌은 사람마다 다를 수 있기에 꼭 이렇다 저렇다 확정적으로 말하기는 어렵지만, 누구나 몸이 가벼워지고 안에서 기운이 뻗치는 느낌은 비슷하다. 이런 과정에서 점점 몸이 바뀌어 갈 것이다. 다만 느낌을 표현하는 말에 너무 매여서는 안 된다.

〈5〉 기공법 수련 효과

기공은 단전에 기를 다지고 온몸으로 돌려주는 운기법(運氣法)이며, 기를 활용하는 운용법이다. 모든 기공은 자기 몸의 건강은 물론 다른 사람이나 사물에까지 기를 전달시켜 작용시킨다. 활명법으로 쓰면 아픈 사람을 낫게 하는 치유 기공이 되고, 발공법으로 쓰면 무술이 된다. 기공은 몸 안의 기운을 증폭시켜 특별한 공능(功能)을 나타내기도 한다.

반탄신공은 온몸에 기맥을 열어주고 유연하게 풀어주는 도인술(導引術)이기도 하다. 단전에 기를 증폭시켜 몸에 탄성을 기르고 몸을 유연하고 가볍게 만들어 주는 효과가 있다. 이 법은 기천의 가장 기본이 되는 기공법으로써 기천 행공 수련 전후에 하면 매우 효과적이다. 여기서 가장 중요한 것은 단전에 기를 증폭시킬 수 있는 단법이 필수임을 잊어서는 안 된다. 기를 이끄는 단법 없이 근력으로 하는 몸짓만으로는 제대로 된 반탄신공의 효과를 기대하기 어렵다.

용틀임은 단전의 기를 증폭시켜 온몸에 돌려주는 운기법으로써 하단전의 기를 강화하는 기공법이다. 기천 기공의 핵심이며 건강한 몸을 만드는 중요한 기공법이기도 하다. 용틀임을 하면 몸이 따뜻해지고 건강체가 된다. 단전에 기가 충만해지며 몸에 힘이 솟구친다. 기백이 넘치고 자신감이 높아진다.

개운기공은 하단전에 충만 된 기를 끌어 올려 중단전을 여는 기공법이다. 중단전이 열려야 마음이 열린다. 이때 비로소 몸 밖까지 기를 움직여 쓸 수 있다. 예를 들어 아픈 사람의 통증 부위에 손을 얹어 느껴주면 감쪽같이 통증이 사라지기도 한다. 평소 자기보다 근력이 센 사람도 밀거나 당길 수 있는 기적(氣的)인 힘이 생긴다. 무엇보다 넓고 여유로운 호연지기가 생긴다.

오공탄지법은 모공까지 열리는 전신 개혈법이다. 전신의 혈이 모두 열려야 몸이 가벼워진다. 이때 몸에 모든 병기가 사라지고 정기로 가득 채워진다. 몸에 생기가 돌고 피부가 윤택해진다. 손끝과 손날에 내공이 실려 무공이 생긴다.

모든 기공은 막힌 기맥을 열어주고 몸에 나타난 병증을 치유한다. 소내역권이나 대풍역수 또는 나무 치기[팔뚝으로 나무 치기] 전후에 하면 좋다. 타박(打撲)으로 인해 막힌 기맥을 말끔히 뚫어주는 효과가 있기 때문이다. 나무 치기를 할 때는 반드시 위의 기공법으로 풀어준다.

2. 동공(動功)

동공(動功)은 움직임이 많은 동적인 수련으로써 반장에서부터 시작되는 기천 무예의 단수와 연결수가 주를 이룬다. 앞서 정공에서 설명한 수련법도 얼마든지 동공 수련이 될 수 있듯이 여기서 소개하는 과목 역시 어떻게 수련하느냐에 따라 정공 수련이 될 수도 있다. 다만 앞에서 설명한 정공 수련법들은 움직임을 줄여 고요하게 수련하기에 적합하고, 여기서 소개하는 수련법은 움직임이 많은 동공 수련에 적합하다.

동공을 대표하는 기천 몸짓은 반장(攀掌)을 기반으로 하여 여러 가지 수법(手法)으로 전개된다. 하나하나의 수법은 독특한 기능을 가진 무술 동작들이다. 이것을 단수(單手)라고 하는데 움직임의 원리가 인체 공학적이며, 강력한 파괴력을 갖춘 기술들이다. 실전에서는 단수 자체로도 쓰이지만, 대부분 단수가 나누어지거나 다른 수와 합쳐시도 하고 서로 연결되어 변화된 수로 쓰인다. 이렇게 변화된 다양한 수들이 바로 기천 무예의 공방(攻防) 기술이다. 단수를 나누거나 합하고 연결하는 데는 법칙이 없다. 상황에 따라 누가 더 빠르고 적절하게 쓰느냐가 승패를 좌우한다.

동공은 가장 먼저 수에 대한 개념을 이해하고 동작을 몸에 익히는 것이 중요하다. 그다음은 한수 한수를 반복 수련하여 각각의 수가 자연스럽게 몸에 익도록 연습한다. 그런 후에 상황에 맞게 단수를 나누고 합하는 변화수를 익혀야 한다. 그리고 대련을 통해 상대의 몸짓을 보면서 자신의 몸짓을 자연스럽게 펼칠 수 있도록 만들어 간다. 이때 자연스럽게 자신만의 멋진 기천 무예가 만들어질 것이다. 기천 무예는 독특한 특성이 있다. 모든 수가 태극으로 이루어져 흐름이 자연스럽다. 그러나 변화수는 틀이 없고 다양하다.

이 책에서는 여러 가지 기천 수에 대한 개념과 원리를 중점적으로 설명하려 한다. 단수에 대한 개념과 원리를 이해하고 수련하면 거기서 파생되는 변화수들도 쉽게 이해하고 습득할 수 있다. 여러 가지 변화수와 대련법에 대해서는 글로 전하는 데는 한계가 있다. 이 과정은 기천 수련원을 찾아가 직접 지도받기를 권한다.

(1) 반장(攀掌)

반자(攀字)는 회의문자(會意文字)·형성문자(形聲文字)로써 매우 많이 얽힌 나무들을 손으로 휘어잡고 오른다는 뜻에서 유래한 글자이다. 攀은 더위잡을 반이다. 樊(울타리 번) 자 밑에 手(손 수) 자를 넣어 울타리처럼 복잡한 나뭇가지를 손으로 휘어잡고 오른다는 뜻이다.

반장(攀掌)은 얽힌 나뭇가지를 휘어잡고 오르듯 다양한 상대의 공격을 양손으로 받아내는 기술이다. 반장의 핵심은 상대의 공격을 역으로 받아치거나 밀어내는 기술이 아니다. 치고 들어오는 상대의 공격을 받아들여 흘려주는 기술이다. 일반적으로 상대의 공격에 즉각적으로 받아치거나 피하는 것이 인간의 본능이다. 반장은 본능적 반응에서 벗어날 수 있도록 많은 연습이 필요하다.

반장의 동선은 태극이다. 양손이 음양의 위치를 바꿔가면서 상대의 공격을 허공으로 받아들이고, 상대방의 공격선을 타고 들어가 타격한다. 즉 상대의 공격을 태극으로 감아 무로 돌리고, 다시 태극의 원리로 상대를 제압하는 기술이다. 그래서 기천 무예를 태극 무예 또는 원(圓)의 무예라고도 한다. 위에서 말했듯이 반장을 본능적 몸짓에서 벗어날 수 있도록 익힐 때, 반장을 기반으로 한 기천 무예는 그 위력을 드러내기 시작한다.

반장의 종류

반장은 기천 무예의 기본이며 핵심이다. 화려한 기천 무예는 대부분 반장 변화수라고 해도 과언이 아니다. 기본 반장수는 외반장, 반장, 타권반장, 원반반장, 반장집기, 원반법, 6가지가 있다.

〈1〉 외반장

외반장

외반장은 한쪽 반장 또는 원 그리기라고도 한다. 오른손 또는 왼손을 중심으로 양팔을 서로 다른 방향으로 돌리는 반장의 기본수다. 양손이 태극 모양으로 음양을 이루어 움직인다. 오른손이 중심일 때는 오른손 외반장 또는 오른손 원 그리기라고 하며, 왼손이 중심인 경우는 왼손 외반장 또는 왼손 원 그리기라고 한다.

오른손 외반장은 오른손은 위에 왼손은 아래에 위치한다. 위쪽에 있는 오른손은 양역(陽役)이고 아래에 있는 왼손은 음역(陰役)이다. 이때 양역(陽役)인 오른손은 위쪽으로 올려 양(陽)으로 떠오르고, 음역(陰役)인 왼손은 아래쪽으로 내려 음(陰)으로 내려간다. 양으로 떠오른 오른손이 극에 달하면 음을 향해 아래로 내려오고, 음의 극으로 내려간 왼손은 양을 향해 위쪽으로 올라간다. 아래로 내려온 오른손이 음의 극에 달하면 다시 위로 올라와 본래의 양역(陽役) 자리에 이른다. 위쪽으로 올라간 왼손 또한 양의 극에 달하면 다시 아래쪽으로 내려와 본래의 음역(陰役) 자리에 위치한다. 오른손 끝이 몸 중심에서 눈높이, 왼손은 오른손 끝과 단전과의 직선거리 중간 지점에 놓인 "반장세(攀掌勢)"가 된다.

왼손 외반장은 손의 위치가 바뀌어 왼손이 양역으로 위쪽, 오른손이 음역이 되어 아래에 위치하여 오른쪽 외반장과 반대로 왼손이 주가 되어 원을 그리는 반장이다.

외반장은 반장의 기본수이다. 다른 여러 가지 반장수를 익히기 위해서라도 충분히 몸에 익혀 연습할 필요가 있다. 양손이 음양으로 교차 되어 다시 제 위치를 찾아가는 흐름의 원리는 우주 변화의 심오한 철학적 의미가 함축되어 있다. 손끝에 기운을 느끼면서 천천히 또는 빠르게 연습하면서 기감(氣感)과 손의 감각을 함께 키워간다. 이 동작은 어깨와 굳은 목을 풀어주는 데도 좋은 효과가 있다.

〈2〉 반장(攀掌)

반장

반장은 6가지 기본 반장의 대표성을 띤 정반장(正攀掌)이다. 양손을 번갈아 당기고 밀어 올리는 흐름으로써 좌우 반장이라고도 한다. 손은 "반장세"에서 앞에 있던 오른손을 쓸어 당겨 아래 왼손이 있던 자리로 간다. 이 흐름은 상대의 공격수를 손바닥으로 쓸어 당기는 흐름이다. 이때 아래에 있던 왼손은 원을 그려 위쪽 오른손이 있던 자리로 올라간다. 이것은 오른손으로 쓸어 당긴 상대의 공격수를 걷어주고 받쳐주는 흐름이다. 다시 위에 있는 왼손을 쓸어 당겨 아래 위치로 내려오고, 오른손이 원을 그려 위쪽으로 올라가 본래 있던 자리로 돌아간다. 이런 동작을 반복하여 공격과 방어 흐름이 되도록 한다.

반장은 상대의 공격을 거슬러 쳐내는 것이 아니다. 공격해 들어오는 힘에 편승하여 상대 공격을 끌어당겨 허공으로 받아주는 기술이다. 상대의 주먹을 받아서 허공에 빠트려 무력화시킨다. 그리고 상대가 들어온 길을 타고 들어가 공격하는 기술임을 다시 한번 강조한다. 처음 반장을 하면 대부분 상대의 공격수를 쳐내거나 밀어내려고 한다. 반장의 흐름은 전체적으로 큰 원이지만 밖으로 크게 열린 원이 되어서는 안 된다. 상대의 주먹을 걸어내는 각도가 아닌, 쓸어 당겨 허공에 빠트릴 수 있는 뒤틀린 타원형이 되어야 한다.

처음에는 혼자 허공에 연습하고, 그다음 두 사람이 짝이 되어 서로 주먹을 주고받으면서 연습한다. 반장 흐름이 익숙해지면 다시 혼자 수많은 반복 연습으로 몸이 저절로 반응하도록 연습한다. 그런 연후에는 다시 두 사람이 짝이 되어 주먹을 빠르게 주고받으면서 반장을 완성해 간다. 반장에 자신이 생길 정도가 되면 서로 모래주머니를 던져주면서 반장으로 받을 수 있도록 연습하여 어떤 상황에서도 자연스럽게 반장이 나올 수 있도록 한다. 반장이 기천 무예의 기본임을 상기하여 부족함 없이 충분히 연습해야만 앞으로 이어지는 무예를 잘 익혀나갈 수 있다.

〈3〉 타권반장(稻拳攀掌)

타권반장

타권반장은 위에 설명한 좌우 반장에서 음역에 있던 손이 양역이 될 때 상대의 공격수(攻擊手)를 낚아채는 기술이다. 낚아챌 때 손가락은 새끼손가락에서부터 약지, 중지, 검지 순으로 굽히고 마지막 엄지와 힘을 합쳐 빠르고 견고하게 상대의 손목을 낚아챈다. 상대의 공격수를 낚아채는 손가락 모양이 벼 이삭이 머리를 숙인 모양과도 같아서『벼 고개 숙일 타』자를 써서 타권반장이라고 한다. 상대의 공격수를 낚아챈 손은 가을 들녘 벼 이삭이 고개를 숙인 모양 같고, 손목과 팔꿈치는 직각으로 굽혀진 상태이다. 상대의 공격수를 낚아챈 후 곧바로 타격할 수 있는 수법이기도 하다. 기본은 양 손 반장 흐름으로 한 손은 상대의 손을 낚아채고 다른 손으로 타격하지만, 숙달되면 낚아챈 손으로 곧바로 타격할 수도 있다.

타권반장은 처음에 손가락 움직임부터 연습하여 몸에 익힌다. 손가락 움직임이 자연스러워지면 타권반장 흐름을 혼자 충분히 연습한다. 그리고 두 사람이 짝이 되어 서로 주먹을 주고받으며 연습한다. 처음에는 주먹을 천천히 주고받으면서 정확한 타권반장이 되도록 연습하고, 점차 빠른 주먹도 받을 수 있도록 숙달시킨다. 빠른 주먹도 받을 정도가 되면 죽비나 모래주머니 등을 받으면서 충분히 익히도록 한다. 타권반장은 손가락의 미세한 감각까지 발달시켜 준다.

〈4〉 원반반장(圓盤攀掌)

원반반장

원반반장은 두 손바닥을 마주하고 서로 둥글게 감아 돌리는 반장이다. 음역에서 양역으로 올라가는 손의 흐름은 붙임수 결이다. 상대의 공격수를 앞 손이 반장결로 감아 흘리고 다른 손으로 타격하는 결이며, 처음 손이 다시 앞으로 솟아올라 붙임수 결로 연이어지는 기술이다. 상대의 공격수를 감는 원반반장이 정확하게 맞추어지면 어떤 공격도 쉽게 무너트릴 수 있는 기술이다. 그래서 원반반장을 둘둘 말이 반장이라고도 한다.

원반반장의 기본형은 상대의 공격수를 감아 돌리는 원반형 반장과 팔뚝으로 타격하는 기술이 있으며, 마지막 붙임수로 마무리한다. 기천 무예의 모든 수가 그렇듯이 원반반장 또한 이렇게 숨어 있는 기술이 상황에 따라 순서가 바뀌거나 수가 나뉘고, 다른 수와 합쳐지면서 실전적 공방(攻防) 기술로 변화되어 사용된다.

원반반장은 어깨관절을 풀어주고 손의 민첩성을 발달시킨다. 어깨관절을 돌리면서 회전근개가 풀리고 승모근이 발달하면서 경추까지 바르게 교정될 수 있다. 오십견의 예방과 치유에도 뛰어난 효과가 있다. 처음에는 부드럽게 큰 원으로 연습하고, 익숙해지면 원의 각도를 바꾸어 빠르고 힘차게 연습하여 익히도록 한다. 원반반장 역시 반장결이 완성되면 두 사람이 짝이 되어 서로 주먹을 주고받으면서 원반반장의 감각을 몸에 익힌다.

〈5〉 반장집기

반장집기

반장집기는 상대의 공격수를 팔꿈치 안쪽에 받아 낚아채는 기술이다. 상대의 공격수를 팔꿈치 안쪽으로 집어 낚아채는 법이라서 "반장집기"라고 하는데 집기반장이라고도 한다. 반장집기의 기본형은 상대의 주먹을 주관절 안에 집어 낚아채는 흐름이지만, 숙달되면 아래에서 위로 올라오는 손의 흐름만으로 상대의 공격을 흘려 받고 민첩하게 공격할 수 있는 실전적 기술이 된다. 이 기술은 후에 칠보절권의 일보이권으로 연결된다.

처음에는 기본형을 익히면서 반장집기의 원리를 몸으로 터득한다. 집기의 원리가 터득되면 두 사람이 짝을 이뤄 서로 주먹을 주고받으면서 빠른 흐름으로 연습한다. 상대 주먹을 주고받는 감각이 살아나면 점차 주먹을 빠르게 주고받는다. 그 후에는 죽비나 죽도를 집기로 흘려 받는 연습을 하여 반장집기를 완전히 몸에 익히도록 한다.

⟨6⟩ 원반법(圓盤法)

원반법

원반법의 기본은 양손을 원 그리기 흐름으로 돌려 팔뚝의 안쪽이 서로 맞닿게 끌어들여 두 손목을 서로 맞잡는다. 양손이 매번 위아래로 돌아 음역과 양역이 바뀌게 된다. 원반법은 상대의 권이나 발을 흘려 받거나 상대를 감아 넘어트리는 기술이다. 이 기술로 상대방을 감아 넘어트리면 넘어지는 상대는 두 발이 허공에 뜨면서 속수무책으로 나뒹굴게 된다. 이런 현상을 보고 원반법을 일명 "자반뒤집기"라고도 한다.

원반법도 처음에는 정지된 마법(기마자세)에서 연습한 후 범도 자세로 전진과 후진을 하면서 몸에 익힌다. 원반법의 원리를 이해하고 흐름이 충분히 익혀진 후에는 두 사람이 짝이 되어 상대의 발차기 공격을 받고, 이어 상대를 감아 넘어트리는 기술을 동시에 익히도록 한다.

원반법은 원의 흐름으로써 억지로 힘을 쓰지 않고 자연스럽게 상대의 공격을 받거나 공격할 수 있는 이치를 터득할 수 있다.

이 기술이 익혀지면 상대의 공격에 대한 두려움이 줄어들고 자연스럽게 접근할 수 있는 역량이 커져 무예를 더 깊게 체득할 수 있다. 원반법이 자연스러워지면 순발력과 판단력이 높아지고 몸짓은 더욱 부드러워진다.

(2) 단수(單手)

기천에는 여러 가지 독특한 무술 기법들이 있다. 한수 한수의 단수들이 모여 다양한 공방(攻防) 기술로 변화한다. 단수의 기본 원리를 바탕으로 적절하게 변화되어 펼쳐지는 수가 기천 무예를 더욱 깊이 있게 만들어 준다. 단수를 나누거나 합치는 변화수를 익히는 것은 무예인으로서 꼭 필요한 일이지만, 먼저 하나하나의 단수를 이해하고 충분히 익히는 것이 무엇보다 중요하다. 단수의 원리를 이해하지 못하고 충분히 익히지 못한 상태에서 변화수를 따라 하는 것은 기초가 없어 사상누각이 될 수 있다.

기천 무예를 제대로 익히고자 한다면 반드시 정공(靜功)을 통해 내공(內功)을 다진 후, 기천 무예의 단수를 충분히 수련하지 않으면 안 된다. 단수에 대한 수련은 하나하나의 수에 대한 원리와 개념을 잘 이해하고 반복 연습하여 충분히 몸에 익혀야 한다. 그런 후에 단수의 원리를 바탕으로 다양한 변화수를 익히고 수를 나누거나 합쳐 쓰는 요령을 익혀야 한다.

기천 무예의 기본단수는 모두 인체 공학적으로 사지가 자유자재로 움직이는 공방(攻防) 기술이다. 이런 수들은 독특하면서도 자연스러우며 몸의 민첩성과 균형감각을 높여 준다. 또 좌우뇌 운동 효과까지 있어 무술뿐 아니라, 현대인들의 건강법으로도 탁월한 기법이라 할 수 있다.

〈1〉 권 지르기

한 권 지르기　　　　　　　　삼 권 지르기

기천 권은 중지 가운데 마디가 튀어나오도록 쥔 주먹으로써 일지권(一指拳)이라고 한다. 일지권은 가볍고 민첩하게 쓰기에 유리한 권으로써 기천의 대표적인 권이다. 기천 권은 내력권과 일반권이 있다.

내력권은 내공을 기르거나 사용하는 권법이다. 기본은 기의 느낌을 타고 무겁고 천천히 지르는 기본형과 빠르고 강렬하게 지르는 실전용이 있다. 일반권은 가벼운 동작으로 천천히 또는 빠르게 지르고, 무거운 동작으로 천천히 또는 빠르게 지르는 동작이 있다. 처음에는 내력권의 기본형을 먼저 연습하고, 가벼운 동작과 무거운 동작으로 천천히 또는 빠르게 지르는 일반권을 연습하는 것이 좋다. 그런 후에 실전용 내력권을 연습한다.

한 권 지르기를 충분히 연습했으면 삼권 지르기를 한다. 삼권 지르기는 상, 중, 하단 지르기를 하는데 상단과 중단은 한 손씩 지르고, 마지막 하단 지르기를 할 때는 양손 모두 나란히 지른다. 오른손, 왼손 번갈아 가면서 연습한다.

〈2〉 보법(步法)

기천 보법의 기본은 육합단공 자세를 기반으로 한다. 즉 범도보, 금계독립보, 소도보, 대도보, 허공보를 기본바탕으로 한다. 이런 보법으로 일보씩 전진하거나 후퇴하는 것을 외보라 하고, 양발이 교대로 들어가거나 빠지는 것을 좌우보라고 한다. 또 잰걸음으로 움직이는 또르륵보와 비마보(飛馬步)가 있다.

여기서 좀 더 자유로운 몸놀림을 구사하기 위한 삼성보, 마방보 등의 변화보로 발전한다. 이러한 여러 가지 다양한 보법들을 몸에 익히고 나면 틀 없는 자유보로 이어진다. 자유보라고 하여 아무렇게나 움직이는 것은 아니고, 육합단공의 기본자세를 바탕으로 자연스럽게 이루어지는 보법을 말한다.

〈3〉 타권(打拳)

타권은 타권반장을 기반으로 한 수로써 상대의 공격을 휘어잡아 낚아채고 공격하는 기술이다. 상대의 공격수를 낚아채는 동시에 곧바로 턱이나 얼굴 등을 타격하는 반격술(反擊術)로 이어진다. 타권의 기본수는 상대의 공격수를 낚아채는 기술부터 익힌다. 범도에서 앞 손으로 상대의 공격수인 손이나 발을 타권반장으로 낚아챈다. 이때 팔의 움직임이 아닌 몸의 움직임이 되도록 반탄을 잘 써야 한다. 오른발, 왼발로 전진하면서 연습하고 삼성보나 또르륵보도 충분히 연습하여 자유로운 몸짓이 되도록 한다. 기본을 충분히 익힌 후에는 변화되는 여러 가지 응용수까지 익힌다.

타권

〈4〉 칼잽이

칼잽이

칼잽이는 엄지와 검지를 충분히 벌려 상대의 목[울대]을 공격하는 기술이다. 공격하는 손이 상대의 울대를 곧바로 향하지 않고 상대방의 가슴을 타고 올라가다가 목 앞에 이르러 수평으로 울대를 강타한다. 기본수는 엄지와 검지를 크게 벌린 상태로 강하게 타격하지만, 들어간 손으로 울대를 움켜쥐어 숨통을 조르기도 한다.

칼잽이는 조선 시대 죄인의 목에 씌우던 형구인 칼에서 유래된 것으로 이해된다. 엄지와 검지 사이로 목을 타격하거나 울대를 움켜쥐어 상대를 제압하는 모양이 죄인의 목에 씌우던 형구의 칼과 비슷하기 때문이다.

기본수는 범도에서 손바닥으로 상대의 가슴을 타고 올라가 목 앞에서 타격한다. 이때 엄지와 검지를 최대한 벌리고 검지의 안쪽이 상대의 목줄을 타격할 수 있도록 한다. 칼잽이도 오른발, 왼발 교대로 전진하면서 연습하고 삼성보나 마방보, 또는 또르륵보까지 충분히 연습하여 자유로운 몸짓이 되도록 한다. 기본을 충분히 연습하고 나서 여러 가지 변화수를 익힌다. 변화수는 수없이 많을 수 있으며 예를 든다면 앞서 얘기했듯이 손가락으로 상대의 울대를 움켜잡을 수도 있고, 손끝으로 찌르거나 일지권이나 장으로 타격할 수도 있다.

〈5〉 어장법(魚掌法)

어장법

어장법은 어룡장법으로 이어지는 수로써 물고기가 힘차게 꼬리치며 움직이는 형상을 보고 만들어진 수이다. 이 기법은 상대의 공격수를 흘려 받고, 치고 들어가 장(掌)으로 공격하는 기술이다. 이름에서 느낄 수 있듯이 부드러운 동작으로 이어지지만, 그 속에는 강력한 타법이 숨어 있다. 부드러운 흐름 속에 강하게 타격할 수 있는 기천 무술 중 하나이다.

어장법 기본 동작은 범도에서 앞발을 역소도세로 틀면서 양손은 상대의 공격수를 반장결로 쓸어들이며 몸도 함께 틀어준다. 곧바로 상체를 들어 반탄으로 몸을 솟구쳐 올리는 동시에 뒷발이 앞으로 나간다. 이때 양손은 타권의 손등으로 공격수를 걷어내는 동시에 틈을 주지 않고 빠르게 반탄장(槃彈掌)으로 상대의 빈자리를 타격한다. 이 과정에서 여러 가지 변화수가 나올 수 있으나 기본은 크게 3가지 기술이 함축된다. 세 가지 기술이란 상대의 공격수를 받아들이는 수, 걷어내는 수, 타격하는 기술이다.

〈6〉 수낙어각(水落於脚)

수낙어각

수낙어각은 폭포수가 쏟아지는 듯한 손짓과 동시에 폭포수에 맞아 솟구치는 물방울처럼 아래에서 올려 차는 발질이 합쳐진 수이다. 양손으로 위에서부터 아래로 연이어 내리치는 손짓과 동시에 밑에서 위로 쳐올리는 발질로 이루어진다. 수낙어각을 잘 숙달시켜 공격하면 발질의 효능이 신묘한 기술이 된다. 수낙어각을 받는 사람은 눈앞에 펼쳐지는 손짓에 현혹되어 아래에서 올라오는 발실에 속수무책으로 당힐 수밖에 없다.

기본 동작은 범도에서 앞발을 역소도세로 틀면서 양손을 대풍역수 결로 휘감아 내리치며 하반장세에 이른다. 이 자세에서 뒤에 있는 발로 앞쪽을 올려 차는 전행각을 한다. 기본 동작을 충분히 익힌 다음에는 역소도세를 생략하고 손과 발이 동시에 치고, 차는 기술로 수낙어각을 완성한다. 연이어 내리치는 손짓과 올려 차는 발질이 간결하면서도 민첩하고 힘이 있어야 한다.

〈7〉 양각권(兩脚拳)

양각권

양각권은 손발을 동시에 뻗어 차고, 지르는 기술이다. 양각권에서 발질을 뺀 권 지르기를 양권이라고 한다. 양각권이나 양권은 상대방을 기습공격할 때 아주 유용한 기술 중의 하나이다.

기본 동작은 범도에서 손을 안에서 밖으로 얼굴 앞을 감아 돌리면서 발질과 동시에 반대편 권을 힘차게 지른다. 이때 손과 발이 대칭으로 휘감겨 자연스럽게 반탄의 힘이 작용할 수 있도록 한다.

〈8〉 선방법(先防法)

선방법

선방법은 반장 흐름으로 상대의 공격수를 흘려 받고 되받아치는 기술이다. 기본 동작은 양손으로 원 그리기를 하며 뒤따라 들어온 손이 안쪽으로 들어왔다가 되돌아 수도로 치고 나간다. 좌우로 번갈아 연습하고 충분히 연습한 다음에는 두 사람이 마주 서서 한 사람이 권 지르기를 하고 한 사람은 선방법으로 받고 되받아치는 기술을 연마하면서 손에 감각을 익힌다.

〈9〉 월광어수(月光於手)

월광어수

월광어수는 원으로 휘감는 공방술(攻防術)이 둥근 달빛 같다고 하여 붙여진 이름이다. 월광어수는 상대의 공격수를 팔뚝이나 손날로 휘감아 쳐내며 방어와 동시에 공격하는 기술이다. 원의 회전력으로 상대의 공격을 강하게 타격하는 것이 월광어수의 특징이다. 상대의 권이나 발질을 손날이나 팔뚝으로 불꽃이 튀듯 강하게 휘감아 쳐낸다.

기본 동작은 두 발을 모아 선 자세에서 무릎을 굽혀다 일어서면서 양손을 몸 양옆으로 크게 원을 그려 팔뚝으로 친다. 이때 얼굴 앞에서 반대편 손으로 휘두르는 팔뚝을 받아준다. 이때 허리 반탄으로 몸이 앞뒤로 크게 움직여 작용한다. 기본 동작이 숙달되면 범도에서 한 손으로 연습한다. 그다음 두 사람이 마주 서서 한 사람이 죽비나 죽도로 공격하고 한 사람은 월광어수로 죽비나 죽도를 받아친다. 어떠한 타격 술도 쉽게 쳐내고 반격할 수 있도록 여러 자세에서 월광어수를 충분히 숙달시킨다.

〈10〉 양수일권(兩手一拳)

양수일권

양수일권은 두 주먹을 같이 지르는 공격수이다. 이때 한주먹은 목표를 향해 나가고 한주먹은 앞 주먹을 뒤에서 받쳐주는 보조 역할을 한다. 이렇게 어우러진 두 주먹 사이에 머리를 묻어 보호할 수 있도록 한다. 이 수는 상대를 향해 돌진하는 공격술로써 작은 사람이 큰 사람을 상대할 때 유리한 기술이기도 하다.

기본 동작은 오른쪽 권이 나갈 때는 왼쪽 권이 보조하고, 왼쪽 권이 나갈 때는 오른쪽 권이 뒤에서 보조하여 두 주먹을 같이 지른다. 그 가운데에 머리를 숙여 넣어 보호하면서 돌진하는 공격법이다. 처음에는 마법에서 연습하고, 동작이 자연스러워지면 범도에서 소도로 낮게 공격하거나, 금계독립으로 뛰어 들어가면서 높게 공격하는 기술을 연습한다. 그다음 외보, 좌우보, 또르륵보, 삼성보, 사방보 등 여러 가지 보법으로 다양하게 연습한다.

〈11〉 마보역권(馬步力拳)

마보역권은 역근과 반탄을 이용하여 상대를 측면으로 공격해 들어가는 기술이다. 범도에서 반장으로 받으면서 허리를 틀어준다. 곧바로 마보로 들어가면서 틀었던 허리를 되돌리는 반탄 힘으로 권을 지른다. 다시 마법에서 범도 반장으로 받고 마법 자세로 들어가면서 권을 지른다. 왼쪽도 오른쪽과 같은 방법으로 연습한다. 마보역권도 외보와 또르륵보 등 다양한 보법으로 연습하여 자유로운 몸짓이 되도록 한다.

마보역권

〈12〉 소내역권(小內力拳)

소내역권

    소내역권은 몸 안쪽으로 받아주고 역근 된 팔뚝으로 타격하는 기술이다. 즉 안쪽을 트고 들어가는 공격 기술이다. 상대를 빠르고 민첩하게 대응할 수 있는 공격수에서 작은 몸짓으로 강력한 파괴력을 내기에 좋은 기술이다. 반장은 민첩하게 안쪽으로 감아주고 상대방 측면으로 스치고 들어가듯 파고 들어가 팔뚝으로 공격한다.

    기본 동작은 반장을 하고 빠진 손이 곧바로 원을 그려 비틀어 역근 된 팔뚝으로 상대를 공격한다. 처음에는 마법에서 손동작을 충분히 연습한 후 범도에서 소도나 대로로 들어가면서 소내역권을 익힌다. 이렇게 기본을 익히고 나면 외보나 좌우보, 또는 또르륵보와 삼성보, 사방보 등 다양한 보법으로 익혀 언제 어떤 자세에서도 자연스럽게 할 수 있도록 연습하는 것이 좋다.

〈13〉 등타장(藤打掌)

등타장

등타장은 등나무가 큰 나무를 휘감고 올라가듯이 상대를 휘감아 넘어트리거나 타격하는 기술이다. 등타장은 상대방의 몸 깊숙이 파고 들어가 다리로 휘감고 들어가야 한다. 깊게 파고 들어가 감을수록 상대의 균형은 쉽게 무너진다. 만약 깊게 들어가지 못한 상태에서 기술을 걸면 나보다 힘이 강한 상대는 넘기기 어려운 상황이 되고 만다. 등타장을 잘 활용하면 나보다 힘이 센 상대도 쉽게 넘길 수 있는 좋은 기술이다.

기본 동작은 오른발로 감고 들어갈 때는 오른발로 상대방과의 거리를 조절하여 들어가고 왼발이 상대방 위치보다 깊게 들어간 상태에서 오른발로 상대의 하체를 감아 돌린다. 이때 손은 반장 결이나 풍수 결로 들어가면서 상대를 낚아채거나 타격하는 기술이다. 왼발로 감을 때는 이와 반대로 한다.

〈14〉 복호파적(伏虎破寂)

복호파적은 사냥감을 노리며 숲속에 엎드려 있던 호랑이가 정적(靜寂)을 깨고 먹잇감을 향해 뛰쳐나가는 모양과 같다고 하여 붙여진 이름이다. 일명 복호세라고 불리는 허공세에서 몸을 솟구쳐 상체를 뒤로 젖히는 동시에 뒤에 있던 발을 곧게 밀어 차는 발질이다. 이때 양손은 얼굴 앞에서 타권으로 갈라 잡아 위를 방어한다. 발끝으로 공격하는 모양을 보아 일명 복호파족(伏虎破足)이라고도 한다.

복호파적은 땅바닥에 납작 엎드린 허공세에서 갑자기 몸을 솟구쳐 공격하는 발질로써 상대방을 당혹스럽게 할 수 있는 기습적인 공격법이기도 하다. 허공세에서 솟구쳐 올라 깊게 발질하기 위해 상체를 뒤로 젖힐 때 양손은 타권으로 상체를 방어한다.

복호파적

〈15〉 낚시걸이

낚시걸이

낚시걸이는 발목으로 상대의 하체를 후리거나 걸어 넘어트리는 기술이다. 이때 손은 반장 결이나 타권, 어장법 등으로 하체를 후리는 발에 맞추어 상대를 낚아채면서 넘어트리거나 타격한다.

기본 동작은 범도에서 뒤에 있는 발끝을 세워 뒤꿈치를 땅에 대고 원을 그리듯 낮게 차고 들어가 허공세로 몸을 낮추면서 상대의 발목을 후리고 들어간다. 이때 양손은 반장이나 타권, 어장법으로 상대를 낚아챈다.

〈16〉 풍낙어수(風落於手)

풍낙어수

풍낙어수는 양팔을 바람개비처럼 휘감아 돌리면서 연속적인 공격을 쏟아내는 기술이다. 허리 반탄을 이용하여 작은 힘을 써서 큰 힘을 낼 수 있는 기술이다. 주먹이나 손날을 이용하지만 가장 중요한 것은 반탄이다. 자연스럽게 반탄이 나오도록 연습한다.

기본 동작은 범도에서 소도로 들어가면서 오른손을 왼쪽에서 휘감아 돌리고 왼손은 왼쪽에서 오른손을 따라 휘감아 들어갈 때 오른손은 오른쪽에서 다시 한번 휘감아 돌려 공격한다. 두 팔이 연속적으로 주먹이나 손날로 타격한다. 풍낙어수는 대풍역수, 수낙어각, 일보일권 등의 바탕이 되고 연계되는 기술이다.

〈17〉 붙임수

붙임수는 기천 무예에서 매우 중요한 기술 중의 하나이다. 붙임수는 상대의 기술에 맞부딪쳐 대응하는 기술이다. 상대의 몸을 직접 치고 들어가기도 하지만, 허공에 붙여 상대를 자극하여 먼저 움직이게 만들기도 한다. 어느 경우든 붙임수는 여러 가지 기천 무술을 사용하기 위해서 상대를 공략하는 기술이다.

기본 동작은 범도에서 소도로 들어가면서 반장결로 앞 손을 찌르듯이 밀고 들어간다. 왼손 역시 오른손과 마찬가지이다. 외보, 좌우보, 또르륵보 등 다양한 보법과 다양한 자세에서 구사할 수 있다.

붙임수

⟨18⟩ 월야차(月夜叉)

월야차

야차는 불교에서 이야기하는 천상의 팔부신장 중 하나를 말한다. 하늘을 날아다니며 사람을 잡아먹고 상해를 입힌다는 사나운 귀신이다. 모습이 추악하고 잔인한 귀신이다. 월야차는 밤도깨비 정도로 이해하면 좋을 것 같다.

월야차는 이름과 같이 잔인하고 무서운 공격법이다. 앞에서 펄쩍펄쩍 뛰던 사람이 갑자기 몸을 낮춰 시야에서 사라지면서 넘어트리는 공격법이다. 이때 넘어지는 상대는 하체가 들리면서 머리부터 땅에 떨어질 가능성이 크다. 넘어지는 과정에서 어떤 공격이 더해질지도 모른다. 상대가 넘어지는 동시에 낮췄던 몸을 다시 솟구쳤다가 떨어지면서 상대의 가슴이나 머리를 밟을 수도 있는 무섭고 잔인한 기술이다.

월야차의 기본은 자연스럽게 몸을 추수려 허공추로 뛰어올랐다가 앉으면서 앞에 뻗은 다리로 상대방 뒤쪽을 걸고, 떨어지는 상체로 상대를 밀어 넘어트린다. 이때 양손으로 다양한 공격이 더해진다. 이렇게 앞에서 어른거리다가 몸을 날려 떨어지는 모습이 마치 순식간에 시야에서 없어지는 듯하다. 이때 앞뒤로 몸이 걸려 있으니, 속수무책으로 나뒹굴 수밖에 없다. 당하는 사람은 어떻게 당하는지도 모르게 몸이 허공에 붕 떴다가 떨어지고 만다. 이름과 같이 밤도깨비의 장난 같은 수이다.

〈19〉 각법(脚法)

각법이란 발질을 말한다. 기천 무예의 발질은 다양하지만 기본 발질은 전행각, 상행각, 외행각, 내행각, 측각행, 후행각, 하돌개, 중돌개, 상돌개가 있다. 이와 같은 9가지의 기본 발질을 바탕으로 이월각, 비연각, 광견각, 삼수각 등 여러 가지 변화된 발질로 다양하다. 한 수씩 정확하게 연습한 후 여러 가지 수를 뒤섞어 활용하도록 한다.

(3) 칠보절권(七寶絕拳)

칠보절권은 단수와 함께 기천 무예의 보물 같은 기법들이며 기본 7수가 있다. 간결하면서도 화려하고 강력한 수들이다. 기천 무예의 특성이 가장 두드러진 독특하면서도 매력적인 절기(絕技)들이다.

칠보절권은 기천 기본단수를 익힌 후 공인 과정에서 배우게 된다. 기천 무예의 꽃이라고 할 수 있는 보배로운 기술들이다. 한수 한수를 정성으로 익힌다면 기천 무예의 진가를 몸으로 직접 체득할 수 있는 좋은 기술이 될 것이다.

〈1〉 풍수(風手)

풍수

풍수는 칠보절권 중에서 가장 중심이 되는 기술이다. 풍수는 칠보절권 어느 수와도 잘 어우러진다. 풍수는 방어와 공격이 한 몸을 이루며, 칠보절권의 시작과 끝을 모두 담고 있다. 풍수 몸짓 하나로 자연스럽게 몸을 지키고 공격할 수 있는 완벽한 기술이기도 하다. 또 긴장된 몸을 풀어주고 이완시키는데도 매우 효과적이다.

기본 동작은 양팔을 번갈아 안에서 밖으로 원을 그려 돌려준다. 마치 바람개비가 돌아가는 형상과 같다. 그래서 풍수라는 이름을 가졌다. 처음에는 자연스럽게 서서 팔만 움직여 연습하고 팔 동작이 자연스러워지면 마법 자세에서 몸을 조금씩 좌우로 흔들어 주면서 팔을 돌려준다.

그다음은 자연스럽게 다리를 움직여 여러 가지 기천 보법을 응용하여 다양한 자세로 양팔을 자유롭게 돌릴 수 있도록 연습한다. 이 연습만으로도 몸이 잘 풀어지고, 균형감각과 민첩성이 좋아지는 효과가 있다.

풍수의 기본자세는 범도에서 앞 손을 크게 감아 돌리고 연이어 뒷손을 감아 돌리는 동시에 먼저 감았던 앞 손을 뻗어 장(掌)으로 타격한다. 양손 어느 쪽으로도 가능하다. 처음에는 한 수씩 연습하고, 외보와 좌우보, 또르륵보 등을 응용하여 다양한 자세로 익힌다.

〈2〉 대풍역수(大風力手)

대풍역수

대풍역수는 상대를 정면으로 치고 들어가는 매우 적극적인 공격 기술이다. 타격과 동시에 상대를 감아 넘길 수도 있는 기술로써 상대에게 치명타를 줄 수도 있다. 칠보절권 7수 중에서 가장 적극적인 공격술이기도 하다.

기본 동작은 오른손을 왼쪽 얼굴 옆으로 크게 감아 돌려 앞으로 뻗는다. 왼손은 팔꿈치를 굽혀 왼쪽 얼굴 옆에서 오른손의 궤도를 따라 원으로 뻗는다. 이때 먼저 공격했던 오른손은 뒤로 빠졌다가 왼손이 정면 정점에 도달했다가 되돌아올 때 허리를 틀어 팔뚝으로 정면을 향해 사선으로 내리쳐 타격한다. 왼손 공격은 오른손과 정반대의 같은 동작이다.

처음에는 마법 자세에서 손동작만 연습한다. 손동작이 익숙해지면 대도에서 허공으로 연습하여 허리를 중심으로 반탄을 쓸 수 있는 기술을 몸에 익힌다. 그다음 범도에서 소도로 나가면서 대풍역수의 기본기를 연습하고 익힌다. 그다음은 전행각 대풍역수, 또르륵 대풍역수, 삼성보 대풍역수, 둘둘말이 대풍역수 등 다양한 대풍역수의 변화수를 익히도록 한다.

대풍역수 한 수만 잘 익혀도 기천 무예에 눈이 뜨일 만큼 무예인으로서 성숙해질 수 있는 기술이다. 대풍역수가 익혀지면 다양한 공방(攻防) 기술을 연습한다. 필자의 사부인 대하 박사규 진인은 대양 박정용 상인에게 대풍역수를 배우면서 "사부님! 대풍역수한 수만 해도 무예의 한 문파를 내고도 남겠습니다."라고 감탄했었다는 말을 여러 번 들려주었다.

〈3〉 일보일권(一步一拳)

일보일권

일보일권은 일보에 일 권을 살린다는 의미이다. 단순하게 일보에 일 권만을 지르는 기술이 아니다. 상대와 가까이 붙었을 때 방어와 공격에 용이한 기술이다. 손의 흐름이 빗발치는 화살을 쳐내는 검날같이 돌아간다. 양 손날로 민첩하게 상대의 공격수를 쳐내고 빈틈을 찾아 일 권을 지른다.

기본 동작은 대풍역수와 같이 오른손을 왼쪽 얼굴 옆으로 크게 감아 놀려 앞으로 뻗어 공격한다. 이때 왼손은 왼쪽 얼굴 옆에서 팔꿈치를 굽혀 작은 원으로 시작하여 오른손의 궤도를 따라 크게 뻗어나간다. 이와 동시에 앞서 1차로 공격했던 오른손 권이 아래쪽에서 정면을 향해 지른다. 즉 오른손 왼손 오른손이 물레방아 돌아가듯 원을 그리며 연이어 공격하는 기술이다. 방어와 공격이 동시에 이루어져 가까이 있는 상대를 대하기에 좋은 기술이다. 왼손은 오른손과 정반대로 같다.

처음에는 마법 자세에서 손동작만 익히고 손동작이 익숙해지면 육합단공 모든 자세에서 익힌다. 정지된 육합단공 자세에서 동작을 익힌 다음 다양한 기천 보법과 함께 여러 가지 움직이는 동작에서도 몸에 익숙해지도록 연습한다. 처음에는 허리 반탄과 함께 큰 동작으로 익히고 숙달되면 작고 민첩한 동작이 필요하다. 그리고 두 사람이 마주하여 갑을 대련으로 충분히 몸에 익히도록 한다.

〈4〉 일보이권(一步二拳)

일보이권

일보이권은 일보에 손과 발을 동시에 쓴다는 의미이다. 상대방의 공격수를 쳐 내리고 걸어 올리며 들어가 발질과 함께 권을 지르는 기술이다. 일보이권의 기술이 익혀지면 실제 쓰임에 있어서는 일보이권 수의 일부만 쓰거나 순서가 바뀌면서 변화된 수를 쓰기에 용이하다. 변화수는 상대의 공격수를 쉽게 무산시키면서 반격하기 좋은 기술이 된다.

기본 동작은 앞 손으로 아래를 쳐 내리고 이어서 빠른 반장 집기 결로 양손을 걸어 올리면서 숙였던 상체를 띄우는 동시에 앞발로 차고 앞으로 나아간다. 발이 땅에 닿는 순간 마법으로 몸을 낮추면서 깊게 권을 지른다. 왼쪽도 오른쪽과 반대로 같은 동작으로 연습한다.

〈5〉 일보삼권(一步三拳)

일보삼권은 정면에서 연타를 날리고 연이어 몸을 비틀어 양손을 아래에서 위로 솟구쳐 올리면서 상대를 강타하는 기술이다. 상대의 공격수를 반장으로 가볍게 받아주고 곧바로 양손이 연타로 공격한다. 연이어 양손을 휘감아 아래에서 위쪽으로 쳐올린다. 방어와 공격이 하나로 어우러진 기술로써 일보삼권의 변화수는 매우 다양하게 펼쳐진다. 빠른 반격 기술로 쓰이기도 하고, 낮게 파고 들어가 상대를 들어 올려 업어치기 할 수도 있다.

기본 동작은 범도 반장에서 앞 손(오른손)을 반장결로 당겼다가 정면을 치고 연이어

뒷손을 일지권으로 지른다. 여기서 멈추지 않고 동시에 양손이 풍수결로 감아 돌려 아래에서부터 위쪽으로 쳐올린다. 처음에는 마법 자세에서 손 모양만 익히고 다음에는 범도에서 소도로 이동하면서 좀 더 강력한 힘을 낼 수 있는 자세로 바꿔 연습한다.

일보삼권

⟨6⟩ 금화장(金華掌)

금화장

　금화장은 손 모양이 피어나는 꽃송이 같아 붙여진 이름이다. 들어 올린 손 모양은 타권반장으로 아직 피지 않은 꽃망울 같으나, 공격할 때는 꽃망울이 터져 활짝 핀 꽃잎처럼 손가락이 펴지면서 파석장(破石掌)이나 흡혈장(吸血掌)으로 공격하는 기술이다. 혹은 금와장(金蛙掌)이라고도 한다. 이는 손목으로 감아치는 모양이 개구리 같아 붙여진 이름이 아닐까 생각한다.

기본 동작은 양손을 어장법 결로 쓸어들였다가 앞 손[오른손]을 앞으로 뻗어 상대의 머리채를 낚아채듯 타권반장으로 끌어들이면서 뒷손[왼손]은 대풍역수 결로 수도로 공격한다. 쉬지 않고 연이어서 타권반장으로 끌어들인 오른손을 펴면서 장(掌)으로 공격한다. 왼손도 오른손과 반대로 연습한다. 처음에는 마법에서 손 모양만 익히고, 손 모양이 익숙해지면 범도, 소도, 대도세 등 다양하게 연습한다. 그리고 범도에서 소도로 들어가면서 연습하고, 소도에서 소도로 또는 금계독립세에서 소도세로 들어가는 방식으로 다양한 보법을 이용하여 연습한다.

〈7〉 비연수(飛燕手)

비연수

비연수는 나는 돌 제비처럼 민첩하고 날쌔게 몸을 회전시켜 양팔과 발로 상대를 공격하는 기술이다. 나는 제비의 몸짓은 민첩하고 날쌘 비상 기술이 돋보인다. 제비의 날랜 몸짓은 작은 몸을 천적으로부터 보호하고 날렵하게 먹이를 낚아채는 능력이 있다. 비연수는 이런 돌 제비의 날렵한 몸짓과 같이 민첩하고 날쌔게 상대를 공격하는 기술이다.

기본 동작은 범도(오른쪽 범도) 세에서 앞 손(오른손)을 밖으로 뻗어 원을 그리고 왼발이 앞으로 나가면서 왼손을 뻗어 반장 결로 감아 돌린다. 여기서 멈추지 않고 오른발이 다시 한번 앞으로 나가면서 몸을 360° 회전시켜 들어가면서 다시 오른손을 뻗어 반장으로 받고 왼손 팔뚝으로 소내역권 결로 공격한다. 뒤쪽을 향한 왼쪽 공격도 손과 발동작만 반대로 같은 방식이다. 전후 방향으로 이어지는 기본 동작이 숙달되면 여러 방향과 보법으로 자유롭게 변화시켜 연습한다. 어느 방향 어떤 자세에서도 자유자재로 공격할 수 있는 역량이 되도록 숙달시킨다.

(4) 연결수(連結手)

연결수는 여러 가지 단수와 칠보절권을 바탕으로 다양한 변화수가 연결된 수이다. 단순하게 단수나 칠보절권만 나열한 수가 아니며, 모든 연결수는 각각 그에 맞는 뜻과 철학적 의미가 담긴 몸짓이라고 할 수 있다. 연결수는 행인, 공인, 정인 과정별로 다양하다. 행인 연결수, 공인 연결수, 대풍격공, 대풍역수 연결수, 일보삼권 연결수, 일보이권 연결수, 풍수 연결수, 칠보절권 연결수 등 많은 수가 있다. 여기서는 기천에서 가장 대표 격이라 할 수 있는 기천 삼수와 천강권, 어룡장을 소개한다.

〈1〉 기천 삼수(氣天 三手)

기천 삼수는 천룡수, 천여수, 천라수를 이르는 말이다. 천룡수, 천여수, 천라수는 각각의 특성이 있다. 이 삼수는 기천 몸짓의 꽃이라고 할 만큼 화려하고 강력하다. 하나하나의 동작이 야무지고 강하면서도 전체 흐름은 우아하고 아름답다. 연결수 안에 내재 된 하나하나의 수들은 칠보절권이 핵심을 이루며, 매우 독특하고 매력적인 술기(術技)들로 채워졌다.

기천 삼수는 기천 무예(武藝)를 춤으로 승화시키는 상승 무예의 기반을 이룬다. 여러 가지 수들이 서로 연결되어 표현되는 흐름은 기운을 듬뿍 머금은 몸짓으로 하나의 춤사위 같기도 하다. 자신의 기량을 뽐내고 드러내는 기천 무예의 대표적인 몸짓이다.

〈1-1〉 천룡수(天龍手)

천룡수는 마치 용이 하늘로 승천하는 모습과 같다고 하여 붙여진 이름이다. 잠룡(潛龍)이 비상하여 승천하듯 몸 안에 응축된 에너지를 한꺼번에 뿜어내며 힘찬 몸짓으로 무예의 기량을 펼치는 수이다. 하나하나의 무술 동작들로 어우러진 연결수라 할 수 있다.

천룡수는 고요히 정지된 자세에서 하늘을 가르는 기세의 파천장(破天掌)으로 시작한다. 이어서 금화장, 일보삼권, 소내역권, 풍수, 호권장을 펼치고, 몸을 날려 금화장으로 깊게 치고 들어가 양권과 원반법으로 마무리한다. 천룡수는 화려하고 강력하며 아름다운 몸짓이 마치 용이 꿈틀대며 하늘로 승천하는 기세와도 같다. 천룡수는 기천 1수라고도 한다.

천룡수를 배울 때는 먼저 연결되는 각각의 수를 이해하고 익히는 것이 중요하다. 연결수를 익히고 나면 수의 완급, 강약 조절로 연결수에 리듬감을 주는 것 또한 중요하다. 그다음 마지막으로 추상적인 감정 이입까지 시켜 자기만의 독특한 천룡수를 완성할 수 있다. 수를 펼칠 때 감정 이입을 하려면 반드시 그 수가 몸에 익어 강약, 완급 조절은 물론 자세의 높고 낮음과 깊고 얕음까지 자유자재해야 한다.

추상적인 감정 이입이란 천룡수를 표현하는 몸짓에 천룡의 이미지를 실어주는 것이다. 즉 완급, 강약 조절까지 자유자재하게 익힌 몸짓에 자기만의 마음[혼]을 불어넣는 것이다. 고요히 숨죽이고 있던 잠룡이 큰 기운을 폭발하면서 하늘로 날아오르는 천용과 같은 감정을 이입시켜 몸짓으로 표현한다. 이렇게 하면 같은 수라도 각자의 마음 따라 특색이 다르고, 여러 가지 자태로 아름답게 펼쳐낼 수 있다.

〈1-2〉 천여수(天如手)

천여수는 승천한 용이 여의주를 입에 물고 하늘과 하나 되어 온갖 재주를 부리듯 자유자재한 몸짓으로 자신의 기량을 드러내는 수이다.

천여수는 고요히 정지된 자세에서 전광석화처럼 빠르게 움직여 맨손으로 검날을 잡는다는 합궁장(合宮掌)으로 시작한다. 이어서 금계타권, 낚시걸이 오금치기, 낚시걸이 소내역권, 금계돌권(金鷄突拳), 또르륵 집기, 상박권, 풍낙어수, 일보일권, 일보이권, 금계 소내역권, 마보 상박권, 금계집기, 오금치기 등 다양한 기천의 고급 기술들이 화려하게 펼친다. 천여수는 승천한 용이 하늘과 하나 되어 자유자재로 온갖 조화를 부리는 형상과도 같다고 하여 붙여진 이름이다. 이것을 기천 2수라고도 한다.

천여수도 천룡수와 마찬가지로 연결되는 각각의 수를 이해하고 익히는 것이 중요하다.

또한 연결수를 익히고 나면 수에 완급, 강약 조절로 리듬감을 갖춘다. 그런 다음 여기서도 추상적인 감정 이입으로 자기만의 독특한 천여수를 완성한다.

천여수의 감정 이입이란 천룡이 하늘에서 자유자재로 갖가지 재주를 부리는 형상적 의미를 실어주는 것이다. 다양한 기천 무술의 기량을 마음껏 드러내 보이면서 승천한 용이 하늘에서 재주를 부리는 기세로 자신감 넘치는 화려한 몸짓을 펼쳐준다. 이때 천여수 또한 각 개인에 따라 독특한 양상으로 다양하게 표현할 수 있을 것이다.

〈1-3〉 천라수(天羅手)

천라는 악인을 잡기 위해 하늘에 쳐 놓은 그물을 일컫는 말로써 천라지망(天羅地網)에서 온 말이다. 천라지망은 하늘에도 그물요, 땅에도 그물이 있다는 뜻으로써 어떤 경우에도 벗어날 수 없는 경계망이나 피할 수 없는 재액(災厄)을 뜻한다. 천라수는 그물에 걸려 누구도 빠져나가지 못하도록 하는 진법(陣法)처럼 상대를 꼼짝 못하게 만드는 강력한 수이다. 천라수는 우아하고 멋진 흐름으로 기천 삼수의 꽃이라고 할만하다.

천라수는 반장집기로 시작하여 둘둘말이 대풍역수로 돌진하면서 회전 돌려차기(3수 발차기) 발질과 함께 강력하게 기선제압 할 수 있는 기술이 먼저 펼쳐진다. 곧바로 강한 장법(掌法)과 함께 상대의 공격수를 되받아 꺾으면서 둘둘말이 금계집기로 이어지고, 몸을 날려 손날치기를 하며 허공추로 뒤돌아 방향을 바꾼다. 이어 숨 쉴 틈을 주지 않고 밤도깨비처럼 신출귀몰한 월야차로 뛰어 들어가 감아 넘긴다. 그리고 둘둘말이 범도법으로 잠시 자세를 가다듬은 후 붙임수 덩굴법과 집기 전행각으로 매섭게 몰아붙인다. 다시 뒤돌아서면서 상박권, 풍낙어수, 월광어수, 비연수를 여러 방향으로 숨 쉴 겨를 없이 빠르게 쏟아낸다. 그리고 전행각, 후행각, 외행각 등 다양한 발질과 함께 허공 둘둘말이로 감아 장법으로 마무리하는 강력하면서 야무진 연결수이다. 이것을 기천 3수라고도 한다.

천라수 역시 연결되는 개별적 수의 개념을 잘 이해하고 익히는 것이 무엇보다 중요하다. 그다음은 연결수의 강약, 완급의 리듬감을 살려 천라수 전체의 흐름을 익혀야 한다. 천라수의 연결 흐름이 완성되면 마지막에는 혼[마음을 불어넣어 자신만의 천라수를 완성한다. 혼이란 자기만의 감정 이입을 시켜 천라수 흐름에 기운을 불어넣는 것을 말한다.

천라수에 어울리는 감정 이입은 천라의 의미에 부응해야 한다. 즉 천라수에 들어온 상대는 누구도 꼼짝 못 하게 만들 수 있어야 한다. 천라수는 악인을 잡는 그물을 펼치듯 빈틈없이 공격수를 구사하는 느낌이어야 한다. 어떤 경우라도 빠져나가지 못하도록 신중하게 움직이되 공격할 때는 숨 쉴 틈도 주지 말고 몰아치는 역동성과 함께 경계와 긴장감이 감도는 수를 펼치도록 한다. 천라의 의미가 수에서 느껴지도록 한다. 이때 천라수는 자신만의 독특한 흐름으로 살아날 수 있을 것이다.

〈2〉 천강권(天罡拳)

천강권의 본래 이름은 천강암연투응권(天罡巖燕鬪鷹拳)이다. 천강이란 북두칠성을 의미하며, 암연투응이란 작은 돌 제비가 천적인 매와 맞붙어 싸우는 형상을 말한다. 천강권은 이를 본뜬 권법을 뜻한다. 제비를 매와 비교해 보면 비록 몸집은 작고 연약하지만, 날쌔기가 화살 같고, 민첩하게 나는 모습은 좁은 계곡 급물살처럼 변화무쌍하다. 급상승과 급하강, 급선회로 자유자재한 돌 제비의 날쌘 모습은 송골매의 넋을 쏙 빼기에 충분하다. 이렇게 날쌘 돌 제비가 기습 공격하는 모습을 상상해 보라. 천강권은 날쌘 제비처럼 가벼운 몸놀림 속에 변화무쌍한 다양한 수가 간결하게 펼쳐진다.

천강권은 제비처럼 민첩한 몸놀림으로 날렵하게 상대를 제압하는 기천의 고급 연결수이다. 고급 수란 지금까지 이야기한 여타의 기천수와는 다른 차원의 강한 상승무공의 술기를 말한다. 보법이 통통 튀듯 가볍고 빠르게 움직이며 몸짓의 방향은 예측 불가하다. 주요 술기는 손끝과 손날이 펼치는 다양한 수로 상대의 급소를 날카롭게 공격하는 기술들이다. 이런 수를 쓰기 위해서는 반드시 이에 상응한 내공이 있어야만 한다. 내공과 외공을 겸비한 것이 바로 천강권의 생명이요, 핵심 요결이다.

천강권은 반탄신공으로 내공을 드러내는 기공법으로 시작한다. 이어서 참새처럼 가볍게 통통 튀는 듯한 보법과 특이한 천강 반장과 함께 제비처럼 가볍고 날렵한 몸짓이 펼쳐진다. 권도 제비 모양으로 만들어 민첩하게 뒤돌아 상대의 급소를 기습적으로 치고, 반장 집기로 결정타를 날린다. 또다시 빠르게 몸을 되돌려 일보일권을 손끝으로 찌른 후 낚아채면서 허공세로 뒤돌아 빠지는 동시에 상대를 감아서 넘어트린다. 곧바로 전광석화처럼 몸을 재빠르게 되돌려 전후로 천강사선치기, 이월각 소내역권, 상박권, 연두권(燕頭拳), 월광내권, 반탄장 등 다양한 수들을 연이어 쏟아낸다. 이어서 좌우 손날치기로 돌격한 다음 손날로 좌우 화랑과 역화랑결로 외수와 양수로 연이어 공격수를 펼친다. 이어서 깊게 뛰어들면서 소도역권을 펼치고 되돌아 연타로 수낙차와 호권으로 아울러 손끝으로 일 권을 지른다. 이런 본류를 바탕으로 외전으로 전해지는 천강 반장권, 연비권, 유연권 등 몇 수가 더해져 강력하고 화려한 기천 무예의 매력을 듬뿍 담아내고 있다.

천강권은 상승 무예의 기법으로써 몸을 가볍게 통통 튀는 듯한 보법과 간결한 몸짓이 특징적이다. 또 기천 특유의 크고 강력한 원의 흐름이 짧고 빠른 간결한 동작으로 변화된 것을 알 수 있다. 이런 기술을 쓰기 위해서는 반드시 그에 맞는 내공이 갖춰져야만 한다. 공력을 쌓기 위해서는 천강권에 합당한 내공 수련이 필요하다. 천강권 내공 수련을 위해서는 먼저 기천 4대 기공법인 반탄신공, 용틀임, 개운기공, 오공탄지법을 기반으로 한 기본적인 내공 수련이 이루어져야 한다. 그 바탕에 손목 단련, 전신(특히 사지) 근력 단련, 손가락 단련, 수도 단련, 팔뚝 단련, 정강이 단련 등의 내·외공 수련을 집중적으로 해야만 한다.

〈3〉 어룡장(魚龍掌)

어룡장의 본래 명칭은 "어룡장 도법"이라고 한다. 어룡장은 힘차게 내젓는 용 꼬리의 움직임을 형상화한 수법이다. 물고기 꼬리의 움직임을 참고하여 힘찬 용 꼬리 움직임을 상상하면 좋을 것 같다. 용은 에너지가 솟구치는 양기의 표상이다.

어룡장은 상대에게 깊은 내상을 입힐 수 있는 내공 무술로써, 내공이 없으면 쉽게 구사하기 어려운 상승 무술이다. 천강권의 기본은 대풍역수로써 매섭고 맹렬한 공법이지만, 어룡장은 용틀임을 기본으로 한 부드러운 공법이 주가 된다. 용틀임이 바로 어룡장의 핵심 공법임을 이해하는 것 또한 중요하다.

대양 상인께서 어룡장을 설명하는 가운데 맹렬함을 이길 수 있는 것은 고요함이요,

고요함을 이길 수 있는 것은 더 강한 맹렬함이라고 했다. 이 말의 의미는 무술에서 강렬함과 부드러움은 결코 우열을 가릴 수 있는 것이 아니라, 서로 다른 특성의 기술이라는 말씀으로 이해된다. 실제 기천의 천강권과 어룡장이 바로 이를 대변해 준다. 강렬한 천강권과 부드러운 어룡장법은 음양으로 짝을 이룬 기천 상승 무술이다. 이 두 수를 맞대어 놓고 우열을 가리려는 생각 자체가 어리석은 짓이다. 칠보절권을 바탕으로 천강권과 어룡장까지 몸에 익힌다면, 기천 무예를 한 몸에 담아내는 기천 무예인이 되기에 손색이 없을 것이다.

어룡장은 부드러우면서 강렬한 용틀임으로 시작한다. 부드럽게 내공의 몸짓을 이어가다가 강한 용신탄공(龍神彈功)을 펼치고, 또다시 물 흐르듯 부드럽게 흘러가던 수가 용미탄공(龍尾彈功)으로 강하게 솟구쳐 오르며 상대를 제압한다. 마지막 장은 고요히 흐르는 가운데 칠성두리법으로 마무리된다. 이와 같이 어룡장은 용틀임처럼 부드러운 흐름 속에 반탄신공 같은 강력한 몸짓으로 상대에게 큰 타격을 줄 수 있는 묘수이다.

Ⅵ. 단법(丹法)

말이나 글에 집착하지 말고
몸으로 수행하라

1. 옛날부터 전해져온 단수련법(丹修練法)
2. 생명과 호흡
3. 단전호흡
    (1) 기로 호흡하는 단전호흡 원리
    (2) 단전호흡에 담긴 건강과 깨달음의 원리
4. 단전
5. 단전호흡 수련법
    (1) 단전호흡 준비 과정
    (2) 단전호흡 기초 과정
    (3) 심기단법(心氣丹法)
    (4) 원기단법(元氣丹法)
    (5) 천공 호흡법
    (6) 원양진기단법(元陽眞氣丹法)

Ⅵ. 단법(丹法)

단법이란 몸에 기를 살리고 운용하는 수련법을 말한다. 몸에 기를 보듬어 살리고 나아가 기[생명]의 본성을 깨달아 자신의 무한한 존재성을 확립하는 법이다. 이때 모든 존재가 근원에서 하나임을 알고 보듬는 참 생명의 주인으로 거듭날 수 있다.

그래서 우리는 한민족이다. 한민족을 단군의 핏줄로 이어온 단일민족이라는 생각은 매우 피상적인 논리에 지나지 않는다. 우리는 모두가 하나임을 깨닫고 하나로 살아가는 지혜를 알고 가르쳤던 민족이다. 이것이 바로 한민족 선도이다. 여기에 단법이 있다. 기는 생명의 바탕으로써 생명은 기로 움직이고 작용한다. 고로 기를 살리고 운용하는 단법은 바로 생명을 살리고 보듬는 법이라 할 수 있다.

1. 옛날부터 전해져온 단수련법(丹修練法)

단 수련은 예부터 전해지는 선도수련의 한 맥이다. 우리나라에 전해지는 단 수련에 대한 대표적인 서적으로는 16세기 북창 정렴이 쓴 용호비결이 있다. 이 책에서 설명하는 단 수련의 핵심은 바로 단전호흡이다. 이 책에 단전호흡이란 용어는 없지만 단 수련을 설명하는 요지가 바로 단전호흡이란 것을 알 수 있다. 근래 이 책이 알려지면서 단전호흡이 대중적으로 널리 퍼지는 계기가 되었다. 요즈음 널리 알려진 단전호흡은 옛날부터 전해져 오는 단 수련법의 핵심 내용임을 이해할 필요가 있다.

근래 단전호흡에 대한 서적이나 수련단체가 많지만, 단전호흡에 대한 이론은 저마다 다르고 일관성이 없다 보니 사람들을 더욱 혼란스럽게 만든다. 이런 상황은 북창이 살았던 16세기에도 비슷했었나 보다. 그때나 지금이나 사람들은 단전호흡을 통해 기를 살려 몸과 마음을 건강하게 하는 실질적인 내용보다는 환상과 망상에 빠지거나, 신통묘법에 관심을 갖고 엉뚱한 꿈을 꾸는 것 같다.

16세기 북창 정렴[1506년~1549년] 선생이 쓴 용호비결 서문을 보면 다음과 같다.

단(丹) 수련은 지극히 간단하고 쉬운 일인데, 이에 대한 글이 소나 말에 가득 싣고 집을 채울 정도이다. 또 그 언어가 실상을 넘어 황홀난료(恍惚難了)하다. 고로 고금에 수행하는 이들이 이해하고 손대기조차 힘들어 장생(長生)을 구하려다 오히려 요절(夭折)하는 이가 많다. 그중에 참동계(參同契)는 참다운 단(丹) 수련서의 비조(鼻祖)라고 할만하나, 천지를 괘효(卦爻)로 설명하고 있어 처음 입문하는 사람은 그 내용을 이해하기가 어렵다. 이에 입문자들이 단 수련에 대해 쉽게 알 수 있도록 장을 나누어 설명하고자 한다. 만약 깨달음이 있다면 한마디 말로도 족할 것이다. 수행하는 사람들이 처음 시작해야 하는 것은 폐기(閉氣)이다.

이것이 소위 한마디 요결이며 지극히 간단하고 쉬운 도이다. 옛사람들은 대개 이를 숨기어 잘 드러내지 않고, 말하려 하지 않았다. 고로 사람들은 기초적인 방도를 알지 못했고, 단을 수련하는 것이 기로 숨 쉬는 것에 있다는 것도 알지 못했다. 이것 이외 금석(金石)에서 그 법을 구하려 하고, 장생에 욕심을 부리다가 오히려 요절하니 애달픈 일이로다.

修丹之道 至簡至易, 而今其爲書 汗牛馬充棟宇. 且其言語太涉 恍惚難了,
故古今學者 不知下手之方, 欲得長生 反致夭折者 多矣.
至於參同契一篇 實丹學之鼻祖, 顧亦參天地 比卦爻 有比初學之所能蠡測.
今述其切於入門而易知者若干章, 若能了悟則一言足矣. 蓋下手之初 閉氣而已

此所謂一言之訣 至簡至易之道, 古人皆秘此而不出 不欲便言. 故人未知下手 之方 不知修丹於氣息之中, 而外求於金石 欲得長生 反致夭折 哀哉.[18]

이렇게 시작된 용호비결은 폐기(閉氣), 태식(胎息), 주천화후(周天火候)를 단 수련법의 요결로 제시하고 있다. 그러나 오늘날 폐기와 태식, 주천화후라는 용어마저도 사람마다 다르게 이해하는 실정이다. 용호비결 책에서 말한 기로 숨 쉬는 것이 단 수련의 요결이라는 말과 함께 폐기, 태식, 주천화후는 요즈음 우리가 알고 있는 단전호흡을 설명하는 말로 이해할 수 있다.

용호비결 책에 단전호흡이란 용어는 없다. 그렇다면 그 당시 단전호흡이란 말을 사용치 않았던 것은 아닌가 생각된다. 용호비결에서는 수단지도(修丹之道)라 했다. 다시

---

18 정렴저, 서해진편역, 『용호비결·龍虎秘決』, 비나리, 2001, 덧붙임1 〈용호비결〉원문, 295쪽.

말해 단(丹)을 수련하는 요결이 바로 기로 숨 쉬는 것이며, 구체적인 방법이 폐기, 태식, 주천화후라는 것이다.

동의보감에서도 호흡의 근원은 기[氣爲呼吸之根]라고 했다. 호흡은 최초 어머니 뱃속에서 탯줄로 연결되어 시작되고, 탄생과 더불어 탯줄이 잘릴 때 일점신령지기(一點神靈之氣·한점 신령한 기운)가 제하(臍下·배꼽 아래)에 모인다고 했다.[19] 일점신령지기란 생명의 불씨인 정기를 말한다. 어머니와 탯줄로 연결되었던 생명줄이 끊어지면서 생명의 불씨가 배꼽 아래 모인다는 것이다. 이곳이 바로 단전이다. 단전에 모인 정기를 보듬어 살리는 것이 수단지도(修丹之道·단 수련법)이다.

용호비결 책에서 폐기(閉氣)란 복기(伏氣) 또는 누기(累氣)라고 친절하게 풀어 설명했다. 폐기는 기가 빠져나가지 못하게 막아 세우라는 뜻이요, 복기란 기를 엎드리게 하고 숨기라는 뜻이며, 누기란 기를 붙잡아 매라는 뜻이다. 이는 단전에 기를 모아 기르라는 말과 같다. 북창 선생이 기(氣)로 숨 쉬는 가운데 단 수련이 있음을 사람들이 모른다고 안타까워하는 구절 또한 놓쳐서는 안 될 말이다. 이 말들을 조합해 보면 단 수련의 핵심이 바로 단전호흡이다. 단전에 기를 모으고 기르는 숨이 곧 단전호흡이다. 이것이 바로 용호비결 책에서 말하는 폐기(閉氣)이다.

태식(胎息)은 무엇을 뜻하는가? 단전호흡이 아닌 일반 호흡을 하는 사람은 모두 가슴으로 숨이 들고 난다. 이런 사람은 숨 쉬는 것을 모두 가슴을 통해 느낀다. 단전호흡이 자리 잡혀 기를 느끼는 사람만이 단전에 숨이 들고 나는 것을 느낄 수 있다. 마치 배꼽에 호스를 꽂아 놓고 숨 쉬는 느낌과도 같다. 옛사람은 이 느낌을 태식(胎息)이라고 말한 것으로 이해된다. 얼마나 멋진 표현인가? 참으로 멋지고 아름다운 문학적 표현이 아닐 수 없다. 태식은 바로 단전호흡이 무르익은 상태를 표현한 말로 이해된다. 태식을 직역한 의미로 이해하여 엉뚱하고 어리석게 말에 매이면 곤란하다. 혹자는 실제 단전호흡이 깊어지면 폐호흡을 그치고 어머니 뱃속에서 하던 탯줄 호흡을 한다고 믿는다. 이 얼마나 어처구니없는 노릇인가?

주천화후(周天火候)는 임·독 맥을 열어 따뜻한 화기를 온몸에 두루 돌리라는 말이다. 태식을 느낄 만큼 단전호흡이 무르익으면 단전으로부터 따뜻한 기운이 임맥과 독맥을

---

[19] 허준, 동의문헌연구실, 『신대역 동의보감』, 법인문화사, 2007, 247~248쪽.

타고 온몸으로 퍼져나간다. 어설프게 의념으로 기를 돌리려 하지 않아도 자연스럽게 따스한 온기가 온몸으로 퍼진다. 수행자가 할 일은 억지로 기를 돌리는 것이 아니라, 단전에 마음을 집중시켜 기를 바탕으로 호흡하면 모든 것은 저절로 이루어진다.

단전호흡이 몸에 익어 단전에 기가 머무는 폐기가 되고, 숨길이 탯줄을 타고 드나들 듯 단전에 기가 선명해지면 자연스럽게 단전의 따뜻한 기운이 온몸으로 돌고 돈다. 여기에 생명의 기를 보듬고 살리는 원리가 있다. 무엇보다 중요한 것은 단전호흡을 바르게 이해하고 실행하여 몸 안에 기를 살리는 참 법을 터득하고 실천하는 일이다.

이 과정에서 몸과 마음에 나타나는 기이한 현상들은 이루 다 말로 표현하기 어려울 지경이다. 이런 경험이나 느낌을 말한다면 굉장히 환상적 표현이 될 수도 있다. 이런 말들이 실제 수련을 통해 나오는 것이라면 괜찮지만, 떠도는 말이나 글에 홀려 망상에 휩싸인다면 실제 수련과는 멀어지고 만다.

옛날 북창 선생이 그 당시 사람들이 단 수련에 대해 잘 알지 못하고 허황된 생각에 빠져 혼란스러워하는 모습을 안타까워했는데 오늘날에도 그런 현상이 비슷하게 나타나고 있다. 지금도 단전호흡을 너무 허황하게 생각하거나, 반대로 무시하고 평가절하하여 내팽개치는 것은 정말 안타까운 일이 아닐 수 없다. 여기서는 나의 수련을 바탕으로 단전호흡법을 체계적으로 쉽게 설명하고자 한다. 많은 사람에게 실제 도움이 되는 단 수련이 되기를 바라는 마음이다.

참고로 용호비결에서 단법의 비조라고 말한 참동계는 역경의 원리, 노장사상인 도, 단(丹) 수련에 대한 세 가지 내용이다. 여기서 단 수련은 마음을 공의 경지로 만들어 몸을 수련하라는 것이 핵심이다. 그러면 환골탈태하여 깨달음의 경지로 나아간다는 것이다. 역경의 원리는 음이 극에 이르면 양이 생겨나고, 양 또한 극에 달하면 음으로 스며드는 이치를 역설하고, 괘로써 자연을 비유하여 몸의 이치를 설명했다. 또 노장사상은 허(虛)와 무(無)의 체득이 핵심이다. 이때 몸과 정신이 최고에 이른다는 것이다. 이 세 가지 원리를 깨달아 몸으로 체득할 수 있다면 곧 생명의 진리를 알 수 있다는 것이다.

북창 선생이 단법의 비조라고 추켜세운 참동계 또한 신법, 단법, 심법의 기천 삼법 수련 내용과 다르지 않음을 알 수 있다.

2. 생명과 호흡

단법은 호흡에 뿌리를 두고 마음이 관장한다. 여기서 호흡이란 일반적인 호흡 방법이 아닌 단전호흡을 말한다. 일반적인 호흡은 자기도 모르는 사이 공기를 들이마시고 내쉬지만, 단전호흡은 마음이 관장하여 기를 들이마시고 내쉬는 것이다. 여기에 단법의 핵심이 있다.

호흡은 생명과 직결되어 있어 누구도 호흡 없이 살 수 없다.

어머니 뱃속에서 호흡은 탯줄을 통해서 하고 세상에 태어나서는 내쉬는 숨으로 시작된다. 내쉬는 숨은 양태(陽態)로서 첫 날숨은 생명(양기)을 세상에 펼쳐내는 신호이다. 이때부터 폐호흡이 시작된다. 이때는 탯줄이 연결되었던 배꼽 언저리(단전)를 움직이며 숨을 쉰다. 이것이 복식(腹息)이다. 그러다가 점차 배의 움직임이 줄어들고 가슴으로 숨을 쉬게 된다. 이렇게 수십 년간 흉식(胸息)을 하다가 기운이 떨어지면 숨 쉴 때 어깨를 들썩인다. 견식(肩息)이 시작된 것이다. 기운이 더 줄어들고 몸이 쇠약해지면 급기야 목으로 숨을 쉰다. 이것을 이름하여 목숨이라고 한다. 숨이 아랫배에서부터 시작하여 위로 올라갈수록 기가 약해지고 죽음이 가까워진다고 볼 수 있다.

모든 사람이 죽음에 이르러 마지막 숨은 들이마시고 생명이 끝난다. 들이마시는 숨은 음태(陰態)로서 마지막 들숨으로 몸에 생명이 사라지고 음기가 드러나 죽음에 이른다. 그래서 사람의 죽음을 일러 "목숨이 끊어졌다. 숨넘어갔다. 숨거두었다."라고 한다. 숨은 이렇게 우리 생명과 직결되어 있으며, 처음 태어나서 내쉬고 마지막 들이마시고 죽는다. 이렇게 숨은 태어날 때 처음 내쉬고 마지막 들이마시고 죽기에 호흡(呼吸)이라고 한다. 호흡은 곧 생명이다.

호흡이 얼마나 중요한지 일상에서 일어나는 현상을 통해서도 한 번 살펴보자. 누구나 스트레스가 가중되면 몸이 긴장되고 마음이 불안해진다. 이때 가장 먼저 호흡이 거칠어지고 호흡수가 증가한다. 그러면 맥박이 빨라지고 혈압이 올라간다. 혈압이 올라가면 입안에 침이 마르고 눈이 충혈된다. 많은 스트레스에 직면한 현대인들의 모습이 바로 이와 같다.

호흡수가 증가하면 폐가 힘들고, 맥박과 혈압이 올라가면 심장에 부하가 크다. 눈이 충혈된다는 것은 간이 긴장한 것이며, 입안에 침이 마르고 건조해지는 것은 신장에도 무리가 왔다는 징조이다. 이쯤 되면 위장도 긴장하여 소화력이 뚝 떨어지고 만다. 즉 호흡이 안정감을 잃으면 오장육부를 모두 긴장시키고 마음마저 평정을 잃게 된다. 이런 상태가 지속되거나 자주 일어나면 우리 몸에 병이 나는 것은 당연한 이치이다. 호흡이 무너지면 건강을 잃어간다.

단전호흡은 거칠어진 호흡에 안정을 되찾을 수 있다. 호흡이 안정되면 긴장되었던 교감신경이 이완되고, 부교감신경이 활성화되면서 오장육부가 정상 기능을 회복한다. 자연스럽게 맥박과 혈압도 정상으로 되돌아간다. 그러면 다시 입 안의 침이 촉촉해지고, 마음 또한 평안을 되찾는다. 이것만 보더라도 단전호흡이 우리에게 얼마나 중요한지 이해할 수 있다. 단전호흡은 우리 몸에 생명을 살리고 보듬는 기본적 방법이며, 가장 경제적이고 효과적인 건강 수단이다.

3. 단전호흡

단전호흡

단전호흡은 기로 숨 쉬는 호흡법이다. 단순히 공기를 들이마시고 내쉬는 일반 호흡과 달리 단전에 기를 들이마시고 내쉬는 숨이 바로 단전호흡이다. 기는 눈에 보이지 않고 손에 잡히지도 않는다. 다만 마음을 집중하면 그 느낌을 찾을 수가 있다. 기를 느끼기 위해서는 먼저 기를 이해해야 한다. 기를 이해하고 느끼는 것이 단전호흡의 첫 관문이다.

기의 느낌이 커지면 커질수록 생각이 줄어들고 단전에 기가 쌓여간다. 단법의 핵심은 단전호흡이고, 단전호흡의 주장은 바로 마음이다.

마음을 고요하게 단전에 집중하고 기의 느낌을 통해 호흡하면 자연스럽게 기운은 단전에 형성된다. 이것이 단전호흡의 핵심 요결이다. 반면 마음이 혼란스럽고 분주하면 기는 위로 붕 떠서 흩어지고 만다. 또 마음이 정갈하고 고요하면 기운은 맑아지고, 마음이 번잡하고 근심 걱정이 많으면 기는 탁해져서 몸과 마음을 망가트리게 된다. 따라서 단전호흡에 심법을 빼놓을 수 없다. 심법 없는 단전호흡은 복식호흡에 지나지 않는다. 신법이 단법 없이 불가하듯 심법 없는 단전호흡 또한 있을 수 없다. 단전호흡은 예부터 단 수련법으로 전해지는 우리 민족 정통 선도수련의 핵심이기도 하다.

(1) 기로 호흡하는 단전호흡 원리

기는 우리 몸에서 혈과 음양으로 한 몸을 이루어 작용한다. 몸에서 기혈은 생명의 뿌리와 같다. 기혈 중 하나만 빠져도 생명은 부지하지 못한다. 기절이란 기가 끊어진 상태이며, 혈이 돌지 못해도 몸에 생명은 사라지고 만다.

동양 의학에서 병을 치료하고 건강을 지키는 방법 중 침구법이 기본이다. 침구란 혈 자리에 침이나 뜸을 떠서 기를 살리고 사기를 억제하는 법이다. 이때 기의 상태를 점검하기 위해서는 반드시 맥을 짚어본다. 맥이란 혈관에 혈액이 뛰는 모양을 말한다. 기는 눈에 보이지도 않으려니와 만질 수도 없어 정확한 상태를 알아낼 방법이 마땅치 않다. 그런데 맥을 짚어보고 기를 짐작할 수 있다. 그리고 침이나 뜸을 뜨는 것은 바로 기를 다스리는 법이다. 침이나 뜸으로 기를 다스리고 난 후 다시 맥을 보면 혈액이 뛰는 모양이 달라지는 것을 확인할 수 있다. 이와 같이 기와 혈은 음양으로 하나 되어 우리 몸에 생명을 살리고 있다.

음양으로 하나인 기혈 중 혈은 기에 영향을 받는다. 기가 돌아야 혈이 돌고, 기가 맑을 때 선혈이 되어 몸을 살린다. 만약 기가 맑지 못하여 사기가 되면 어혈이 만들어져 몸에 병을 일으킨다. 황제내경이나 동의보감에서도 모든 병은 어혈에서부터 온다고 했다. 어혈 없는 병은 없다는 것이다. 어혈은 곧 병의 원인이라고 할 수 있다.

그런데 기를 움직이는 것은 바로 마음이다. 마음 따라 기가 멈추기도 하고 움직이기도 한다. 마음에 큰 충격이 가해지면 기는 끊어진다. 이것이 바로 기절이다. 여기까지는 아니라도 마음에 스트레스가 커지면 기가 탁해지고, 탁해진 사기는 선혈이 아닌 어혈을 만들어 온몸을 염증 체질로 만든다. 이런 원리를 심기혈정(心氣血精)이라고 한다. 즉 마음 따라 기가 움직이고, 기의 영향으로 혈이 변화하며, 혈 따라 몸에 정(精)이 만들어지거나 병이 만들어지는 원리이다. 이것은 우리 몸에 생명 작용의 원리이다. 이런 심기혈정의 원리가 있어 마음을 써 기로 호흡하는 단전호흡이 성립할 수 있다.

마음은 기를 움직이는 것만이 아니라, 기의 청탁까지 영향을 줌으로 단전호흡 수련자는 반드시 마음 수련이 앞서야만 한다. 마음을 닦지 못하고 기를 끌어들이려는 욕심만으로 단전호흡에 임한다면 결코 좋은 수련은 기대하기 어렵다. 다시 한번 강조하지만, 신법 · 단법 · 심법은 결코 떨어질 수 없는 하나의 수련법임을 잊어서는 아니 된다. 이런 원리를 이해하고 앞으로 펼쳐지는 단전호흡 수련법을 익히고 수련한다면 누구나 좋은 결과가 있을 것이다.

(2) 단전호흡에 담긴 건강과 깨달음의 원리

단전호흡을 하면 제일 먼저 수승화강이 이루어져 건강한 몸을 만드는 원리가 있다. 수련자가 쉽게 느낄 수 있는 현상으로는 손발이 따뜻해지고 몸에 생기가 돋아나는 것을 경험한다. 또한 소화력이 좋아지고 피부가 윤택해지며, 몸이 활기차고 마음 또한 편안해진다. 이러한 변화는 모두 수승화강이 이루어져 나타나는 현상이다.

우리 몸의 위쪽은 양이요, 아래는 음이라고 할 수 있다. 실제 오장육부 중 가장 위쪽에 있는 심장은 화(火) 기운을 뿜어내고, 가장 아래에 있는 신장은 수(水) 기운을 담아내고 있다.

건강한 몸은 음양의 기가 서로 조화를 이룬다. 아래의 수기가 위로 올라가고 위에 있는 화기가 아래로 내려가면서 온몸을 순환한다. 그런데 몸과 마음이 스트레스를 받아 긴장하면 기의 움직임이 현저히 떨어진다. 그러면 상체는 뜨겁고, 아랫배와 손발은 차가워진다. 이렇게 되면 생체기능이 약해지고 건강이 나빠질 수밖에 없다. 이런 현상은 스트레스에 노출되고 몸을 많이 쓰지 않는 현대인들에게 많이 나타난다.

단전호흡은 단전에 있는 생명의 불씨, 즉 단(丹)을 살리는 의식호흡이다. 단전(丹田)에는 생명의 불씨인 정기가 있다. 고요한 마음으로 단전에 마음을 집중하여 들숨과 함께 기를 불어넣고, 날숨과 함께 몸에서 쓰인 탁한 기를 내보낸다. 이런 호흡으로 단전에 생명의 불씨(丹)가 살아난다. 불씨가 살아나면 실제 단전이 뜨겁게 달아오르고, 온몸에 땀이 나기도 한다. 마음이 집중되면 될수록 기가 더욱 강하게 작용한다.

단전이 따뜻해지면 아래의 수기(水氣)가 위로 오른다. 수기가 위로 오르면 수극화(水克火)의 원리로 위에 머물던 화기(火氣)는 자연스럽게 아래로 내려간다. 그 흐름으로 다시 수기가 오르고 또다시 화기가 내려가는 사이클이 만들어진다. 이와 같이 반복되는 수승화강(水昇火降)의 사이클 속에서 기는 점점 크게 증폭되고 몸은 더욱 따뜻해진다. 이 과정에서 자연스럽게 몸이 건강 체질로 바뀌어 간다. 수승화강은 건강의 기본 원리이다. 이것은 동양 최고 의서인 황제내경이나 동의보감에서 말하는 건강의 핵심 원리이기도 하다. 건강의 기본이 되는 수승화강을 바로 단전호흡에서 만들어 낸다. 이렇듯 단전호흡은 건강에 이르는 기본적 원리를 가지고 있다.

코로 들이마시는 숨은 하늘의 기운이요, 입을 통해 먹고 마시는 모든 음식은 땅의 기운이다. 우리가 생명을 잘 보존하고 건강을 지키기 위해서는 입으로 먹는 음식뿐만 아니라, 호흡을 통해 들이마시는 하늘의 기운 또한 매우 중요하다. 이런 내용을 황제내경에서도 다음과 같이 명시하고 있다.

> 하늘은 오기(五氣)로 땅은 오미(五味)로써 사람을 먹여 살리는데,
> 오행의 기운이 코로 들어가 심폐(心肺)에 저장되었다가 상행하면 안면의
> 오색이 수려하면서 밝아지고 음성도 우렁차진다.
>
> 天食人以五氣 地食人以五味 五氣入鼻 臟於心肺 上使五色修明 音聲能彰.[20]

단전에 정기를 쌓는 단전호흡의 기초 과정이 이루어지면, 마음을 닦아 기를 맑게 정화하게 된다. 앞에서 언급했듯이 단전에 어느 정도 정기를 갖는다고 해도 마음 수련이 되지 않아 기를 탁하게 만든다면 쌓아놓은 기운은 오히려 몸과 마음을 망치는 역할을

---

20 김달호·이종형 공역, 『황제내경 소문』, 육절장상논편 제9, 도서출판 의성당, 2001, 220쪽.

하게 될 수도 있다. 마음이 맑고 정갈해야 단전에 기가 장성해진다. 그러면 상단전의 기가 저절로 밝아져 내면의 신성이 드러난다. 신성은 본래 밝은 태양이라서 몸과 마음에 그늘만 거두어지면 밝음이 그대로 드러나게 된다. 이것이 우리 몸에 작용하는 기-현상(氣-現狀)인 정충기장신명(精充氣壯神明)의 원리로써 수행자가 가는 깨달음의 길이다.

마음이 기를 움직이는 원리로 기를 모아 단을 키우고 형체를 튼튼히 하여 정신을 보듬어 나가는 수련의 구체적인 길을 동의보감에서도 다음과 같이 설명하고 있다.

> 정신을 집중하면 기가 모이고, 기가 모이면 단이 이루어지며, 단이 이루어지면 형체가 튼튼해지고, 형체가 튼튼해져야 정신이 건전해진다. 고로 송제구[21] 왈, 형체에 매이지 않도록 하여 기를 기르고, 기에 매이지 않도록 하여 정신을 기르며, 정신에 매이지 않도록 하여 텅 빈 마음을 기른다고 했다.
>
> 神凝則氣聚, 氣聚則丹成, 丹成則形固, 形固則神全, 故 宋齊丘曰, 忘形以養氣, 忘氣以養神, 忘神以養虛.[22]

이와 같이 단전호흡은 제일 먼저 단전에 정기를 쌓고 기르는 건강 과정부터 시작한다. 그리고 마음을 닦아 신성을 밝히는 정충기장신명의 깨달음 원리가 있어 선도수련의 핵심으로 자리 잡을 수 있었다.

4. 단전

단전은 우리 몸에 있는 생명 에너지 센터를 말한다. 우리 몸에는 크게 정(精), 기(氣), 신(神)이 작용하며 그 중심 자리를 단전이라고 한다. 정, 기, 신을 간직한 하단전, 중단전, 상단전 세 개의 단전이 있다.

---

21 남당(南唐) 때 사람, 자는 자숭(子嵩), 당쟁에 연루되어 구화산으로 쫓겨나 호가 구화선생이다. 저서에는 문집과 『증보옥관조신경(增補玉管照神經)』이 있다.
22 허준, 동의문헌연구실, 『신대역 동의보감』, 법인문화사, 동의보감 내경편, 권1, 신형, 2007, 210쪽.

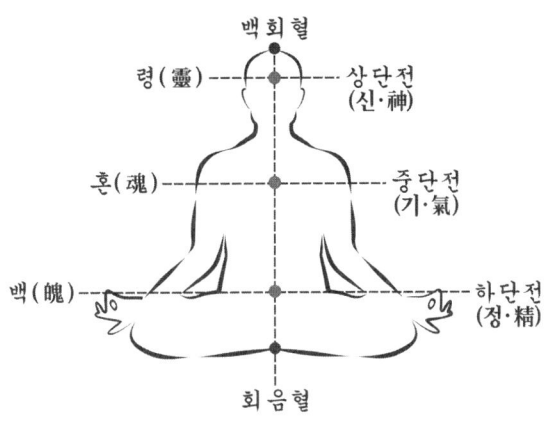

단전 위치

정(精)은 몸을 움직이는 힘을 말하며 그 중심 자리를 하단전이라고 한다. 배꼽 밑에 자신의 인지, 중지, 약지 3개의 손가락 넓이 아래 기해혈 안쪽 중심부를 말한다. 기(氣)는 마음의 에너지로써 그 중심 자리가 중단전이다. 젖꼭지 사이 단중혈 안쪽 중심부이다. 신(神)은 의식작용의 주체이며 그 중심 자리가 바로 상단전이다. 이마 위 인당혈 안쪽 머리 중심부를 말한다. 상, 중, 하 단전은 모두 백회혈과 회음혈을 잇는 몸 중심부에 있다.

우리가 사용하는 정신 또는 정기라는 명칭도 모두 여기서 나온 것이다. 또 영혼이나 혼백 또한 정기신의 또 다른 이름이다. 우리 선조들은 몸을 떠난 정(精)은 백(魄)이 되고, 기(氣)는 혼(魂)이 되며, 신(神)은 영(靈)이 된다고 믿었다. 혼백, 영혼이란 용어도 모두 여기서 유래된 것이다. 혼비백산이란 말도 정기가 몸을 떠나 혼이 되어 날아가고 백이 되어 흩어진다는 말이다.

동의보감에서는 단전에 대해 다음과 같이 설명하고 있다.

> 단전은 세 개가 있는데, 선경(仙經)[23]에 이르기를 뇌는 수해로 상단전이 되며, 심은 강궁으로 중단전이고, 배꼽 3촌 아래가 하단전이다. 하단전은 정을 저장하고, 중단전에는 신을 저장하며, 상단전은 기를 저장하는 곳이다.

---

23 선경(仙經)은 중국 도가에 전해지는 책 이름이다. 책명이 『문창대동선경(文昌大洞仙經)』이다.

오진편주(悟眞篇註)[24]에 ~~~ 신은 기에서 생기고, 기는 정에서 생긴다. 그러므로 수양하는 사람이 자기 몸을 아무리 닦는다 해도 정, 기, 신을 닦는데 지나지 않는다.

丹田有三, 仙經曰, 腦爲髓海 上丹田, 心爲絳宮 中丹田, 臍下三寸 爲下丹田, 下丹田 藏精之府也, 中丹田 藏神之府也, 上丹田 藏氣之府也.
悟眞編註曰, ~~~ 神生於氣, 氣生於精, 故修眞之士, 若執己身而修之.[25]

이렇게 우리나라 최고 의서인 동의보감에서도 단전은 정, 기, 신을 담고 있는 곳이라고 했다. 정, 기, 신은 곧 생명 에너지를 말한다. 따라서 단전에 기를 살리고 기르는 것이 곧 생명을 살리는 길이다. 도가(道家)의 오진편주를 인용하여 몸을 닦는 수련자 또한 무슨 수련을 어떻게 하든 삼 단전의 기를 닦는 것이 전부임을 천명하고 있다.

5. 단전호흡 수련법

단전호흡이 단 수련의 핵심으로써 생명을 살리고 보듬는 것이라면, 어떻게 하는지 알아야 할 필요가 있다. 다음은 필자가 공부하고 수련하며 체득한 내용을 바탕으로 기천에 전해지는 단법을 정리한 것이다.

앞에서 단전호흡은 기로 호흡하는 것이며 마음이 주관한다고 했다. 그렇다면 기를 느끼고 호흡하는 단전호흡의 구체적인 수련법에 대해 알아보자.

(1) 단전호흡 준비 과정

단전호흡 준비 과정은 단전호흡을 처음 하는 사람에게는 반드시 필요하다. 단전호흡을 오래 한 사람이라도 시작과 마무리할 때 하면 훨씬 편안하고 효과적이니, 모두 단전호흡 전후에 꼭 해주기를 권한다.

---

24 송(宋)의 장백단(張伯端)이 지은 도가(道家)의 서명(書名).
25 허준, 동의보감 내경편, 권1. (동의문헌연구실, 『신대역 동의보감』, 법인문화사, 2007, 206쪽.)

〈1〉 도인체조(導引體操)

　도인체조란 기를 끌어들여 운행하는 체조를 말한다. 몸을 늘리고 틀어주면서 맺힌 곳을 풀어주고 기맥(氣脈)을 열어주는 체조이다. 단전호흡 전후에 하면 좋다. (도인체조 실기는 55~68페이지를 참조 바람)

〈2〉 단전 운동

　단전 운동이란 단전호흡을 하기 위한 준비운동을 말한다. 평소 잘 움직이지 않던 단전 부위를 움직여 기적(氣的) 감각을 살리는 하복부 운동이다. 숨을 들이마시며 아랫배 단전 부위를 힘껏 부풀리고 숨을 내쉬면서 단전 부위를 안쪽으로 깊게 들어가도록 한다. 이때는 배에 힘을 주어 힘차게 밀고 당기는 것이 좋다.

　이것만으로도 혈액순환이 좋아지며 배가 따뜻해질 뿐만 아니라, 소화력이 증진되고 속이 편안해진다. 특히 장(腸)운동이 되어 배변 효과가 좋다. 단전 운동은 단전호흡 전후에 해주면 좋다. 단전호흡을 처음 하는 사람들은 단전 운동이 더욱 중요하다.

〈3〉 단전 마사지

　손끝으로 명치에서부터 시계방향으로 복부 전체를 꾹꾹 눌러준다. 그다음 명치에서 치골 사이를 세 갈래(중앙, 좌, 우)로 나누어 꾹꾹 눌러준다. 복부를 누를 때는 숨을 크게 들이마셨다가 내쉬면서 하는 것이 좋다. 눌러주기를 충분히 한 후 두 손을 펴서 손바닥으로 배를 좌우로 움직여 마사지해 준다. 그다음 손바닥으로 복부 전체를 시계방향으로 문질러준다. 이때 숨을 크게 토해내도록 한다. 이 방법은 혼자 스스로 할 수도 있고, 두 사람이 짝이 되어 할 수도 있는데, 두 사람이 짝을 이루어 하는 것이 더 효과적이다.

〈4〉 단전 두드리기

　단전에 힘을 주고 손바닥으로 단전 부위를 두드려 준다. 점차 두드리는 부위를 넓혀 복부 전체를 두드려 주고 옆구리, 가슴, 어깨, 양팔, 그리고 등 쪽 신장 부위와 다리까지 전신을 두드려 주면 더욱 효과가 좋다. 점차 단전에 힘이 생기면 단전을 두드릴 때는 주먹으로 두드려도 좋다. 단전을 두드려 주면 아래 배에 힘이 생기고 기혈 순환에도 도움이 된다. 단전에 힘이 생기면 두드릴 때 북 치는 소리가 난다.

(2) 단전호흡 기초 과정

단전호흡을 처음 시작하는 사람들이 너무 복잡한 호흡 조건들을 듣고 보면 시작하기도 전에 질리고 만다. 너무 자상한 방법들이 오히려 장애가 될 수도 있다. 여기에 누구나 안전하고 쉽게 단전호흡을 할 수 있는 방법을 정리하여 제시한다. 이 방법으로 단전호흡 기초 과정을 이룬 후, 기천에 전해지는 심기단법, 원기단법, 원양진기단법 과정을 순차적으로 수련하면 될 것이다.

　　一. 몸과 마음을 이완시킨다.
　　一. 단전까지 깊게 호흡한다.
　　一. 자연스럽고 편안한 호흡으로 한다.

첫째, 몸과 마음을 편안하게 이완시킨다. 자신에 맞는 자세로 온몸을 열어주고 편안하게 이완시켜 준다. 얼굴에 밝은 미소를 지어주면 자연스럽게 마음을 이완시킬 수 있다.

둘째, 단전까지 깊게 호흡하기 위해서는 숨을 들이마실 때 단전을 넉넉하게 열어주고 자연스럽게 부풀려 주어야 한다. 단전호흡을 처음 하는 사람은 이 동작을 가장 어렵게 느낀다. 처음에는 단전에 약간의 복압이 있을 수 있지만, 최대한 단전 부위가 자연스럽게 부풀어지도록 한다. 너무 무리하게 단전을 부풀려 힘을 주거나 단전에 강한 압력을 주지 않도록 유의한다.

셋째, 자연스럽고 편안한 호흡이 되도록 한다. 처음부터 호흡을 너무 길고 깊게 하려는 욕심은 금물이다. 처음에는 숨이 다소 짧더라도 들숨과 날숨이 편안하고 자연스러운 상태가 되도록 해야 한다.

자세는 처음 시작하는 사람이라면 편안히 눕는 것이 가장 좋다. 단전호흡이 몸에 익숙해지면 여러 가지 체위 중 자신에게 편안한 자세로 하면 된다. 단전호흡 체위란 크게 누워서 하는 와공(臥功), 앉아서 하는 좌공(座功), 서서 하는 입공(立功)이 있다. 와공, 좌공, 입공에서도 각각 여러 가지 자세들이 있다. 그중 가장 편안하고 길게 수련할 수 있는 자세는 일반적으로 바르게 앉는 정좌법이다.

정좌법은 가부좌나 반가부좌 또는 평좌나 금강좌 등이 있다. 이중 자신에 맞는 자세를 취하는 것이 좋다. 여기서는 난이도가 중간쯤 되는 반가부좌에 대해 자세히 설명한다. 가부좌나 금강좌는 초보자에게 좀 어려울 수도 있다. 나중에 수련이 깊어져 몸이 허락한다면 가부좌나 금강좌도 여기서 설명하는 반가부좌 방식으로 하면 된다.

반가부좌

반가부좌는 엉덩이 밑에 적당한 높이의 방석을 받쳐 앉는 것이 좋다. 허리를 바르게 세우고 준비한 방석 위에 엉덩이를 올려놓는다. 한쪽 다리를 방석 아래 바닥에서 발뒤꿈치가 가랑이 중앙 회음혈에 가까이 오도록 당긴다. 다른 한쪽 다리도 무릎을 굽혀 먼저 굽힌 다리 위에 올려놓는다. 허리를 편 상태에서 상체를 앞으로 숙여 회음혈이 바닥에 닿도록 한 상태에서 허리를 곧게 펴서 바르게 앉는다. 그다음 어깨 힘을 쭉 빼준다. 마치 옷걸이에 젖은 옷을 걸쳐 놓은 듯 온몸을 편안히 이완시켜 준다. 눈은 가볍게 아래로 향하여 반개나 혹은 살포시 감아준다. 이때 마음은 코끝을 통해 단전을 향하여 집중한다. 양손은 둥글게 말아 엄지 손끝을 맞댄 상태로 단전 앞에 가볍게 놓는다. 또는 양손을 무릎 위에 올려놓거나 그 외에도 자신이 편안한 자세면 무방하다. 좌공에서의 다른 자세도 모두 이와 같이하면 된다.

호흡은 처음부터 너무 성급하게 서두르지 않기를 당부한다. 기본을 무시하고 상위 단계로 무리하게 앞서 나아가려고 하면 낭패를 볼 수도 있다. 이런 행위는 오히려 몸을 긴장시키고 마음을 조급하게 만들 뿐이다. 기초가 만들어지기 전에 상위 단계로 무리하게 진입하면 몸을 긴장시켜 기운이 단전에 형성되지 않고 위로 붕 뜨게 된다. 이렇게 되면 몸에 기운이 없고 마음은 불안하고 초조하며 심하면 몸에 식은땀이 나고 속이 매스꺼워지기도 한다. 이쯤 되면 머리가 무겁고 두통이 올 수도 있으며 배가 아프고 근육도 긴장되어 불편해질 수도 있다. 이런 현상들은 단전호흡을 잘못해서 생기는 부작용들이다. 단전호흡 기초 과정에서는 기본을 충실하게 다져 단전호흡이 자연스럽게 이루어지도록 하는 것이 가장 중요함을 다시 한번 강조한다.

기초 과정에서는 여러 가지 복잡한 방법을 생각하기 전에 위와 같은 기본 3가지 조건만 갖추어서 하면 된다. 단전호흡을 처음 시작하는 사람은 어떻게 해야 할지 모를 뿐 아니라, 자신이 하는 호흡이 제대로 하는 것인지도 의문이 생긴다. 마치 산을 처음 오르는 사람이 등산로를 모르고 무조건 입산하여 헤매는 것과도 같다. 단전호흡 기초 과정은 막 산에 들어선 사람이 등산로를 찾아가는 것과도 같다. 숨은 코로 들이마시고 내쉬며 마음은 단전에 집중하여 호흡의 느낌을 찾는데 주력한다.

처음에는 호흡이 약간 거칠 수도 있다. 호흡을 너무 고르고 길게 해야겠다는 부담 대신 호흡이 단전에서 이루어지도록 하는 것이 가장 중요하다. 그러나 너무 복압에 치우친 강한 호흡은 좋지 않다. 복압을 빼고 몸을 열어준 상태에서 깊은 조식으로 나아가야 부드러운 기운이 안으로 숨어든다. 단전호흡이 자연스럽게 이루어지고 호흡 감각을 느낀다면 기초 과정은 충분하다.

(3) 심기단법(心氣丹法)

심기단법은 마음으로 기를 움직이고 운용하는 호흡법이다. 마음을 비워 편안하게 하는 것이 우선이다. 가장 중요한 것은 기를 이해하고 느낄 수 있어야 한다. 기가 느껴지면 산에서 등산로를 찾은 격이다. 등산로를 찾지 못하고 높은 산에 오를 수 없듯이 기를 느끼지 못하고 단전호흡을 깊게 할 수 없다.

처음에는 단전에 숨을 불어넣고 내쉬는 것처럼 하지만, 기가 느껴지기 시작하면 숨길 따라 단전에 기를 불어넣고 내보낸다. 그리고 그것을 움직여 활용할 수 있는 기량을 길러나간다. 마음이 기를 감지하고 움직이는 것은 모두 느낌으로 한다.

    심기단법은 단전호흡의 시작이요, 끝이라 할 수 있다. 여기에 단전호흡의 요결이 모두 있다. 마음과 기가 하나로 통해 기를 마음대로 움직여 쓸 수 있다면 곧 신선이 아니겠는가? 본래 마음과 기가 하나였으나 마음에 생각이 생기면서 기와 둘이 되었다. 그런데 대부분 사람은 삶에 시달려 마음에 수많은 감정이 뒤덮여 어둡고 혼탁해질 수밖에 없다.

    기를 마음대로 움직여 쓰려면 먼저 마음이 텅 빈 상태여야 한다. 마음에 복잡한 생각이 많으면 단전에 기를 쌓고 운용하는 것은 불가능하다. 더구나 마음이 고약한 감정에 얽혀 있거나 스트레스에 찌들어 있다면 사기(邪氣)가 만들어져 몸에 병이 난다. 먼저 복잡한 마음을 비워 고요하고 편안한 마음이 되는 것이 심기단법의 시작이며, 텅 빈 마음이 되어 기를 마음대로 움직여 쓰는 것이 심기단법의 정수이다.

    심기단법에 걸맞는 내용이 동의보감에도 있어 인용해 본다. 기는 신의 할아버지요, 정의 아버지로써 기는 곧 정과 신의 근본이라고 강조하면서 우리 몸에서 기가 얼마나 중요한지를 말한 대목이 있다. 또 기란 수명을 늘려주는 약이요, 기를 움직이는 신(神)은 바로 마음이라고 하면서 기를 마음대로 운행하면 곧 신선이 될 것이라고까지 설명한 내용이다.

> 동원[26]이 말하기를 "기는 신의 할아버지요, 정은 기의 아들이니, 기는 정과 신의 근본이다. 모진군[27]이 말하기를 "기란 수명을 늘려주는 약이고, 마음(心)은 기를 부리는 신(神)이다. 만약 기를 마음대로 운행할 수 있다면 곧 신선이 될 것이다."
>
> 東垣曰, 氣者神之祖, 精乃氣之子, 氣者精神之根帶也.[28] 茅眞君曰, 氣是添年藥, 心爲使氣神, 若知行氣主, 使是得仙人.[29]

---

26 이고(李杲)(1180~1251)로 금대(金代)의 저명한 의학가이며, 금원사대가의 한 사람이다. 저서로는 『변혹론』, 『비위론』 등 다수가 『東垣十書』에 전해진다.
27 한대(漢代)의 사람, 자는 숙갑(叔甲), 18세에 산에 들어가 수도하다가 구곡(句曲)에 은거하여 모군(茅君)이라 불렸다.
28 동원 이고가 쓴 『비위론』에 나오는 내용이다. 기에서 정이 생기고, 정에서 신이 나온다는 말이다.
29 허준, 동의문헌연구실, 『신대역 동의보감』, 법인문화사, 동의보감 내경편, 권1, 기, 2007, 245쪽.

〈1〉 심기단법 호흡 방법

자세는 단전호흡 기초 과정에서 설명한 바와 같이 자신에게 맞는 편안한 자세로 하면 된다. 호흡은 천천히 고요하게 하면서 길고 고르게 발전시킨다. 들숨과 날숨을 고르게 하는 조식호흡(調息呼吸)이 기본이다.

호흡 길이는 물리적 시간이 아닌 생체적 시간에 맞추는 것이 좋다. 즉 몇 초를 들이마시고 내쉰다는 개념보다는 자기 몸이나 기의 느낌을 기준 삼는다. 예를 들어 숨의 길이를 머리 길이만큼 하거나, 조금 더 길게 머리에서 가슴 길이만큼으로 하고, 아주 길게 머리에서 단전까지 또는 발끝까지의 길이로 조절한다. 호흡 길이뿐 아니라 호흡량도 마찬가지이다. 호흡의 굵기 또한 모두 몸이나 기의 느낌을 기준 삼아 하면 좋다. 이렇게 해야 자기 신체리듬에 맞는 호흡을 할 수가 있다.

기의 느낌이 선명해지면 그 느낌에 맞추어 호흡을 조절해 준다. 단전호흡은 기의 느낌을 살려 기로 호흡하는 것이다. 호흡은 앞에서 언급했던 바와 같이 단전에 있는 생명의 불씨(丹)를 살린다는 마음으로 한다. 여기서 기를 끌고 가는 호흡이 아닌, 기를 몰고 가는 호흡이 되도록 한다. 기를 느낀다면 숨결대로 마음의 눈으로 바라보고 몰고 간다. 시선이 가는 곳에 마음이 가고, 마음이 가는 곳에 시선이 간다. 기는 마음이 가고 시선이 가는 곳으로 간다. 이것은 앞으로 이어지는 원기단법이나 원양진기단법에서도 같다.

이때 주의할 점은 기를 억지로 움직이려 해서는 안 된다. 들숨과 날숨 따라 기를 느끼며 바라보는 식이여야 한다. 처음에는 마음으로 기를 움직이는 것이 아니라 오히려 그 반대이다. 마음이 기를 쫓아가야 한다.

숨결이 고르게 잡히면 점차 단전이 뜨거워진다. 그로 인해 온몸에 온기가 돌고 기혈순환이 잘 되어 피부도 맑아지고 윤기가 나기 시작한다. 수련이 깊어지면 가장 먼저 일어나는 현상은 몸의 변화이다. 온몸이 따뜻해지고 소화가 잘되며 외모가 수려해진다. 마음 또한 편안하고 여유로워진다.

단전호흡하는 과정에서 땀이 날 수도 있다. 간혹 근육이 파르르 떨리거나 꿈틀거리기도 한다. 어떤 사람은 몸에 진동이 일어나기도 한다. 이러한 것들은 모두 막힌 기맥이 열리면서 나타나는 자연스러운 현상들이다. 수련이 잘 되면 어떤 형태의 변화이든 모두 기분 좋은 느낌으로 나타난다. 어떤 현상이든 의미 부여를 하지 않는다. 모두 있는 그대로 받아들여 느껴준다. 그러면 근육을 들썩이는 현상이나 진동도 모두 조용해지는 시점이 온다. 이 과정이 지나고 나면 기의 느낌은 훨씬 두텁고 조밀해진다. 그리고 몸은 점점 건강체로 바뀌고 마음은 기와 한층 더 가까워진다.

〈2〉 제1단계

심기단법 제1단계는 단전에 기를 느끼는 과정이다. 이것은 단전호흡에서 가장 중요하다. 초보자가 처음부터 단전에 기를 느끼기는 쉽지 않다. 처음에는 손끝에서부터 기를 느끼고 점차 그 느낌을 키워나가는 것이 좋다. 단전에 기를 느끼기 전에 단전운동을 하면서 물리적인 단전의 감각을 먼저 느낀 다음 숨결 따라 기를 느끼도록 한다. 생각이 많아지면 느낌은 줄어들고 느낌이 살아나면 생각이 줄어든다. 생각은 기를 소진하고 느낌은 기를 증폭시킨다. 이 때문에 수련자에게 느끼기는 무엇보다 중요하다.

단전에 숨을 들이마시고 내쉬면서 숨결을 느끼다 보면 누구나 기를 느끼게 될 것이다. 손바닥을 단전에 접근시켜 기를 느끼는 것도 좋은 방법이다. 기의 느낌을 찾아 그것에 집중하여 호흡하면 기가 점점 명확하고 강해진다. 느낌이 커질수록 생각이 줄어들어 소란했던 마음도 차츰 고요하고 편안해진다. 단전에 기를 느끼고 호흡하는 것이 본 과정이며 단전호흡의 첫 관문이기도 하다.

기의 느낌은 사람마다 다양한 형태로 나타나기 때문에 꼭 집어서 말하기는 어렵다. 그러나 대부분 많이 경험하는 느낌은 자기장 같은 묵직한 밀림과 당김 현상이 올 수가 있다. 또 찌릿찌릿한 전기적 자극 같은 느낌이나 혹은 따뜻한 열감으로 느껴지기도 한다. 혹은 알 수 없는 힘이 작용하는 느낌이 들 때도 있다. 이런 느낌에 몸을 맡기면 진동이 오기도 하고, 몸이 율동을 타고 자율적인 몸짓이 나오기도 한다. 기감을 가장 쉽게 느낄 수 있는 부위는 손이지만, 느낌이 점차 커지면 단전에 기를 느끼고, 나아가 몸 전체가 자기장에 감싸인 듯한 느낌으로 기의 느낌이 점점 커진다. 나중에는 몸 밖 멀리까지 기를 느낄 수도 있다.

기의 느낌이 커지면 기분이 좋아지고 마음 또한 편안해진다. 기 느낌이 커질수록 기혈 순환도 잘되어져 자연스럽게 몸도 건강해진다. 수행자는 가장 먼저 몸이 따뜻해지고 가벼워지는 것을 느낄 수 있다. 소화력도 좋아지고, 피부 또한 곱고 윤택해진다.

기가 뚜렷하게 느껴지면 단전호흡 강도와 장단도 그 느낌에 맞춘다. 기와 통하는 호흡이어야 단전에 기가 쌓이고 몸이 살아난다. 기를 모르고 숨을 과하게 들이마시거나 멈추는 등 기계적으로 하는 억지 호흡은 오히려 몸에 좋지 않다. 잘못하여 기가 상기되거나 울체하면 단전호흡의 부작용만 일으킬 수도 있다.

〈3〉 제2단계

제1단계에서 단전에 기를 느낄 수 있으면, 제2단계는 마음이 기를 길들이는 과정이다. 처음부터 기를 마음대로 움직이려 해서는 안 된다. 기를 마음대로 움직이기 위해서는 먼저 기가 마음을 따를 수 있도록 길들여야 한다. 그러기 위해서 처음에는 마음이 기를 따라가며 호흡해야 한다.

단전호흡의 매 순간 마음이 기를 따라가며 호흡한다. 숨을 들이마실 때 느낌, 단전에 닿을 때 느낌, 그리고 숨을 내쉴 때 기의 느낌을 마음이 쫓아가며 느껴준다. 이때 기를 움직이려는 어떤 의도도 있어서는 안 된다. 기의 느낌에 대한 어떠한 판단과 분별도 하지 않는다. 기를 따라가면서 있는 그대로 느껴주면 된다. 그러다 보면 자연스럽게 마음이 기와 하나로 통하게 된다. 이것이 기를 길들이는 유일한 방법이다. 기가 마음에 길들어져야 기를 마음대로 부릴 수 있다. 처음부터 무리하게 기를 움직이려고 하면 되지도 않으려니와 탈이 날 수가 있다.

기에 맞춰 단전호흡이 깊어지면 여러 형태로 기를 느끼게 된다. 어떤 현상도 있는 그대로 받아들여 느껴준다. 자신의 의지로 기를 함부로 돌리려 해서는 안 된다. 몸과 마음을 이완시킨 상태에서 단전을 중심으로 몸에 작용하는 기를 있는 그대로 느껴주는 것이 가장 좋은 수련이다. 어떤 경우든 기운이 정상적으로 작용할 때는 몸과 마음이 지극히 편안하고 기분 좋은 느낌이다. 이런 과정이 지속되면 자연스럽게 몸에 기맥이 열리고 기는 더욱 찰지고 선명해진다. 이때 몸과 마음이 더욱 활기차고 건강하게 살아난다.

만약 기분 나쁜 느낌이라면 어떤 현상이 나타나든 즉시 단전호흡을 멈춘다. 이런 현상은 기의 느낌에 자기감정을 이입시켜 생긴 것이다. 만약 이런 현상에 봉착하면 반드시 여기서 빠져나와야만 한다. 이럴 때는 그 느낌에 무관심하고 오로지 단전에 마음을 모아 호흡해야 한다. 혼자 힘으로 빠져나올 수 있다면 좋지만, 그렇지 않다면 빨리 지도자를 찾아 상담받기를 권한다.

〈4〉 제3단계

심기단법 제3단계는 기를 마음대로 운용하는 단전호흡 최고단계라고 할 수 있다. 기를 마음대로 움직이기 위해서는 먼저 마음과 기가 하나로 통해야 한다. 마음이 기와 하나 되면 더 이상 마음이 기를 쫓아가지 않아도 된다. 자연스럽게 마음 가는 곳에 기가 따라간다. 마음으로 기를 보낼 때 처음에는 시선을 사용하고, 그다음 손짓이나 몸짓을 사용하며, 나중에는 순수한 마음만으로도 얼마든지 기를 움직일 수 있다.

기가 움직여지면 그 작용에 따라 신통한 일들도 일어난다. 사람들은 이런 것을 초능력이라 생각하고 신비스럽게 여기지만, 모두 기의 작용이다. 양손에 기를 모아 아픈 사람 몸에 손을 얹어 느껴주면 통증이 없어지기도 한다. 또 일시적으로 상대방에 대한 힘의 조절이 가능하고, 몸 무게감까지 변화를 주기도 한다. 실제 경험해 보면 참으로 신통한 일이 아닐 수 없다.

마음이 성숙하기 전에 일부 이런 현상들을 경험하다 보면 자신이 초능력자라도 된 양 크게 오버하고 허풍 떨기 쉽다. 자기도 모르게 삿된 유혹에 빠질 수도 있다. 기는 삿된 마음에 놀아나지 않는다. 이럴수록 더욱 겸손해야 한다. 마음이 뜨면 기운도 뜬다는 것을 명심해야 한다.

(4) 원기단법(元氣丹法)

원기(元氣)란 본래 타고난 정기(精氣)를 말한다. 누구나 태어날 때 받고 나온 원기는 삶을 살아가는데 커다란 영향을 준다. 원기가 크고 영근 기운이라면 삶에 유리하겠지만, 나약한 기운이라면 어렵기 그지없을 것이다. 그렇지만 태어날 때 받고 나온 원기가 아무리 튼실해도 삶에 찌든 한세상을 보낸다면 아무런 의미 없이 스러지고 말 것이다.

원기단법은 단전호흡을 통해 원기를 북돋아 내공을 기르는 단법이다. 즉 단전에 내단(內丹)을 만들고 공(功)을 기르는 단전호흡법이다. 생명은 기로 펼치고 움직인다. 기력이 곧 생명력이라 해도 과언이 아니다. 이렇듯 원기를 북돋아 기력을 기르는 원기단법이야말로 생명을 살리는 최고의 법이라 할 수 있다.

원기단법은 단순하게 원기를 강화하여 힘센 사람을 만드는 것에 머물지 않는다. 몸에 기맥이 열리면서 기운이 변화하고 몸이 점점 선풍도골로 바뀌어 간다. 여기서 마음을 닦아 중단전이 열리면 중후한 인격이 드러나고 환골탈태할 수 있는 과정이다. 내공을 다지는 공인, 정인 과정에서 이루어지는 단전호흡 과정으로써, 건강, 무예, 기공, 단학, 활명, 나아가 깨달음에 이르기까지 기천 수련에 지대한 영향을 준다.

원기단법이 무르익으면 몸과 마음이 완전히 바뀐다. 기맥이 열리면서 제일 먼저 몸이 건강체로 바뀌고 외모가 수려해진다. 기운이 달라진 몸은 맑은 기운에 감싸여 더욱 가벼워지고 마음에는 환희와 희열이 돋아난다. 원기단법 과정에서 여러 가지 기이하고 특이한 기적(氣的) 체험도 하게 된다. 이런 현상들에 대해서도 잘 이해하고 수련하는 것이 좋다.

제일 먼저 단전을 가득 채운 기의 충만함이 마음에 풍요와 여유를 주고, 자신감이 넘친다. 그리고 온몸에 기맥이 열리는 느낌이 황홀감을 주기에 충분하다. 호흡이 깊어지면 실제 우주 허공이 모두 내 안에 들어오는 느낌이다. 이와 같이 우주를 내 안에 담고 우주 기운과 하나 되는 과정이 바로 원기단법 과정이다.

기맥이 열리는 현상은 다양한 느낌으로 나타난다. 이때 공중 부양이나 유체 이탈과 같은 초현실적 현상을 체험하기도 한다. 기이한 현상이지만 체험하는 자는 현실같이 느끼고 경험한다. 의식 안에서 가상현실을 실제처럼 체험하는 것과 같다. 이때 느끼는 경이로운 느낌을 말이나 글로 표현하기는 어렵다. 그것은 오로지 경험하는 자의 권능으로 넘기자.

만약 이런 현상들을 잘못 이해하여 특별한 의미를 부여하거나 집착하고 매달린다면 오히려 독이 될 수도 있다는 것을 알아야 한다. 어떤 현상이든 있는 그대로 느끼고 넘어가면 모두가 저절로 풀어진다. 이것이 영적 성장과 자신의 존재성을 재확립하는 기회가 될 수 있다. 서두르지 않되 중단하지 않고 꾸준히 수행한다면 누구나 높은 경지에 다다를 수 있을 것이다.

〈1〉 원기단법 호흡 방법

원기단법의 호흡은 들숨을 바로 내쉬지 않고 단전에 머금어 준다. 이것을 지식(止息)이라고 할 수 있겠지만, 잘못 이해하여 들이마시고 그냥 멈추는 숨이 되지 않도록 해야 한다. 만약 숨을 꽉 틀어막아 멈추는 지식(止息)은 죽은 숨이 되고 만다. 머금는 숨은 입에 물을 머금듯 단전에 살포시 머금어 주어야 한다. 숨을 머금는 방법에서 날숨의 밸브만 가볍게 닫고 들숨의 밸브는 그대로 열어 둔다는 느낌으로 부드럽고 자연스럽게 머금어 주면 좋다. 이때 최대한 가외의 복압이 들어가지 않도록 유의하고 단전을 자연스럽게 열어주고 기를 느껴준다.

숨을 들이마시고 머금는 길이는 편안하게 내쉴 수 있는 호흡이 되도록 조절한다. 들숨의 길이나 머금는 시간을 너무 길게 하면 내쉬는 숨이 울컥거리거나 급하게 쏟아진다. 숨을 내쉴 때 울컥거리거나 급하게 놓치지 않도록 고르고 편안하게 내쉴 만큼 들숨과 머금는 숨의 길이를 조절해야 한다.

원기단법은 끌어들임의 단법이다. 공인, 정인 과정의 단전호흡법이다. 들숨에 기를 끌어들이고 날숨에 몸 안에서 사용한 탁기(濁氣)는 내보내 준다. 들숨에서의 끌어들임이나 단전에 머금은 숨길에서도 기가 살아 있어야 한다. 즉 기가 느껴져야 한다. 이것이 단전호흡의 핵심이요, 기공의 요결이다.

〈2〉 제1단계

제1단계는 단전에 틀을 잡아 기를 다지는 과정이다. 그러기 위해서는 단전에 숨을 더 길게 머금고 기를 공고히 다질 수 있는 깊은 호흡이 필요하다. 바로 위 호흡법에서 설명한 바와 같이 숨을 들이마신 후 숨결을 단전에 머금어 준다. 그리고 몸과 마음을 이완시켜 머금었던 숨결을 편안하게 놓아주고 느껴준다.

들숨에 강한 복압을 주는 것은 금물이다. 단전을 넉넉히 열어주고 단전 중심부를 향해 숨이 자연스럽고 편안하게 들고 나도록 해야 한다. 원기단법을 처음 시작하는 단계에서 가장 조심해야 할 사항이 바로 복압이다. 초보자들은 기를 끌어들이려는 욕심에 자기도 모르는 사이 강한 복압을 만들어 억지 호흡하는 경우가 많다. 이렇게 되면 단전에 강한 압력으로 인해 빵빵하게 기운이 차오르는 것으로 착각하기 쉽다. 이러면 자기도 모르게 점점 복압을 더 주게 되고 그 상황에서 쉽게 빠져나오지 못하고 고착시킬 가능성이 크다. 여기서 내단을 만들어 키우는 데는 한계가 있고, 더 높은 단계로 나아가기 힘들어진다.

지식(止息)이란 숨을 멈추는 것이 아니다. 숨을 머금되 멈추어 세우지 않고 미미하게 흘러 길고 찰진 호흡이 되도록 해야 한다. 호흡이 길고 찰지면 기는 더욱 선명하고 뚜렷해진다. 이렇게 다져지는 기가 점점 커지다가 단전에 기운 덩어리가 만들어진다. 이것을 내단(內丹)이라고 하고 단환(丹丸)이라고 한다. 내단이 만들어지면 원기단법은 정상궤도에 들어선 것이다. 이 과정이 바로 원기단법 제1단계이며, 여기서 꾸준히 수련하면 내단이 점점 커져 하단전을 충만하게 완성 시킬 것이다.

〈3〉 제2단계

제2단계는 단전에 호흡의 뿌리를 내려 본격적으로 내공을 쌓는 과정이다. 제1단계보다 더 길고 깊은 호흡이 필요하다. 여기서 중요한 것은 너무 서두르지 말아야 한다. 제1단계가 충분히 무르익었을 때 제2단계로 넘어가야 제대로 된 수련을 할 수 있다. 그렇지 않고 무리하게 서둘러 진도를 나가면 오히려 화를 불러올 수도 있다는 것을 명심해야 한다.

호흡은 제1단계에서 들이마시고 충분히 머금은 후에 내쉬지 않고, 다시 들이마시고 머금었다가 내쉬는 숨으로 이어간다. 이때 숨결 따라 들어오고 머금는 기를 분명히 느낄 수 있어야 한다. 이 과정이 원만해지면 숨을 들이마시고, 멈추기를 세 번까지 늘려 호흡한다. 이때 호흡이 버겁지 않고 편안하고 여유로워야 한다. 만약 호흡이 버겁게 느껴지면 무리하게 본 과정을 하지 말고 제1단계 과정을 좀 더 수련하는 것이 좋다.

제1단계에서 단전에 형성된 내단이 다져지면 제2단계에서 호흡 길이는 자연스럽게 길고 깊어진다. 내단이 다져져 단전에 기운이 넘실대면 몸에 힘이 솟구치고 충만함, 그 자체가 된다. 이때 몸에 특이하고 기이한 여러 가지 기적(氣的) 현상이 일어날 수도 있다. 어떤 현상이 일어나도 있는 그대로 받아들여 느껴주는 여유가 필요하다. 특히 너무 욕심을 부려 억지로 숨을 조절하려 하지 않는 것이 좋다. 언제나 숨은 내 몸에 맞게 편안하고 여유로운 숨이 되어야 함을 명심하라.

〈4〉 제3단계

제3단계는 단전의 공간적 확장으로 내단을 완성하는 과정이다. 여기서 말하는 단전의 공간 개념은 수행자가 경험하는 주관적 관점과 느낌이다. 주관적 관점과 느낌을 헛된 망상으로 치부해서는 안 된다. 수행자의 몸 안에 살아 숨 쉬는 생생한 기의 느낌을 말하는 것이다. 만약 물리적인 공간 개념으로 단전을 키우려 한다면 그것이 더 어리석은 생각이다.

호흡법은 단전의 공간을 느끼고 확보하여 들숨과 날숨 자리를 찾아 호흡한다. 들숨에서 단전의 중앙과 전후좌우 방으로 차례로 한 가닥씩 들이마시고, 내쉴 때도 각각의 방에서 차례로 숨을 내쉰다. 이때 단전의 부분과 전체를 같이 느껴준다. 이와 같은 제3단계 호흡법이 깊어지면 처음에는 단전의 각 부분이 뚜렷이 느껴지다가 점차 하나로 통합되어 비로소 아랫배 전체가 단전으로 자리 잡는다. 이때 아랫배 전체가 망망대해 같은 기 바다처럼 느껴지고, 묵직한 기운이 아랫배에서 중심을 잡는다. 마치 거대한 오뚜기가 앉아 있는 느낌과도 같아진다. 이때부터 단전호흡은 저절로 이루어진다. 단전에서 자동으로 숨을 당기고 기운을 끌어들이는 호흡이 만들어진다.

내단이 다져져 단전이 확장되면 숨은 한없이 길고 깊어진다. 들숨과 날숨에 우주가 통째로 들고 나는 느낌이다. 내 기운이 우주 기운이요 우주 기운이 내 기운으로 느껴진다. 하단전에 쌓이는 기운만으로도 기백이 차고 넘친다. 여기서 마음을 닦아 중단전이 활짝 열리면 호연지기가 피어난다. 마음이 열려 호연지기가 피어나면 우주를 품은 마음이다. 한없이 끌어들이기만 하던 호흡도 만족감이 생기면서 저절로 놓아진다. 이 과정이 바로 정인 과정과 맞닿는다.

(5) 천공 호흡법

천공 호흡법은 대양 박정용 상인께서 몇몇 사람에게만 비전으로 전수해 준 단법이다.

천공 호흡은 심기단법을 수련하고, 원기단법 제1단계 이상 수련이 이루어진 사람만이 할 수 있는 과정이다. 그렇지 않고 천공 호흡법의 형태만 따라 하는 것은 오히려 독이 될 수도 있다. 다만 원기단법 제1단계 이상의 수련을 충분히 이룬 사람이 한다면, 원기단법 제2, 제3단계를 한 번에 뛰어넘을 수 있는 강력한 단법이 될 수 있다.

천공 호흡 방법

맨 처음 단전을 중심으로 온몸으로 숨을 들이마시고 내쉰다.
그다음 연거푸 두 번을 들이마시고 내쉬기를 2회 한다.
그다음 연거푸 세 번 들이마시고 내쉬기를 3회 한다.
그다음 연거푸 네 번 들이마시고 내쉬기를 4회 한다.

이와 같이 연거푸 들이마시는 호흡수를 계속 한 번씩 늘려가며, 연거푸 들이마시는 횟수만큼씩 같은 호흡을 반복하는 것이다.

여기서 중요한 것은 호흡에 장애 없이 편안하고 자연스러운 호흡이 되어야 한다. 물론 어느 정도는 의지로 참고 감당하는 부분도 없지 않으나, 몸이 감당하지 못할 만큼 너무 벅찬 호흡을 억지로 참는 방식은 너무 위험할 수도 있다. 아마도 대양 상인께서 몇몇 사람에게만 가르쳐 주신 이유도 여기에 있을 것이다.

기천에 이러한 강력한 단법도 전해지고 있다는 것을 소개하면서, 이에 대한 자세한 내용은 여기서 더 이상 쓰지 않으니 이점 양해 바란다. 호흡에 대한 욕심으로 혼자서 잘못하면 내공을 쌓기보다는 오히려 상기시킬 수도 있기 때문이다. 천공 호흡법은 반드시 기천 지도자를 찾아가 직접 지도받기를 권한다.

(6) 원양진기단법(元陽眞氣丹法)

원양(元陽)이란 태양과 같은 말이다. 태양은 기천에서 생명의 근원을 말한다. 천부경에서도 태양은 우주의 씨알인 하나를 의미하며, 본래 마음자리가 곧 태양이라고 했다. 이는 곧 우주의 씨알과 생명의 근원은 하나라는 의미이다. 원양은 바로 우주의 씨알이며 생명의 근원인 태양을 의미한다. 원양진기단법은 내 안에 진기를 길러 원양을 드러내 밝히는 단법이다. 즉 내 안에 신성을 밝히는 단법이 곧 원양진기단법이다.

우리가 말하는 순수의식, 한얼, 하나님, 불성, 진리, 니르바나, 그리스도 등도 모두 근원적이고 절대적 존재성을 의미한다. 그렇지만 이런 말에만 매여 그 의미를 찾고자 한다면 곤란하다. 내 안에서 순수한 생명의 근원을 찾아 밝힐 때 그것이 곧 태양이며 원양임을 알아야 한다. 이것은 반드시 내 안에서 찾아 밝혀야만 한다. 천부경에서 가르치는 바대로 내 안에서 본래 마음을 밝힐 때 생명의 근원인 태양(원양)의 실체를 알 수 있다.

이것은 누구에게나 있으며 어디에도 있지 않은 곳이 없는 무한한 존재이지만, 나를 넘어 다른 곳에서 찾으려 한다면, 그것은 모두 상상에 지나지 않는 허상에 불과할 뿐이다. 반드시 내 안에서 본래 마음을 밝혀 신성을 드러내야만 한다. 이것이 진정한 수행자의 깨달음이요, 인간이 할 수 있는 가장 가치 있는 일이다.

생명은 몸에서 피어나지만, 그 뿌리는 정신[神]에 있다. 몸에 드러난 생명은 마음을 통해 찾을 수 있다. 몸과 마음을 배제하고 생명의 뿌리인 원양을 찾는다는 것은 절대 불가능하다. 말이나 글에 매이지 말고 반드시 내 안에 진기를 통해 생명의 근원인 원양을 드러내 밝혀야 한다. 생명줄인 진기를 잃고서는 원양을 드러내 밝힐 수 없다.

몸에 진기를 기르고 마음을 정화할 때 원양은 밝게 드러난다. 진기를 기른다 해도 원양이 드러나지 못하는 것은 바로 원양을 가리는 장막이 있어서다. 원양을 가리는 것은 다름 아닌 나이다. 내 생각, 내 감정, 내 죄업, 내 공적, 내 집착과 욕망 등 나의 모든 것이 바로 생명의 근원인 원양을 가리는 장애물들이다. 이것들이 정화되면 원양은 내게서 나를 넘어 드러난다.

몸과 마음이 정화되면 몸·마음·의식은 근원인 순수의식으로 이어진다. 이때 그동안 자신의 몸과 생각의 파편을 자신으로 알던 의식이 모든 것을 놓고 순수한 생명과 하나 된다. 이때 자신은 영롱한 생명으로 우주 허공과 하나 되는 느낌이다. 여기는 생명의 근원이며 모든 생명이 하나로 통하는 당신의 참 고향이기도 하다. 누구든지 그동안 느끼고 인지해 오던 자아상을 완전히 벗고 근원과 하나 된다면, 순수한 생명의 빛이 환하게 드러난다. 이 과정을 완수하는 단전호흡법이 바로 원양진기단법이다.

〈1〉 원양진기단법 호흡 방법

호흡 방법은 원기단법과 달리 들이마신 숨을 머금지 않고, 숨결이 끊기지 않게 들이마시고 내쉰다. 이때 호흡은 가늘고 길고 고르게 하며 숨의 길이는 편안한 날숨이 되도록 조절한다. 이때도 들숨에 아랫배를 무리하게 부풀리거나 강하게 복압을 주어서는 안 된다. 단전을 중심으로 온몸에 자연스럽고 고요하게 숨을 불어 넣어 준다. 코로 숨을 불어 넣는 느낌보다는 단전을 열어주면서 숨이 온몸에 들어오는 느낌으로 하라. 단전이 꼭지가 되어 온몸으로 숨을 들이마시고 내쉬는 호흡이 되도록 한다. 호흡은 심기단법보다 더 길고 가늘고 고르면서 단전을 중심으로 깊게 들어가도록 한다. 심기단법의 호흡법이 원기단법의 머금는 호흡을 거쳐 긴 조식(調息) 호흡법으로 거듭난 형태이다.

여기서 가장 중요한 것은 바로 심법이다.

처음 심기단법에서는 기를 알고 길들인 후 원기단법에서 본격적으로 내단을 다지고 닦는 수련에 주력했다. 이러한 심기단법과 원기단법은 행인, 공인, 정인 수련에 맞추어진 단전호흡법이다. 천공 호흡법은 원기단법을 압축시킨 호흡법과도 같다. 여기서 공력이 나오고 무술이 나오고 기치유 활명과 단학의 여러 가지 술법들이 펼쳐진다.

원양진기단법은 우아일체(宇我一體)가 되는 비움의 단전호흡법이다. 현실에서 맺히고 엉킨 기운을 풀어내고 근원으로 되돌아가 진기를 길러 원양을 드러내는 깨달음의 단법이다. 원양진기단법은 법인, 도인, 진인 수련에 맞추어진 단전호흡법이다.

숨을 들이마실 때 나를 비우고 내쉴 때 얼개를 허물어 내는 심법이어야 한다. 처음에는 들숨과 날숨을 통해 마음에 짐부터 풀어내고, 그다음 집착과 욕망의 감정을 풀어낸다. 이 과정이 끝나면 들숨과 날숨에서 마음의 얼개를 털어낸다. 최종적으로 몸마저 허물어 내고 진기를 길러 원양을 드러내 밝히는 단법이다.

〈2〉 제1단계

제1단계는 현재 민감한 감정이나 생각을 비우고 정화하는 과정이다. 먼저 현재 마음에 잡혀 있는 민감한 생각이나 감정들을 미리 정리해서 준비하고 수련하는 것이 좋다. 실제 현실에서 부딪치고 얽힌 민감한 감정들을 정리하여 준비한다. 정리한 사안들을 하나하나 떠올려 호흡과 함께 털어내고 비운다. 민감한 감정이 생긴 상황을 떠올려도 더 이상 민감한 감정이 일어나지 않을 때까지 비우고 털어낸다. 그리고 감정을 털어내고 비운 마음자리를 마음의 눈으로 바라보고 느끼면서 단전호흡으로 정화한다.

그다음 삶 속에서 마음에 담고 있는 생각이나 감정들을 모두 털어내고 정화한다. 아울러 나도 모르게 마음에 잡혀 있는 여러 가지 감정과 모난 생각들을 함께 정화한다. 수련은 앞에서 했던 민감한 감정을 털어내고 정화하는 방법과 같다. 감정이 비워지고 정화되면 마음이 편안하고 가벼워진다.

생각이나 감정을 털어내고 비울 때는 반드시 비운 자리를 바라보고 느껴준다. 털어내고 비우는 과정에서 무엇이든 있는 그대로 바라보고 느껴주는 것이 중요하다. 느껴주기는 생각이나 감정을 털어내고 마음을 정화하는데 가장 좋은 법이다. 느낌이 커지면 생각이 줄어들고 감정이 녹는다. 그리고 느낌이 커지는 만큼 기운이 몸에 충만해지고 고조된다. 느낌의 정점에는 순수한 생명이 있기 때문이다.

〈3〉 제2단계

제2단계에서는 마음의 얼개를 풀고 욕망과 집착 덩어리를 놓아주는 과정이다. 먼저 자신의 욕망과 집착하는 것을 찾아 호흡 속에 내려놓는다. 자신의 강한 가치관도 여기에 속한다. 미리 자신의 욕망은 무엇이며, 무엇을 집착하는지 정리하여 준비한다. 정리된 내용을 단전호흡과 함께 차근차근 녹여내고 정화한다. 그리고 이런저런 마음의 얼개를 풀어주고 모든 상을 걷어낸다. 마음의 얼개란 자신이 가지고 있는 마음의 기준이나 잣대를 말한다.

도(道)가 십이면 마(魔)도 십이라는 말이 있듯이 수련이 깊어질수록 심상이 진짜같이 어른거린다. 모든 것을 호흡과 함께 털어내고 놓아준다.

마음을 비우지 못하고 생각에 휘둘리면 머리로 올라온 기운은 그에 따른 상(相)을 짓게 된다. 그러면 머리는 하늘의 기운을 받지 못하고 상기되어 사기(邪氣)가 맺힌다.

사기가 맺히면 수련에 장애가 온다는 것을 명심할 필요가 있다. 진실하게 비워야 마음이 편안해지고, 자신을 구속하는 마음의 얼개가 풀어져야 진정한 자유가 느껴진다. 마음이 비워지고 마음의 얼개가 풀어질수록 호흡 또한 한결 편안하고 여유로워진다.

진리는 누구에게나 있지만 아무나 알 수 없다. 나 없는 무아 속에 진리가 피어난다. 나로부터 해탈이 있어야 진정한 무아가 되며, 무아가 되어야 진리가 드러난다. 이때 비로소 순수한 생명의 존재인 원양이 드러난다. 먼저 마음에 감정이 녹고 거미줄처럼 얽힌 마음의 얼개가 걷혀야 나에게서 벗어날 수가 있다. 이렇게 원양을 드러낼 수 있는 준비 단계가 바로 원양진기단법의 제1, 2단계이다.

〈4〉 제3단계

제3단계는 나 자신을 허물고 녹이는 과정이다. 나를 놓고 허문다는 말이 쉽지만은 않다. 어떤 면에서는 죽기보다 어려울 수도 있다. 마음의 종착지는 바로 몸이다. 나의 모든 것을 내려놓고 마음을 비워냈다면 궁극에는 몸마저 허물어 내야 한다. 본래 마음을 밝혀 신성을 드러낼 수 있는 기천의 마지막 최고 수련 과정이다.

마음에 얽힌 감정이나 몸을 허물어 내는 과정에서는 신체의 어떤 부분으로도 호흡을 주관할 수 있다. 예를 들어 코 대신 장심이나 용천 또는 백회나 회음혈을 통해 호흡할 수도 있다. 이것이 자유스러워지면 온몸의 어디로든 호흡할 수 있다. 이런 호흡과 함께 몸과 마음이 정화되면 될수록 당신은 더욱 고급스러운 존재로 거듭나게 된다. 당신의 생명이 더욱 맑고 건강해진다. 이래서 단전호흡을 의식호흡(意識呼吸)이라고 말할 수도 있다.

원양진기단법이 무르익으면 호흡하는데 시간 가는 줄 모르고 자신이 몸에서 한 단계 떨어져 나온 느낌이 든다. 단전호흡할 때 머릿속에 이슬이 맺혀 떨어지는 느낌이 들며 자연스럽게 입안에 단침이 고인다. 입안에 생성된 단침은 정성스럽게 마신다. 온몸은 화기에 달궈져 불덩어리 같지만, 수기가 그를 감싸 정작 본인은 시원함을 느낀다. 이때 온몸은 하나의 기운 덩어리로 느껴지며 또 그렇게 작용한다. 몸에서 느껴지던 기운 덩어리는 점차 영롱한 영체가 되어 그것이 곧 자신으로 인지될 수도 있다. 이쯤 되면 호흡할 때 단전이 움직이는 것이 아니라 허공이 움직이는 느낌이 든다. 우주와 내가 하나로 느껴진다.

이때 기(氣)는 마음 가는 대로 움직인다. 기는 자기 몸뿐이 아니라 다른 사람이나 어떤 대상에도 뻗쳐 작용한다. 만약 아픈 사람의 통증에 손을 대면 금방 치유되는 기적(奇蹟) 같은 현상이 일어나기도 한다. 또 텔레파시와 같은 기적(氣的) 현상이 일어나기도 한다. 이 단계가 되면 기공 치료도 자상(自傷)을 받지 않고 해낼 수 있다. 그렇지 않고 억지로 기를 쓰거나 기치료를 하면 시술자가 자상을 입는 경우가 종종 있다.

이 과정에서 수많은 기적(氣的) 체험과 영적(靈的) 체험을 할 수도 있다. 앞서 원기단법에서 말한 기적(氣的) 체험과는 또 다른 현상이다. 원양진기단법에서 마음을 비우고 몸이 정화되면서 체험하는 영체는 맑고 영롱하며, 기분 좋은 느낌이다. 유체와는 다르게 영체는 형체가 없다. 자신이 밝고 맑은 빛처럼 느껴진다. 형체도 한계도 없으면서 덩어리처럼 한곳에 뭉쳐진 순수 의식체라고나 할까? 빛 덩어리처럼 느껴지는 살아 있는 의식체이다. 영체가 느껴지면 몸은 인지되지 않는다. 지극히 편안하고 밝은 느낌이라고 할 수 있다. 아무쪼록 허상에 매이지 말고 올곧게 수행하여 모두가 인간 완성에 이르기를 바라는 마음이다.

마침내 나의 모든 것이 소멸되어 진공(眞空)이 될 때 당신 안에 신성이 드러난다. 이것이 바로 당신의 본래 마음이며 참 존재이다. 내면에 있던 본래 마음이 드러나면 당신은 그것을 그냥 알게 된다. 이것을 안 당신은 예전의 당신이 아니다.

참을 밝힌 당신은 경이로운 환희 속에 희열을 느끼며 즐거움의 극치를 경험할 것이다. 이것이 바로 극락이 아닌가? 당신이 곧 평화와 행복 자체가 될 것이다. 개체 영역 안에 있던 당신이 개체의 한계를 벗어나 생명의 중심이고 전체가 된다. 당신 안에 모든 존재가 들어온다. 지금까지의 수행에서 당신은 점점 자라났으며 이제 근본 자리에 들어선 것이다. 우주의 씨알과 통한 무한한 존재의 근원인 빛으로 피어난 것이다. 이것이 바로 선조들의 가르침인 홍익인간이 아니겠는가? 클 홍(弘), 더할 익(益), 홍익인간은 바로 자신의 존재성이 점점 자라 무한한 존재로 거듭나 밝은 사람이 되는 것이라 이해할 수 있다. 이것이 바로 배달민족의 가르침이다.

이렇게 내 안에서 드러난 본래 마음이 바로 태양이고 원양이다. 혹자는 한얼이라고 하고 천부경에서는 우주의 씨알, 하나[一]라고 했다. 이것이 모든 존재의 근원이며, 하나님이요, 부처님이고, 우주의 신성인 진리 자체이다. 이것에 대한 말들이 아무리 많아도 나에게서 나오지 않는 한 모두가 말장난에 지나지 않는다. 내가 없어지고 원양을 밝힌 이를 깨달은 사람이라고 한다. 깨달은 사람이 이것을 무어라 말해도 그것은 참이다. 그 사람은 진리를 말하고 있다. 그렇지 않고 머리로 이해고 똑같은 말을 한다 해도 이는 모두 허망하고 허황된 말 잔치에 불과하다.

이것이 바로 기천이 추구하는 깨달음이다. "말이나 글에 집착하지 말고 몸으로 수행하라"라는 기천 가르침의 궁극에는 이렇게 인간 완성이 있다. 이것이 바로 생명의 꽃이요, 인류가 나아가야 할 길이다. 내가 이 책을 통해 전하고자 하는 기천 수련의 가치도 여기에 있다.

Ⅶ. 심법(心法)

말이나 글에 집착하지 말고
몸으로 수행하라

1. 마음
2. 심법의 중요성
3. 심법 수련
4. 심법 수련 효과

Ⅶ. 심법(心法)

　심법은 마음을 닦고 다루는 수련법을 말한다. 마음은 형체가 없어 보이지는 않지만, 형체 있는 것을 다루는 주인이다. 우리는 몸으로 사는 것 같지만, 실은 몸을 통해 마음으로 산다. 마음이 삶의 질과 인격까지 결정짓는다. 똑같은 상황이라도 마음이 어떠냐에 따라 행복해지기도 하고 불행해지기도 한다. 만약 몸에만 의지한다면 자연스러울지는 몰라도 생물학적 삶에 그치고 말 것이다. 삶에서 희망도 절망도 모두 마음이 결정한다.

　마음은 삶을 이끌어가는 주인이면서 기를 이끌고 부리는 마부 같은 존재이기도 하다. 기천 수련도 마음 따라 그 결과는 크게 달라질 수 있다. 어떤 마음으로 수련하느냐에 따라 기천이 단학이 될 수도 있고, 무술이나 기공이 될 수도 있으며, 활명이나 예술로 승화시킬 수도 있다. 나아가 자신의 존재성을 깨달아 밝히는 것 또한 마음이 주관한다.

　당신이 원하는 삶은 무엇인가? 그것이 무엇이든 당신은 먼저 마음을 알아야 한다. 물질만으로는 누구도 삶의 의미를 찾거나 행복을 보장받을 수 없기 때문이다.

　세상은 요지경이라고 한다. 요지경은 회전하는 원통 안에 변하는 모습의 그림을 연속적으로 붙여놓고, 확대경을 이용하여 그 안을 들여다보는 거울이다. 원통 안의 그림이 마치 실물이 움직이는 것처럼 보이게 한다.

　사람 사는 세상은 참으로 요지경이다. 똑같은 세상에 살지만, 사람마다 보고 느끼는 세상이 모두 다르다. 여기에 희로애락이 있고 삶과 죽음이 있다. 간혹 현자들이 나와 이 모두는 실제가 아닌 허상이라고 말한다.

　삶의 요지경은 어디서 어떻게 일어나는 것일까? 이것을 안다면 우리는 요지경에 비치는 세상이 하나의 생각 조각에 불과하다는 것을 깨닫게 된다. 이 모든 것은 마음에서 생겨난다. 마음에 신념과 생각들이 감정으로 빚어 만들어 내는 현상이다. 이런 현상들은 곧 그 사람의 현실이 되어 실제같이 느껴진다.

신념과 사상은 사람의 얼굴과 지문만큼 달라서 똑같은 세상에서 똑같은 상황을 경험해도 각자가 받아들이는 현실이 모두 다르다. 이것이 바로 마음이 만들어 내는 삶의 요지경이다. 생명은 하나이지만 마음에 담은 생각에 따라 시시각각 다르게 나타나는 것이다. 사람의 차이는 바로 여기서 구분된다. 이것만 이해해도 우리는 지금보다 훨씬 쉽게 서로를 이해하고 조화를 이룰 것이다. 그러기에 마음을 알고 다루는 심법이 절대적으로 필요하다.

1. 마음

마음을 모르는 사람은 없을 것이다. 그렇지만 마음을 아는 사람 또한 그리 많지 않다. 마음은 사람을 송두리째 집어삼키면서도 그 실체를 쉽게 드러내지 않는다. 마음은 생각이나 감정 같은 대리를 통해 그 역할을 하면서 정작 자신의 정체는 깊이 숨기고 있기 때문이다. 어쩌면 우리는 마음을 찾기 위해 세상에 나왔을지도 모른다. 나는 그렇게 생각한다. 우리는 모두 본래 마음을 찾기 위해 세상에 나왔다고 말하고 싶다. 최소한 수행자에게만은 반드시 그렇다고 생각한다.

마음은 눈에 보이지도 아니하고 잡히지도 아니하며, 무게도 형체도 없다. 그러나 우리는 마음으로 희로애락을 느끼며 삶을 살아간다. 마음의 모습은 생각 주머니와도 같다. 삶 속에서 수많은 생각과 감정을 마음에 담는다. 어떤 생각과 감정을 담느냐에 따라 마음이 달라진다. 우리 말에 꼴값이란 말이 있다. 사람이 하는 짓을 보고 꼴값한다고 한다. 외모와 하는 짓을 견주어 하는 말이지만, 내막은 마음의 모양을 두고 하는 말이다. 모든 사람이 마음에 꼴을 갖추고 꼴값한다. 마음의 모양은 곧 그 사람의 인격이 된다. 마음의 꼴이 곧 그 사람이라고 해도 과언이 아니다. 그것은 다름 아닌 마음에 담긴 생각과 감정들이다.

생각과 감정 또한 마음이 만든다. 그런데 어찌하여 똑같은 상황이라도 사람마다 다른 생각과 감정을 가질 수 있을까? 그것은 사람마다 추구하는 바가 다르기 때문일 것이다. 그렇다면 마음은 자기 나름대로 가치를 추구하는 생명 현상이라고 말하고 싶다. 기업의 존재 목적이 이윤 창출이다. 기업의 이윤이란 자본, 즉 물질적 이윤을 말한다. 마음에서 추구하는 가치란 철저히 자신의 주관적 기준에 따른다. 여기에는 물질적, 정신적 가치를 총망라한다.

마음에서 추구하는 물질적 가치 또한 개인 성향에 따라 차이가 있다. 똑같은 물건이라도 사람에 따라 그 가치는 큰 차이가 난다. 어떤 것이든 마음이 갖는 의미에 따라 그 가치가 달라지기 때문이다. 예를 들어 똑같은 물건이라도 유명 인사가 쓰던 것이거나 훌륭했던 자기 조상으로부터 물려받은 유품과 시장에서 산 것과는 개인에 따라 큰 차이가 날 것이다.

정신적 가치는 명예, 도덕, 사상, 가치관, 자기 감성 등이 얽혀 있어 더 복잡하다. 어떤 것이든 마음은 자기가 추구하는 가치를 위해 움직이고 작용한다. 이 과정에서 사람마다 다양한 신념과 생각을 가진다. 이것을 개인의 성향이나 취향이라고 말할 수도 있을 것이다. 어떻게 말하든 그 의미는 매한가지이다. 마음이 추구하는 바에 따라 각자의 신념과 사상이 생기고 자기 기준이 만들어진다. 여기에 감정이 일어 삶을 버무린다. 그 중심에는 마음이 있다.

2. 심법의 중요성

세상살이에서 마음에 기분 좋은 생각과 감정들만 있지 않고, 삶에 방해되는 부정적 생각이나 감정도 무수히 많다. 배신감, 비애감, 불신감, 미움, 분노, 억울함, 비굴함, 모욕감, 모멸감, 증오심, 공포심, 두려움, 경멸감, 혐오감, 창피함 등이다. 이런 생각과 감정들은 마음을 짓누르고 숨통까지 틀어막는다. 가슴이 답답하고 마음을 우울하고 암담하게 만든다. 그뿐만 아니라 매우 폭력적이고 거친 사람을 만들기도 한다. 거꾸로 피해의식에 사로잡혀 의기소침하고 모든 것을 포기하게 만들기도 한다.

이뿐만이 아니다. 많은 사람이 자신을 드러내고 인정받기 위해 ~척하고, 안달히는 마음 또한 안쓰럽기까지 하다. 사람들은 우월감, 자만심, 잘난 척, 못난 척, 가진 척, 없는 척, 강한 척, 약한 척, 아는 척, 모르는 척 등 현란하게 자신을 바꿔가면서 삶 속에서 허우적거린다.

어떤 감정들은 불현듯 일어나기도 하고, 마음이 한 생각이나 감정에 잡혀 있기도 하다. 이런 상황이 되면 의지로 어떻게 할 수 없고, 그대로 두면 저절로 없어지지도 않는다. 시간이 지나면 감정이 좀 무뎌지는 것 같으나 어떤 상황이 전개되면 여지없이 올라와 마음을 뒤집어 놓는다. 깊은 트라우마는 평생을 괴롭히는 장애가 되기도 한다. 마음에 담긴 여러 가지 생각들이 난동을 부리는 것이다.

또 마음에 담긴 신념과 사상이 자기 기준과 다른 상황을 만나면 감정적 충돌을 일으킨다. 상황에 따라 도저히 용서하지 못하고 화해하지 못할 만큼 강력한 반발과 충돌이 생기기도 한다. 이때 분노가 일어나고 상대에 대한 원망과 미움이 생긴다. 어떤 것에 대해서는 너무 강렬한 나머지 서로 간에 적대적 관계를 만들기도 한다. 이런 감정이 많아지면 원망과 미움의 감정이 목구멍까지 차오를 수도 있다. 이런 상태는 삶을 고달프게 할 뿐만 아니라 만병을 일으키는 원인이 되기도 한다. 이것이 삶에 지친 중생의 모습이다. 부처님도 이런 모습을 보고 삶을 고통의 바다라고까지 했다.

마음에 맺힌 부정적인 감정을 풀지 못한 채 어떤 일을 해도 그것은 생산적이지 못하고, 결국 자신을 망가트리는 결과가 된다. 그 어떤 일보다 우선인 것은 마음을 힘들게 하는 생각과 감정부터 풀어주고, 마음을 정화하여 자신의 참모습을 찾는 일이다. 마음을 닦고 다스리는 것은 편안하고 행복한 삶을 만들어 가는 가장 기본적인 일이다.

마음에 감정이 쌓이고 생각과 신념이 굳어지면 삶에 장애를 줄 뿐 아니라, 순수한 생명은 아상에 잡혀 몸[땅]에 갇히고 만다. 몸은 생명을 피워내는 땅이다. 몸 수련에 정성을 들이는 이유도 이 때문이다. 아상에 잡혀 몸에 갇히면 일렁이는 숱한 감정의 시달림에서 빠져나오기가 쉽지 않다. 부처님 말씀대로 삶이 곧 고해(苦海)가 된다. 몸이 감옥이 되고 우상이 되어버린다. 이렇게 땅인 몸에 갇힌 것이 바로 지옥이다. 여기에 갇히면 살아 있어도 죽은 자와 같다. 지옥이 죽어서 끌려갈 땅속 어디쯤으로 생각하고 있다면 어리석은 생각임을 자각해야 한다.

아상은 생명이 아닌 허상일 뿐이다. 누구나 아상과 몸에 갇히면 거기서 쉽게 빠져나올 수 없지만, 아상이 곧 생각 덩어리임을 알고 직시한다면 누구나 벗어날 수 있다. 이때 무덤 속에 갇혔던 중생이 진정한 생명의 존재로 다시 살아난다. 이것이 진정한 부활이요, 해탈이다.

이것이야말로 진정한 구원의 법이 아니겠는가? 원혜 상인께서 대양 상인에게 전하셨다는 "기천은 구원의 법이니 만인에게 전하라"라는 말씀을 나는 이렇게 이해한다.

기천 수련을 통해 잠시 육체적 건강만을 도모하는 것으로 구원의 법이라고 이해하기에는 너무 석연치 않다. 기천은 건강체를 만들고 자기 굴레를 깨고 나와 신성을 밝혀 참 생명으로 거듭나는 구원의 법이다. 기천은 천부경의 가르침인 본래 마음을 드러내 펼칠 수 있는 구체적인 수행법이다. 나는 그래서 기천을 좋아하고 사람들에게 가르친다. 이것이 나와 이웃과 인류를 살리는 진정한 인류 구원의 법이기에 그러하다.

이런 수련 체계가 바로 심법이다. 심법을 모르고 몸만 부둥켜 잡고 있다면 기천 수련의 결과가 어디로 갈지 모른다. 같은 시간 같은 몸짓에도 심법을 바로 알고 하는 것과 그렇지 않은 결과는 천양지차이다. 기천의 신법, 단법, 심법은 모두 생명을 가꾸고 정화하여 본래 순수한 생명의 존재를 드러내 밝히는 데 있다.

순수한 생명이 밝게 떠오름이 바로 참 나이다. 아상에 갇혔던 순수 생명 안에 신성이 떠오르면 누구나 아름답고 고귀한 존재가 된다. 세상에 가장 아름답고 거룩한 존재는 바로 생명이요, 가장 신비스러운 것은 생명 작용이다. 세상에 생명이 움직이는 것보다 더 신비한 것은 없다. 신(神) 또한 생명을 벗어나 있지 않다. 모든 신은 생명 안에 있다. 만약 생명을 벗어난 신이 있다면 그것은 거짓 신에 불과할 뿐이다. 기천 수련에서 심법의 절대적 중요성 또한 여기에 있다.

3. 심법 수련

심법 수련생들 (2019년)

심법은 마음을 닦고 다루는 수련이다. "일체유심조"라고 했다. 모든 것은 마음이 만든다는 말이다. 그렇다면 마음을 잘 다루어야 할 것이다. 그러기 위해서는 먼저 마음을 알아야 한다. 그다음 현재 마음 상태를 파악하고 마음을 다루고 닦는 방법을 알아야 한다. 이러한 시스템을 갖춘 것이 바로 심법 수련이다. 심법 수련은 반드시 마음을 변화시켜야 한다. 마음이 변화되면 사람이 변화된다. 수련하기 전과 후는 완연히 다른 사람이 된다.

그냥 조용하고 고요하게 앉아 들끓는 감정을 잠시 가라앉히는 것만으로 마음을 온전히 바꾸는 데는 한계가 있다. 먼저 마음을 이해하고 현재 민감한 감정부터 풀어내야 한다. 그다음 자신을 옥죄는 마음의 얼개에서 벗어나야 한다.

심법은 신법이나 단법과 달라 마음을 이해하지 못한 채 잘못 덤벼들었다가는 영원히 자기 생각 속에 묻힐 수도 있다. 자기 생각 속에 묻히면 자기가 가장 잘하고 있다는 생각에 미쳐 거기서 빠져나오기가 쉽지 않다.

마음의 짐이나 틀은 하나하나 생각에 불과하다. 생각은 마음에 안착시킬 수도 있고, 털어낼 수도 있다. 심법 수련은 제일 먼저 마음과 생각의 차이를 분명하게 이해해야 한다. 그리고 마음에 생각 안착시키기와 털어내는 법을 알고 익혀야 한다. 마음과 생각의 차이를 이해하고 생각 털어내기를 익히는 실질적인 수련이 필요하다. 실제 수련을 통해 마음과 생각의 차이를 느끼고 체득해야 한다. 그리고 생각 털어내기를 숙달시켜야 한다. 이런 이치를 이해하면 심법은 손바닥 뒤집듯 쉽다.

다만 심법만을 집중적으로 하는 경우와 단법이나 신법과 같이하는 심법은 구체적인 방법이 약간 다를 수 있다. 그렇지만 수련할 내용을 미리 정리하여 꼼꼼하게 마음을 챙기고 수련해야 하는 것은 같다.

심법의 기본인 마음과 생각의 차이를 알고 생각 털어내기를 익혔다면, 가장 먼저 해야 할 일은 현재 마음에 민감하게 잡힌 생각과 감정을 털어내고 정화하는 일이다. 그다음 나도 모르게 가지고 있는 마음의 짐을 내려놓고, 거미줄처럼 얽힌 마음의 얼개를 걷어내야 한다. 그리고 마지막 나를 없애고 무아가 되는 것이다. 이때 순수한 본래 마음이 혜성처럼 저절로 떠오르게 된다.

이렇게 심법의 이치는 간단하나, 실제 수련에 들어가면 사람마다 마음의 성향이 달라 다양한 양태를 드러낸다. 어떤 상황이 와도 기본적인 수련의 개념을 놓치지 않는다면 누구나 정도에서 벗어나지 않을 것이다. 만약 나타나는 현상에 홀려 마음을 빼앗긴다면 얼마만큼 돌아갈지 모른다. 잘못하면 완전히 곁길로 빠질 수도 있다는 것을 명심하고 심법의 기본 개념을 잊지 않고 정직하게 수련하기를 권한다.

마음이 비워지면 누구나 몸과 마음이 가벼워지고 편안해지는 것을 느낀다. 또 본래 마음이 회복될수록 편안한 가운데 당당함과 행복감이 넘친다. 이렇게 올라오는 행복감은 상대적 우월감에서 오는 것과 다르다. 언제 어디서나 흔들리지 않는 절대적 행복감이다. 심법이 익숙해지면 자기도 모르는 사이 생활 속에서도 늘 자신을 정화하는 심법 수련이 저절로 이루어지게 된다.

4. 심법 수련 효과

심법은 삶에 수많은 긍정적 효과를 준다. 먼저 마음을 무겁게 잡고 있던 생각과 감정이 풀어지면 마음이 편안하고 가벼워진다. 심란했던 마음에 여유와 평화가 깃든다. 모든 일에 자신감이 생기고 남의 눈치를 보지 않고 척하기가 필요 없어진다. 또 현실에서 일어나는 스트레스도 쉽게 해결할 수 있는 능력까지 생긴다. 속에서부터 자기도 모르게 나오던 나쁜 습관이나 성격들도 순하게 길들어신다. 이런 것들이 상당 부분 스스로 통제가 가능해진다. 마음이 정화되면 뭔지 모르게 불편하던 몸도 편안해지고 가벼워진다. 대부분 심법 수련 후 이렇게 바뀐 자기 모습에 스스로 놀라지 않는 사람이 없었다.

텅 빔 속의 하나!

이뿐만이 아니다. 모든 것을 비우고 나마저 없어질 때 하나가 떠오른다. 시작도 끝도 없는 무한한 이 존재! 이것은 생명이 있어 스스로 존재하는 진리 자체이다. 마음을 비워야 내가 없어지고 내가 없어야 진리와 하나 될 수 있다. 이것이 바로 텅 빔 속 하나이다. 우리는 이 하나를 드러내기 위해 여기까지 왔다.

이것이 순수 생명 자체인 신성이요, 불변하는 영원한 진리이다. 형체가 없고 한계도 없다. 이것이 우주의 바탕이며 생명의 근원이다. 모든 상에서 벗어나 어디에도 걸리지 않을 때 이 존재는 내 안에서 그냥 떠오른다. 밝은 태양이 떠오르면 그냥 밝듯이 내 안에 떠오른 태양 역시 그냥 알아차린다. 이것이 기천에서 가르치는 깨달음이요, 기천의 마지막 품계인 진인이며, 천부경의 핵심인 하나 그 자체이다.

심법 과정에서 사람마다 시시각각 여러 가지 변화를 경험할 수도 있다. 여기서 허상에 잡혀 놀아난다면 마지막 관문을 통과하지 못하고 이무기가 되고 만다. 이무기가 되면 아무런 가치도 없이 소란스러울 뿐이다. 이무기는 공력은 있되 내 안의 태양을 밝히지 못하고 아상의 굴레에 갇혀있는 사람을 일컫는다. 용이 된다는 것은 내 안에 태양을 밝혀 진리와 하나 되는 것이다. 자신이 순수한 생명의 존재, 곧 태양이 되는 것이다. 이런 사람이 평범 속에 비범한 사람이다. 삶은 자연스럽고 평범하되, 세상에 가장 거룩하고 아름다운 생명의 존재로 살아가는 비범한 사람이다.

기천은 이렇게 용이 되는 수련이다. 용을 상상의 동물로 여기거나 심상에 잡혀 용의 발가락이 3개니, 4개니 다툰다면 수련은 이미 삼천포로 빠진 것이다. 수행에서 헛된 망상과 허상은 금물이다. 망상과 허상에 빠지는 것이 가장 큰 마장(魔障)이다. 이 길의 길잡이가 바로 심법이다. 모두가 가슴을 열고 내 안에 밝은 진리의 빛을 드러내기를 진심으로 기원하는 바이다.

Ⅷ. 기천과 천부경

말이나 글에 집착하지 말고
몸으로 수행하라

1. 천부경
2. 기천과 천부경

Ⅷ. 기천과 천부경(天府經)

천부경을 기천 책에 삽입하는 이유가 있다. 이것은 기천과 전혀 생뚱한 내용이 아니다. 나는 천부경의 가르침이 기천에 그대로 녹아 있고, 기천을 통해 천부경의 이치를 밝힐 수 있음을 수련을 통해 느끼면서 놀라지 않을 수가 없었다.

천부경은 우주 변화와 조화의 원리를 밝힌 우리 민족 최고의 경전이다. 무한한 우주는 하나의 근원으로부터 펼쳐져 우주 삼라만상을 빚어내고 변화시키나, 하나의 근원은 덜어지거나 더해지지도 않고 그냥 그대로인 항상성의 진리임을 밝히고 있다. 우주는 눈에 보이는 피상적인 모습으로만 끝나지 않는다. 만약 눈에 보이는 모습만 따라가며 우주를 알려고 한다면 핵심은 놓치고, 우주에서 터럭 하나 잡아 올리기도 어려울 것이다.

천부경은 형체도 없는 우주의 씨알이 삼으로 변화하고 삼이 육으로 변화하면서 칠·팔·구로 번창하여 우주 삼라만상을 이루는 현상을 설파한다. 여기서 단순히 우주만을 논하지 않았다. 우주와 사람이 하나임을 말하고 있다. 우주의 씨알이 곧 사람의 본래 마음자리임을 말하면서 우주와 사람의 근본이 하나임을 밝히고 있다.

우주의 근원과 생명의 근원이 둘이 아닌 하나임을 밝힌 것이다. 무한하게 펼쳐져 변화하는 우주 공간에서 우주의 씨알을 찾기는 불가능할지도 모른다. 우주 삼라만상 가운데 일부를 찾아 이해한다 해도 그것은 나와 별개인 피상적 우주가 되고 만다. 천부경에서는 본래 마음을 찾아 자신의 근본을 밝힌다면 그것이 곧 우주의 바탕이며 씨알이라고 명확하게 밝히고 있다. 이같이 천부경은 우주 조화의 원리를 설파하는 가운데 그 중심에는 사람이 있음을 말하며 인본 주위를 주장한다. 이것이 천부경의 가르침이다.

이것을 머리로만 이해하는 데서 끝나서는 큰 가치가 없다. 자신의 존재성이 바뀌지 않고 단순하게 이해만으로는 영원히 나와 우주가 분리되어 있기 때문에 하나의 가상적 지식에 불과하다. 천부경의 가르침과 같이 자신을 정화하여 본래 마음을 드러낼 때만 그 가치가 드러난다. 본래 마음이 떠오를 때 몸을 중심으로 형성된 자아가 녹고 자신은 순수한 참 생명의 존재성으로 바뀌게 되기 때문이다. 이때 비로소 우주가 사람 안에서 하나의 생명으로 피어난다. 즉 우주와 내가 둘이 아닌 하나가 되는 것이다.

이런 사람은 천부경의 이해를 넘어 우주가 자기 안에서 생명으로 피어나는 천부경의 이치를 꽃피운다. 자신의 존재가 바뀌면서 모든 관점 또한 바뀌게 된다. 지엽적이고 개인적인 관점에서 근원적이고 전체적인 관점으로 바뀐다. 본래 마음이 드러나 자신이 바뀌면 관점은 자연스럽게 저절로 바뀐다. 내 안에서 밝아진 본래 마음이 곧 생명의 근원이며 우주의 씨알이기 때문이다. 관건은 본래 마음을 밝혀 드러내는 일이다.

기천은 생명을 보듬어 살리고 근원을 밝히는 선도이다. 기천은 생명의 실체와 근본을 의미한다. 기천은 순수한 생명의 실체를 의미하며, 내 안에 있는 생명의 씨알[얼]을 말하는 것이다. 이것이 바로 천부경에서 말한 본래 마음자리에서 드러나는 태양이다. 기천은 천부경에서 말한 우주의 씨알인 일[하나]과 같은 의미이다.

기천은 천부경에서 밝힌 본래 마음을 찾아 자신이 우주의 씨알로 깨어나는 구체적인 수행법이다. 만약 본래 마음을 찾는 구체적인 법을 모른다면 천부경에서 가르치는 본래 마음자리는 뜬구름 잡는 추상적인 소리가 되고 말 것이다. 자기 안에 생명의 얼을 밝히지 못한다면 우주의 씨알인 한얼은 과대망상적인 말이 되고 만다. 기천을 바르게 이해하면 몸을 살리는 건강에서 시작하여 외적을 물리치는 무술로 드러나지만, 더 깊은 곳에서는 몸과 마음을 정화하고 감추어진 본래 마음을 드러내 밝히는 수행법임을 알 수 있다. 따라서 천부경의 가르침을 밝히는 데는 반드시 기천같이 본래 마음을 밝힐 수 있는 구체적인 수행법이 있어야만 한다.

기천 또한 수련의 개념을 모르고 지엽적인 방편이나 자기 생각에 빠져 몸짓만 따라 하는 것은 행위를 흉내 내는 헛된 수고만 될 수도 있다. 기천 또한 천부경의 큰 가르침을 바로 알고 수행할 때 곁으로 빠지지 않고 정도를 갈 수가 있을 것이다. 이때 기천은 생명을 가꾸고 살리는 값진 역할을 제대로 할 수가 있다. 이것이 바로 기천이 천부경에 부합되는 선도의 증거라고 생각한다.

1. 천부경

天 符 經

一 始 無 始 一 析 三 極 無
盡 本 天 一 一 地 一 二 人
一 三 一 積 十 鉅 無 櫃 化
三 天 二 三 地 二 三 人 二
三 大 三 合 六 生 七 八 九
運 三 四 成 環 五 七 一 妙
衍 萬 往 萬 來 用 變 不 動
本 本 心 本 太 陽 昂 明 人
中 天 地 一 一 終 無 終 一

천부경이 세상에 처음 알려진 것은 계연수님이 1916년 9월 9일 묘향산에서 수도하던 중 석벽에서 발견하였다고 한다. 계연수는 평안도 사람으로 당시 약초 캐는 도인으로 전해진다. 처음 단군의 천부경 81자는 단군의 신하 신지가 전문으로 옛 비석에 새겨 놓았는데, 신라 대학자 최치원이 전서를 해석해 묘향산에 각을 해두었다고 한다.[30]

계연수는 1911년 『삼성기 상, 하』, 『단군세기』, 『북부여기』, 『태백일사』 등의 고대 문헌을 토대로 한민족 상고사인 환단고기(桓檀古記)를 최초 편집한 사람이기도 하다.[31]

천부경은 현재 대종교 경전으로 채택되어 사용 중이지만, 이미 고대로부터 전해지던 우리 민족 최고의 경전임을 먼저 알아야 할 필요가 있다. 총 81자의 수리로 우주 조화의 원리를 설파하고 있어 쉽게 이해하기 어렵다. 그래서 천부경은 대부분 사람마다 다르게 이해하고 해석한다.

나는 우주가 하나의 씨알에서부터 우주 삼라만상으로 변화하고 되돌아가는 원리를 수리로 설파하면서, 그 중심에 인간이 있음을 강조하는 천부경을 기천 수련의 교과서처럼 느꼈다. 또 천부경에서 설파한 우주 조화의 원리를 사람 안에서 펼쳐 드러낼 수 있는 법은 바로 기천 수련법이라고 생각했다. 내가 느낀 바대로 천부경과 기천에 대해 정리해 본다. 아무쪼록 수련에 도움이 되기를 바라는 마음뿐이다.

---

30 전병훈저, 임채우역, 『정신철학통편』, 인월담, 2021.
31 『위키백과』

一始無始一 (일 시 무 시 일)
하나는 시작이 없는 하나 자체이다.

하나는 우주의 근원을 말한다. 펼쳐진 우주는 형체나 내용 면에서도 가늠하기 어렵다. 하나는 우주의 근원으로 이해해야 한다. 우주의 근원이란 우주의 씨알이다. 우주의 씨알은 하나의 생명이다. 하나의 개념은 우주 전체가 하나의 살아 있는 거대한 생명의 존재로 이해할 수 있다. 하나는 드러난 모든 것의 바탕이 되는 근원이다. 우주 가운데 드러난 모든 것은 이로부터 발현되며 소멸되는 모든 것 또한 이곳으로 돌아간다. 이는 빛도 냄새도, 형체도 이름도 없는 무형의 존재이지만, 있지 않은 곳이 없으며, 하지 못할 일이 없는 무한한 존재이다. 즉 무소부재하고 전지전능한 순수 생명의 존재를 말한다.

이것이 바로 하나님이요, 우주 가운데 존재하는 신성이요, 불성이며, 소멸되지 않는 항상성의 진리요, 생명의 근원 한얼인 것이다. 이것은 시작도 없는 그냥 스스로 있는 하나의 존재임을 말하고 있다.

기천(氣天) 또한 우주 씨알인 한얼의 또 다른 이름이었음을 "기천이란"에서 자세히 설명한 바 있다. 이것은 생명의 본성이며 우주의 바탕이고 모든 존재의 본체이다. 이것이 바로 천부경 첫 말씀인 하나 일(一)이다.

析三極無盡本 (석 삼 극 무 진 본)
삼으로 나누어지나 근본은 다함이 없다.

삼은 천, 지, 인[음, 양, 중]을 말한다. 근원인 하나에서 음, 양, 중의 성질이 작용하여 천, 지, 인으로 드러나지만 하나인 근본은 줄어들거나 없어지지 않는다는 말씀이다. 즉 하나가 음, 양, 중으로 나누어져 작용하고 표출될 뿐, 그 하나는 그냥 하나로 존재한다는 것이다. 우주 만물은 음양으로 존재하고 작용한다. 음양이 합을 이루기 위해서는 반드시 중간자가 있어야 한다. 삼이 되어야 음양이 조화를 이룬다. 그래서 음·양·중 삼이다. 음양은 오행의 성질로 작용하며 하늘과 땅 사이에서 오운육기(五運六氣)로 변화하고 조화를 이룬다.

하나가 현상계에서 하늘[양]과 땅[음] 그리고 사람[중]으로 드러나지만, 이렇게 삼으로 나누어지는 하나의 근본은 소진되지 않는다. 하나는 드러나지 않은 곳으로부터 드러난 모든 것에 그냥 하나 자체로 존재한다. 우주의 씨알인 근본이 부동한 가운데 삼으로 변화하여 작용하는 것을 말하고 있다.

天一一地一二人一三 (천 일 일 지 일 이 인 일 삼)
천은 하나 중 하나요, 지는 하나 중 둘이며, 인은 하나 중 셋이다.

천은 하나 자체의 표상이며, 지는 하나가 둘로 변화하여 펼쳐진 형상이고, 인[생명체]은 하나가 삼으로 변화하여 펼쳐낸 보배이다.

천은 하늘 자체로써 하나[한얼=완전함]에 이르고, 지는 둘[하늘과 땅]로써 하나에 이르며, 사람은 셋[천·지·인]으로써 하나에 이를 수 있다는 의미가 된다. 즉 사람은 천지인 삼합의 조화를 이룰 때 온전히 생명을 펼칠 수 있으며, 또 삼합의 조화로 하나에 이르러 한얼의 존재와 하나 될 수 있다는 가르침이기도 하다.

하나는 우주의 씨알로써 만물의 근원이며 시작조차 없는 완전무결한 존재임을 이야기했다. 이 하나가 삼으로 나누어 변화하는데 그중 하나가 바로 사람임을 말한다. 우주의 근원이 천지인 삼으로 펼쳐지는데, 사람이 천지와 함께 우주의 한 축을 이루고 있음을 말하고 있다.

특히 사람은 하나 중 셋으로써 천·지·인 삼의 조화로 우주의 씨알을 생명으로 꽃피우고, 현실을 초월한 깨달음을 통해 다시 하나가 될 수 있음을 시사하는 대목이다. 여기서 우리는 사람으로서 나아가야 할 방향을 이해할 수 있다. 자신의 근본을 알고 천지와 함께 조화를 이루어 순수한 생명을 꽃피워야 할 우주의 핵심 존재의 역할을 다해야 함을 이해해야 한다. 이것이 우주가 우리에게 부여한 임무요, 천부경의 가르침이며 인간이 할 수 있는 가장 가치 있는 일이다.

이렇게 할 수 있는 구체적인 방법이 바로 기천 수행법임을 이해한다면 기천이 얼마나 중요한지를 안다. 기천은 사람이 가야 할 길을 안내하는 우리에게 가장 중요하고 필요한 길이 아닐 수 없다. 만약 천부경 말씀을 펼치는데 기천과 같은 구체적인 수행법이 없다면 천부경의 심오한 가르침은 공허한 말씀으로 전락할 수밖에 없다.

一積十鉅無匱化三 (일 적 십 거 무 궤 화 삼)
하나는 완전하고 거대하게 쌓여 있으나 그 하나는 궤[형체]가 없으며,
삼[음, 양, 중]으로 변화한다.

十은 완전함을 의미하는 숫자이며, 鉅는 크고 높고 귀하다는 의미이다. 즉 하나는 완전하고 거대한 존재이나 하나 자체는 형체[무궤 · 無匱]가 없으며, 삼으로 변화하여 형체 없는 완전하고 고귀한 하나의 존재를 드러낸다는 의미이다. 즉 모든 만물은 완전하고 거대한 하나로부터 드러난 존재들로써 형체 없이 존재하는 우주 씨알인 하나의 증거물들이다. 우주 삼라만상 모든 것은 하나로부터 삼으로 변화하고 또 변화하여 나타난 것들이기 때문이다.

天二三地二三人二三 (천 이 삼 지 이 삼 인 이 삼)
하늘은 둘[음양]이 있어 삼[음, 양, 중]으로 변화하고,
땅 또한 둘[음양]이 있어 삼[음, 양, 중]으로 드러내며,
사람에게도 둘[음양]이 있어 삼[음, 양, 중]으로 조화를 이룬다.

하나[한얼]가 천지인 삼으로 변화하고, 하나에서 변화된 천지인 하나하나 역시 각각 음양이 있어 똑같이 삼으로 변화하는 원리를 말하고 있다. 즉 하나의 근원에서 천지인이 나오고, 천지인 또한 각각 음양이 있어 삼으로 작용하여 우주 삼라만상이 드러나는 우주 변화 원리를 말한다. 천이삼에 하늘의 조화로 끝없이 펼쳐진 우주가 있고, 지이삼에 땅은 하나의 거대한 생명체와 같이 수많은 생명을 낳아 기르고 있다. 사람에게도 인이삼 조화가 있어 인류 번성으로 뭇 생명의 표상이 되고 있다. 하나에서 나누어진 천 · 지 · 인이 다시 하나[작은 근원 · 소우주]의 역할을 하며 각각 삼으로 변화하는 원리로써 우주가 일 · 삼 원리로 무한히 변화하는 이치를 말한다.

大三合六生七八九 (대 삼 합 육 생 칠 팔 구)
천, 지, 인(음, 양, 중) 삼이 크게 합을 이루어 육이 되고, 칠, 팔, 구로 번창하여 우주 만물이 가득해진다.

대 삼합은 최초 하나에서 출현하는 천 · 지 · 인[음 · 양 · 중] 삼이 크게 합을 이루는

조화의 원리를 의미한다. 육은 우주 생성과 변화의 수로써 음양이 삼음·삼양을 이루어 만들어 내는 숫자이기도 하다. 칠은 하늘을 의미하는 숫자요, 팔은 땅을 의미하는 숫자이며 구는 만수(滿數)이다. 즉 우주의 씨알인 하나에서 삼이 나오고 이 삼이 큰 합을 이루어 육을 만든다. 육이 다시 칠·팔·구로 번창하듯 하늘과 땅에 만물이 가득한, 우주 삼라만상의 생성과 변화의 원리를 말하고 있다.

運三四成環五七一 (운 삼 사 성 환 오 칠 일)
삼과 사가 서로 고리를 이루어 운행하며 오와 칠을 오가며 하나에 이른다.
(일 안에서 삼과 사가 서로 고리를 이루어 운행하며 오와 칠을 이룬다.)

삼은 하나에서 나온 천·지·인이며, 사는 삼이 설 수 있는 자리를 뜻한다. 삼은 안이요, 사는 밖을 의미한다. 즉 삼은 우주의 핵심이며, 사는 펼쳐진 우주 공간이다. 우주가 안팎으로 어우러져 변화하지만, 그 원리가 모두 하나 안에 있음을 말한다. 오는 땅의 완성 수로써 만물 만상을 의미하며, 칠은 하늘을 의미하는 숫자로 형이상학적 존재로서 드러난 만물의 뿌리를 뜻한다.

삼과 사가 고리를 이루어 돌고 돌면서 만물이 나오기 이전의 근원과 형상화된 이후의 존재가 모두 하나로써 조화를 이루고 있음을 의미한다. 우주의 씨알인 하나가 천·지·인 삼으로 변화하여 공간적 우주와 하나의 고리를 이루어 돌고 돌면서 하나 안에서 천지간에 우주 삼라만상을 창조하고 변화하는 조화의 원리를 말한다.

妙衍萬往萬來用變不動本 (묘 연 만 왕 만 래 용 변 부 동 본)
묘하게 수행하여 만 가지로 변화하고 쓰이지만, 근본은 움직임이 없다.

근원인 하나가 오묘하게 운행하여 수만 가지로 변화하고 나타내지만, 하나인 근본은 조금의 움직임도 없이 그냥 하나 자체임을 강조하고 있다. 우주 삼라만상은 최초 우주의 씨알에서 음·양·중이 작용하여 천·지·인을 드러내고 있다. 천지인 또한 각각 음양중으로 시시각각 변화하며 만상을 나타냄으로써 우주 삼라만상의 생성과 변화가 끝없이 일어난다. 이처럼 수없이 형태를 내고 거두며 가고 오지만, 그 근본인 하나는 변함없이 그냥 그대로 존재함을 말한다. 즉 하나의 근본은 형상을 드러내기

이전으로부터 형상을 드러낸 상태나, 그 후 형상이 소멸되는 모든 곳에 오고 감이 없이 그냥 그대로 하나로써 존재함을 말한다.

本心本太陽昻明 (본심본태양앙명)
본래 마음의 근원이 곧 태양으로써 스스로 더없이 밝게 떠오른다.

본래 마음의 근원이 곧 우주의 씨알인 하나의 근본이다. 이것은 태양으로써 스스로 밝게 떠오르는 존재이다. 누구나 본래 마음이 되면 우주의 근원인 태양의 존재가 되는 것이다. 이것이 밝은 사람이요, 천부인이며, 한인[桓因]이고, 배달[밝음]이며, 조선인이요, 한국인의 본래 의미이다.

우리 민족의 국호가 모두 여기에서부터 양산되고 있다. 왜냐하면 천부경에서 말하듯이 우리 민족은 일찍이 우주의 근원이 곧 인간의 근본과 하나임을 알고 가르쳤다. 본래 마음이 될 때 누구나 우주의 씨알인 태양 자체가 됨을 말한다. 그리고 사람들을 그렇게 가르치고 일깨워 모두 밝은 이로 만들어왔던 민족이기에 그렇다. 이제라도 우리는 이러한 정신적 뿌리를 바로 알고 바른길로 다시 들어서야 할 것이다.

태양은 양 중의 양, 즉 가장 근원적인 양을 의미한다. 이것은 천부경에서 처음부터 끝까지 강조하는 핵심 사상인 우주의 씨알, 하나를 뜻한다. 즉 우주의 씨알이며 생명의 근원을 의미한다. 이 대목에서 이것이 어디에 있는가를 분명히 밝히고 있다. 천부경의 핵심 사상인 우주의 씨알은 광활하게 펼쳐진 우주의 어느 특정 공간이나 형상에 있지 않고, 본래 마음자리가 바로 우주의 씨알인 하나 자체라는 것이다. 본래 마음은 사람들의 일반적 마음도 아니요, 특정인의 마음도 아니다. 누구에게나 있으나 내면에 감추어져 아무나 알지 못하는 본래 마음이 곧 우주의 씨알임을 분명하게 가리키고 있다.

이 얼마나 명쾌한가? 누구나 본래 마음을 찾으면 우주의 씨알인 하나가 된다는 것이다. 우주의 씨알인 진리는 어떤 특별한 공간이나 형상에 있지 않음을 분명히 밝히고 있음을 명심할 필요가 있다. 특정인을 추종하며 우상을 만들고 스스로 영혼의 노예가 되는 불행을 여기서 말끔히 씻어주고 있다. 이 부분에 있어 더 이상 어리석은 사람이 되지는 말아야 할 것이다. 누구나 본래 마음을 찾아 우주의 바탕이며 주인인 한얼로 거듭날 수 있어야 한다. 천부경은 단순하게 우주 조화의 원리만을 말하고 있지 않다. 또 허황되거나 추상적인 말씀도 아니다. 천부경은 우주 조화의 원리와 함께 사람의 심성을 밝히는 참으로 보배로운 경전이다. 천부경이 부정한 의도로 사람들의 욕심을 부추겨 어떤 집단의 이익을 위해 끌고 가는 혹세무민의 경전으로 쓰여서도 결코 아니 될 일이다.

천부경 맨 첫 말씀은 시작도 없는 우주의 씨알인 하나였다. 그리고 그로부터 드러나는 우주 삼라만상의 변화무쌍한 우주 변화 원리를 적시해 왔다. 우주의 씨알인 하나로부터 우주 삼라만상이 드러나고 무한히 변화함에도 우주의 씨알인 바탕은 소진되거나 변하지 아니하며, 움직임 없이 그냥 그대로 존재함을 강조했다. 이토록 오묘한 우주 씨알인 하나[한얼]가 바로 본래 마음의 바탕이라는 것이다. 이 대목은 사람들에게 본래 마음을 찾아야만 하는 이유를 분명하게 밝히고 있는 것이다.

본래 마음은 생명의 씨알로써 생각을 만들고 다루는 생각의 어머니이다. 생각을 낳고 기르던 생각의 어머니가 삶 속에서 생각에 묻혀 생각에 죽어가는 어리석은 생각 주머니로 굴러떨어진 것이 바로 일반인의 마음이다. 상을 갖은 마음에 본래 모습은 간 곳 없고 자신이 만든 생각의 틀에 갇혀 관념의 노예로 전락하고 만다. 그러면 짐 진 무거움과 상처 입은 아픈 마음뿐이다. 이렇게 되면 내 마음을 내 마음대로 할 수 없는 지경에 이르고 만다. 보배롭고 경이로운 삶은 사라지고 고통 속에 만신창이 되고 마는 것이다. 이것이 일반적인 대중의 삶이요, 삶에 지쳐 세속에 찌든 일반적인 마음이다.

본래 마음은 무거운 짐을 내려놓고 상처를 치유하여 청정한 마음일 때 드러난다. 이때 마음의 얼개가 보인다. 마음의 얼개가 보여야 그것을 걷어낼 수가 있다. 마음의 얼개마저 털어내고 무아가 되면 누구나 본래 마음으로 되돌아간다. 마음의 상이 없어지면 더 이상 애쓰지 않아도 본래 마음이 저절로 떠오른다. 상 없는 마음이 곧 본래 마음이다. 천부경은 이러한 이치를 명확하게 가르치고 있다. 경전을 바르게 이해하고 올바로 수행하여 누구나 본래 마음을 되찾아 모두 우주의 씨알로 거듭나길 바라는 마음이다. 이때 모두가 하나의 생명이 되어 사랑하는 인류의 주역이 될 것이다. 이것이 인생에서 가장 가치 있는 공부가 아니겠는가? 이것이 바로 천부경의 가르침이다.

이 책에서 지금까지 펼쳐놓은 기천 수련의 핵심이 바로 천부경에서 말하는 본래 마음을 찾아 밝히는 법이었다. 이 얼마나 놀라운 일인가? 천부경의 가르침을 펼칠 수 있는 수행법이 바로 기천이며, 기천 수행의 교과서가 바로 천부경이다.

人中天地一(인 중 천 지 일)
사람 안에 하늘과 땅이 하나로 들어와 있다.

동양에서는 사람 가운데 천지가 들어 있다는 말을 많이 한다. 많은 철학서에 수많은 말로써 사람 안에 천지가 들어 있음을 설명한다. 사람 몸을 우주에 비유하여 사람이 우주 닮은 소우주라고도 한다. 예를 들어 머리는 둥글기에 하늘을 닮았고, 발은 모가 나서 땅을 닮았으며, 하늘의 사시와 사람의 사지가 닮았고, 하늘에 오행이 있고 육극이 있듯이 사람에게는 오장이 있고 육부가 있다고 했다. 하늘에 팔 풍은 사람의 팔 절과 같다고 했으며, 뼈는 암석과 같고, 살은 흙과 같으며 혈액은 수맥과 같다. 는 등 사람의 몸을 우주에 비유하여 소우주임을 설명하기도 한다.[32]

천부경에서는 사람 가운데 천지가 하나로써 들어 있다고 명확하게 밝히고 있다. 머리가 둥글기에 하늘과 닮았고, 발은 네모졌기 때문에 땅을 닮았다는 비유적인 말씀이 아니다. 또 애매모호하고 추상적인 말씀으로 사람 안에 천지가 들어 있다고 허풍을 떨지도 않는다. 사람 가운데는 우주의 씨알인 하나로써 천지를 담고 있다는 말씀이다. 우주의 씨알인 하나는 우주 가운데 있지 않은 곳이 없다. 그러나 이것을 내 안에서 찾지 못하면 본래 형체가 없는 이 존재를 모두가 상상으로 가져올 수밖에 없다. 바로 위에서 본래 마음자리가 곧 우주의 근원인 하나라고 명시했다. 우주의 근본인 하나는 반드시 내 안에서 본래 마음을 밝혀 찾아내야만 하는 이유를 너무나 분명하게 가르치고 있는 대목이다.

사람 안에는 천지가 하나로써 들어 있으나 천지가 자기 안에 있음을 아무나 알지 못한다. 이것은 본래 마음을 밝혀 드러낸 사람만이 천지가 하나로써 자기 안에 들어 있음을 안다. 즉 깨달은 사람만이 알 수 있는 경지이다.

일반인들은 자신을 수많은 생각 덩어리로 포장하여 그것을 자신으로 인지하기

---

32 허준, 동의문헌연구실,『신대역 동의보감』, 법인문화사, 2007, 199~200쪽.

때문에 천지를 담고 있는 우주의 씨알인 하나를 알 수 없다. 이때 사람들은 우주의 씨알인 하나는 내면에 감추어지고, 생각으로 빚은 허상을 부여잡고 그것을 자신이라고 믿고 있는 꼴이다. 여기서 벗어날 때 누구나 본래 마음을 드러낼 수 있다. 이때 내면에 감추어졌던 우주의 씨알은 천지를 담은 하나로써 밝게 드러난다. 본래 마음이 곧 우주의 씨알인 하나 자체라고 위에서 말하지 않았던가? 이 대목은 사람으로서 반드시 수련해야만 하는 이유를 명확하게 적시한 것이다.

一終無終一 (일 종 무 종 일)
하나는 끝남도 없는 하나 자체이니라.

맨 처음 문장인 "일시무시일"과 통하는 말씀으로 하나의 존재를 설파하고 있다. 우주의 씨알인 하나는 시작도 없지만, 끝도 없이 스스로 존재하는 하나 자체임을 말한다. 이것이 바로 우주의 본체이며 사람의 근본임을 말하는 것이다. 이는 과거·현재·미래가 사라진 지금 바로 여기를 뜻한다. 시공간을 머금어 초월한 영원을 담은 찰나를 의미한다. 이것이 바로 우주의 씨알인 하나이다. 이것은 다름 아닌 본래 마음자리임을 명심해야 할 것이다.

천부경은 하나밖에 없는 우주의 씨알을 바탕으로 우주 삼라만상의 변화와 조화의 원리를 말했다. 이런 원리의 핵심이 바로 사람 안에 감추어진 본래 마음이라고 했다. 그럼으로써 우주와 사람은 근원에서 둘이 아닌 하나임을 설파한다. 우주와 사람이 하나인 근원은 바로 본래 마음자리라고 구체적이고 명확하게 밝혀줌으로써 사람들에게 본래 마음을 찾아야만 하는 분명한 이유를 가르치고 있다. 즉 천부경은 본성을 깨달아 참사람이 되어 생명을 살리라는 참된 경전이다.

2. 기천과 천부경

위에서 천부경에 대해 알아보았다. 시작도 끝도 없는 우주는 근원인 하나에서 삼으로 변화하여 천지 삼라만상을 이루고 되돌아감에도 하나는 변함없이 그대로 존재하는 우주 조화의 원리를 설파하고 있음을 알았다. 중요한 것은 그 하나는 바로 본래 마음에서 찾을 수 있는 태양이었다.

기천은 생명을 보듬어 가꾸고 그 실체를 드러내 밝히는 깨달음의 선도 수련이다. 그렇다면 기천 수련과 천부경이 어떻게 부합되는지 살펴보자.

一始無始一 (일 시 무 시 일)
하나는 시작이 없는 하나이다.

하나는 우주의 씨알이라고 풀이된다. 우주의 씨알은 곧 생명의 씨알이며 이것은 바로 한얼을 의미한다. 기천 또한 생명의 참 존재성을 뜻하는 말이다. 즉 기천은 한얼의 또 다른 용어로 이해해야 한다. 따라서 기천은 천부경의 첫 말씀인 하나와 같은 의미이다.

기천을 세상에 처음 전하신 대양 박정용 상인께서 사람들에게 기천이란 "보이지도 아니하고 잡히지도 아니하며, 빛도 냄새도 이름도 없는 것을 이름하여 기천이라 하노라."[33]라는 말씀으로 기천을 설명했다. 이는 존재의 근원인 순수한 생명을 일컫는 말과 같다. 생명의 씨알인 한얼을 말하는 것이다. 이것은 천부경에서 이야기하는 우주의 씨알인 하나(一)와 동의어로 이해할 수 있다.

析三極無盡本 (석 삼 극 무 진 본)
하나가 삼으로 나누어지나 하나의 근본은 다함이 없다.

하나가 천지인 삼으로 나누어지나 하나의 근본은 다함이 없다. 기천은 생명의 실체를 의미한다. 생명은 몸・정신・마음으로 나뉘어 드러나나 생명의 근본 자체는 다함이 없이 그대로이다.

우리는 생명을 드러낸 존재이다. 하나의 생명은 몸과 정신 그리고 마음으로 드러낸다. 생명을 잘 드러내기 위해서는 몸, 마음, 정신이 건실해야 한다. 즉 정・기・신을 의미한다. 기천 수련에는 몸(정), 마음(기), 정신(신)을 살피고 가꾸는 세 가지 수련법이 있다. 몸을 단련하는 신법(身法), 생명을 기르는 단법(丹法), 마음을 다스리고 가꾸는 심법(心法)이다. 생명의 근원은 곧 기천과 동의어로 이해할 수 있음을 바로 위 문단에서 살펴본 바 있다.

---

33 기천본문편, 『기천』, 초록배, 1998, 19쪽.

天 ― ― 地 ― 二 人 ― 三 (천 일 일 지 일 이 인 일 삼)
천은 하나 중 하나요, 지는 하나 중 둘이요, 인은 하나 중 셋이다.

여기서 천(天)은 생명의 뿌리인 신(神)으로 해석할 수 있다. 정신[神]은 생명의 근원으로부터 나온 첫 번째이다. 신(神)은 근원으로부터 생명을 드러내는 시작이요, 뿌리이다. 신은 기와 정을 만나 하나의 생명체로 피어나기도 하지만 그 자체로써 근원에 이른다. 하나 중 하나이다. 신은 양이요, 순수 생명의 근원은 태양이다.

기천 수련은 태양을 밝히는 수련법이다. 태양이란 하늘에 있는 태양 이전에 생명의 근원을 말한다. 내 안에 감추어진 생명의 근원을 찾아 밝히는 것이 바로 기천 수련의 이유이고 목표이다. 즉 몸과 마음을 닦아 신명을 밝히고 궁극에는 생명의 뿌리를 드러내 밝히는 것이다. 이것이 바로 기천에서 찾는 태양이다. 천부경에서도 본래 마음의 바탕이 곧 우주의 근본이며 태양이라고 명시하고 있다. 기천의 핵심이며 기본 수련법인 육합단공이 바로 태양을 밝히는 대표적인 수행법이다. 이는 신법 중 정공편 육합단공에서 자세히 설명한 바 있다.

신을 밝히는 수련의 핵심은 바로 심법이다. 본래 마음에서만 신은 밝게 드러난다. 본래 마음을 찾아 밝히는 것이 바로 심법의 핵심이다. 심법은 하나 자체로써 하나에 이를 수 있는 수행법이다. 이것은 천일일(天――)에 부합한다.

지(地)는 음으로써 몸으로 해석해야 한다. 몸은 생명이 뿌리를 내릴 수 있는 땅이다. 즉 몸은 정신[神]을 담아 생명을 기르는 대지이다. 생명을 피워내는 정(精)이 곧 살아 있는 몸의 근본이다. 따라서 몸이 튼튼해야 생명을 튼실하게 피워낼 수 있다. 기천 수련 중 신법이 바로 몸을 튼튼하고 강건하게 가꾸는 수행법이다.

기천 육합단공과 몸으로 이루어지는 여러 가지 수련법이 바로 여기에 속한다. 이는 생명의 근원 중 두 번째이다. 몸은 반드시 정신을 통해서만 하나인 근원에 이를 수 있다. 정신없는 몸은 미물에 지나지 않으며, 정신 놓은 몸 수련 또한 노동이 되고 말 것이다. 기천 수행의 정신적 뿌리는 바로 천부경에서 찾을 수 있다. 꼭 그래야만 한다. 왜냐하면 기천에는 따로 전해지는 이론적 문헌이 없으며, 기천이 추구하는 수행이 천부경의 내용과 일치하기 때문이다. 이처럼 기천 수련의 정신적 뿌리를 천부경에서 찾을 때 천부경의 가르침이 기천을 통해 사람 가운데 꽃 피울 수 있다. 기천 또한 생명을 살리는 천부경의 법을 사람 가운데 활짝 열 수 있는 수행법으로 완성된다.

인(人)은 마음으로 이해해야 맞다. 몸과 정신에 마음이 살아야 사람이 된다. 인(人)은 하나 중 셋이다. 마음은 생명이 하나의 근원으로부터 드러나는 형태에 있어 중(中)이다. 마음은 몸과 정신 없이는 존재할 수 없다. 마음[氣]은 반드시 몸[精], 정신[神]과 함께 조화를 이룰 때 하나인 근원에 닿을 수 있다. 즉 정기신 삼합의 조화가 이루어져야 깨달음에 이를 수 있는 것이다. 이것이 바로 기천 수련의 원리요, 기본 개념이다. 기천 단법과 심법이 바로 여기에 속한다. 기천은 몸과 마음을 닦아 내 안의 생명을 살리고 근원을 밝히는 수행법이다.

一積十鉅無櫃化三 (일 적 십 거 무 궤 화 삼)
하나는 완전하고 거대하게 쌓여 있으나 형태가 없으면서 삼으로 변화한다.

생명의 근원은 완전하고 거대하나, 그 자체는 빛도 냄새도 형체도 없으며, 눈에 보이지도 아니하고 손에 잡히지도 아니하며, 이름조차 없으나, 정기신 삼으로 변화하여 생명의 꽃을 피우고 있다.

생명의 근원인 기천은 완전하고 거대[무한]한 존재이며 형체가 없으나[무궤] 정·기·신 삼으로 변화한다. 완전하고 무한하며 형체도 없는 생명이 정기신으로 변화하여 그 실체를 드러내는 조화의 원리로 이해할 수 있다.

天二三地二三人二三 (천 이 삼 지 이 삼 인 이 삼)
천에는 이가 있어 삼이 되고, 지에도 이가 있어 삼이 되며, 인에도 이가 있어 삼이 된다.

정신[神]에는 음양이 있어 삼으로 변화한다. 신에도 음양이 있어 삼이 되고 수많은 양태로 변화된다는 것이다. 신이 음에 젖어 들면 탁해지고 무거워진다. 이때 신은 아상에 갇혀 몸에 의지한다. 이는 욕심에 집착한 어두운 신들이다. 신이 밝아져 태양[근원]과 통할 때 생명이 제 역할을 한다. 이것이 바로 깨달은 사람들의 신[의식]이다. 세상에서 가장 아름답고 고귀한 존재이다. 순수한 생명과 하나 된 사람이기 때문이다. 이때 몸과 마음에서 느껴지는 것은 오로지 기쁨과 희열뿐이다. 몸과 마음 또한 본래 모습으로 돌아가 생명을 드러내는 역할을 제대로 하게 된다. 이것이 가장 이상적인 사람의 모습이다.

몸[精]에도 음양이 있어 삼으로 변화한다. 몸 또한 음양이 있어 삼이 되어 수많은 상태로 변화한다. 몸도 음에 치우치면 병을 유발하고 양이 밝아지면 건강해진다. 똑같은 몸이지만 생명을 피워내는 역할에 있어서 그 양태가 천차만별이다. 몸을 가꾸고 단련할 이유가 바로 여기에 있는 것이다. 기천 수련법에는 몸을 단련하는 신법이 기본이며 매우 체계적으로 갖추어져 있다. 기천을 수련하면 누구나 몸이 건강해지고 안으로부터 힘이 솟아나는 자신감과 생동감을 느낀다. 몸은 생명[神]이 뿌리내려 꽃피울 수 있는 생명의 땅이요, 집이다. 기천에서 몸 수련을 가장 중요하게 여기는 이유가 바로 여기에 있다.

마음[氣] 또한 음양이 있어 삼으로 변화한다. 마음이야말로 음양이 존재하여 삼이 되어 각양각색 다양한 모습으로 변화무쌍하다. 마음 따라 몸과 정신이 달라진다. 마음은 정기신 가운데 인격을 만드는 가장 핵심적인 역할을 한다. 마음이 올바르지 않은 사람이 어찌 사람 노릇을 하겠는가? 마음은 몸과 정신에 그대로 투영된다. 마음이 몸에서는 인상으로 드러나며, 정신에는 의식 수준으로 나타난다. 마음이 오염되고 병들면 인격이 망가진다. 오염된 마음은 무겁고 아프다. 마음이 버거워지면 몸도 따라 무겁고 정신도 흐리고 혼탁해진다. 심법의 중요성이 바로 여기에 있다.

마음에 짐을 벗고 상처를 치유해야 밝아진다. 이때 비로소 마음이 보이기 시작한다. 짐을 내려놓은 마음만이 자신을 바로 볼 수 있는 단계가 되는 것이다. 이때부터 진정한 마음공부에 들어설 수 있다. 마음에 얼개가 보이고 자신이 보여야 마음의 틀을 벗고 본래 마음을 드러낼 수가 있다. 본래 마음이 곧 생명의 씨알인 한얼이다. 본래 마음이 밝아져 신성을 드러낸 사람이 곧 깨달은 각자이다.

이쯤 되면 자기에서 벗어난 자신이 곧 생명의 씨알 자체임을 안다. 관점 또한 작은 개체에서 근원적이고 전체적인 관점으로 바뀐다. 이때 느끼는 세상 또한 완전히 다른 세상이 된다. 똑같은 공간에 있으나 전에 있던 세상이 아니다. 온 우주가 살아있음이 느껴진다. 관념에 싸여 있던 피상적인 세상이 사라지고 살아 숨 쉬는 하나의 거대한 생명으로 다가온다. 이 모두는 마음이 밝아졌기 때문에 자신이 바뀐 것이고, 세상이 달라진 것이다. 보이지 않던 생명의 씨알이 나를 통해 정기신으로 드러나는 현상이다. 이것이 바로 내면에 감추어졌던 신성이 본래 마음이 밝아질 때 저절로 드러나는 원리이며, 천부경에서 가르치고 기천에서 추구하는 인간 완성이다.

大三合六生七八九 (대 삼 합 육 생 칠 팔 구)
삼이 크게 합을 이루어 육을 낳고 칠, 팔, 구로 변화한다.

정기신 삼으로 드러낸 하나의 생명이 음양의 조화로 변화함을 앞서 얘기했다. 몸에서 음양이 서로 합을 이룰 때는 삼음[궐음·소음·태음] 삼양[소양·태양·양명]으로 변화하여 육으로써 작용한다. 삼양, 삼음이 서로 안팎으로 짝을 이루는 것이 바로 육합(六合)이다.[34] 몸에 뿌리를 내린 생명은 육합의 조화로 성장하고 육합의 조화가 깨지면 병들어 죽음에 이르고 만다.

하나의 생명이 정기신 삼으로 변화하고 삼이 크게 합을 이루어 육이 만들어진다. 여기서부터 칠·팔·구로 변화하듯 몸과 정신에 수많은 변화가 일어 오묘한 생명 활동이 이루어지는 현상으로 이해할 수 있다. 칠은 하늘을 의미하는 숫자로써 정신적 세계로 이해할 수 있고, 팔은 땅을 의미하는 숫자로써 몸을 뜻하며, 구는 가득한 만수(滿數)로써 몸과 정신을 통해 생명의 변화가 가득한 우리들의 삶으로 이해할 수 있다.

즉 우주의 씨알에서 천지인이 나오고 천지인 삼합으로 우주 삼라만상이 만들어지고 조화를 이루듯, 하나의 생명이 근원으로부터 정기신이 나오고 정기신 삼합으로 몸과 마음을 통해 생명이 번창하고 변화무쌍한 삶이 펼쳐지는 것으로 이해된다.

運三四成環五七一 (운 삼 사 성 환 오 칠 일)
삼과 사가 서로 고리를 만들어 돌고 돌면서 오와 칠을 오가며 일에 이른다.
(일 안에서 삼과 사가 서로 연결하여 돌고 돌며 오와 칠을 만든다.)

삼은 정기신이요, 사는 정기신 생명이 활동할 수 있는 자연환경으로 이해할 수 있다.

---
[34] 김달호·이종형 공역, 『황제내경 소문』, 사기조신대논편 제2, 도서출판 의성당, 2001, 48쪽.

하나의 생명이 정기신 삼으로 나타난다. 정기신 삼은 자연환경과 서로 어우러지는 조화로 육체적인 면과 정신적인 면에서 다양하게 변화하면서 생명 활동을 펼쳐낸다. 오는 육체적인 변화를 의미하며, 칠은 정신적 세계를 의미한다. 이렇듯 변화무쌍한 생명은 결국 하나인 근원 즉 기천에 이른다. 여기서 기천이란 본래 받고 나온 생명 에너지로 이해해야 한다. 다시 말해 정신적이나 육체적으로 다양하게 변화하며 펼쳐내는 생명은 결국 생명의 근원인 기천 안에서 이루어지고 있음을 뜻하는 것으로 이해할 수 있다.

妙衍萬往萬來用變不動本 (묘 연 만 왕 만 래 용 변 부 동 본)
묘하게 운행하여 수없이 가고 오며 나타내고 변화하지만, 근본은 변하지 않는다.

생명의 근원인 하나가 정기신 삼으로 변화고 삼이 합을 이루어 육을 만들고 칠·팔·구로 변화하듯, 생명체가 태어나 성장하고 살아가며 수많은 모습으로 변화한다. 그렇지만 생명의 근원[기천]은 움직이지 아니하고 변하지 않는다. 작은 개체적 생명은 수없이 태어나고 성장하며 여러 형태로 변화하다 결국 죽음에 이르러 없어지지만, 생명의 근원은 변하지 않고 움직이지도 않으며 그냥 그대로임을 말하고 있다.

本心本太陽昂明 (본 심 본 태 양 앙 명)
본래 마음의 근본은 태양이라서 밝고 밝도다.

본래 마음의 바탕이 곧 태양이라고 말한다. 태양은 천부경의 핵심 내용인 우주 씨알의 존재를 뜻한다. 이것이 생명의 근원인 한얼이요, 기천이다. 즉 생명의 근원인 태양은 바로 본래 마음이 나오는 근본 자리에 있다는 말이다.

이 얼마나 가슴 뛰는 선언인가? 생명의 근원, 우주의 근원을 어디서 어떻게 찾아 알 수 있겠는가? 천부경은 이것이 바로 누구에게나 있는 본래 마음에 있음을 천명하면서 사람들에게 깨어나야 함을 각성시켜 주고 있다. 이 구절은 기천과 천부경이 하나임을 증명하는 말씀으로 이해할 수 있다. 천부경은 우주 변화와 조화의 원리를 설파하면서 그 중심에 사람이 있음을 말했다. 사람은 우주의 씨알이 처음 삼으로 변화할 때 나온 셋

중의 하나이다. 그런데 사람 안에 있는 본래 마음자리가 바로 우주의 씨알이며 근원인 하나 자체라고 분명하게 적시하고 있지 아니한가?

기천은 처음부터 우주를 말하지 않는다. 생명을 찾아 가꾸고 보듬는 선도법이다. 생명의 근원은 하나이지만 여기서 정기신 삼이 나오고, 정신적 육체적으로 다양하게 변화하고 성장하며 번창한다. 한 개체는 태어나고 성장하고 죽어 없어지지만, 생명의 근원은 변하거나 움직이지 아니하고 그냥 그대로이다. 즉 생명의 근본은 변하지 않는 항상성의 진리 자체이다. 이 존재가 바로 본래 마음자리에 있다는 것이다. 결국 천부경에서 말하는 우주의 씨알과 기천에서 말하는 생명의 씨알은 하나이다. 우주의 씨알과 생명의 바탕은 모두 하나인 본래 마음자리이기 때문이다. 이것을 찾아 밝히는 것이 바로 기천이 추구하는 깨달음이다.

천부경과 기천이 이렇게 부합됨을 알고 수련할 때 누구나 천부경에서 말하는 우주의 씨알인 본래 마음을 기천 수련을 통해 찾을 수 있을 것이다. 기천 또한 지엽적인 수련법에 매이지 않고 천부경에서 가르치는 본래 마음을 찾아 진리를 밝히는 법으로 자리매김할 것이다. 즉 천부경은 기천을 통해 꽃 피우고, 기천은 천부경을 통해 바른길을 찾을 것이다.

이것을 바로 이해하고 실천할 때 조상의 큰 가르침이 우리 안에서 다시 살아날 것이다. 이것이 바로 자신을 성장시켜 뭇 생명을 살리고 보듬는 홍익인간의 길이다. 홍익인간에서 가장 큰 사람은 곧 신성을 밝힌 사람이다. 기천은 홍익인간 수행법으로써 개인을 완성하고 인류를 살리는 참 구원의 법이다. 자신이나 이웃 그리고 인류를 위해 이보다 더 이로운 일이 어디 있겠는가? 본래 마음자리를 밝혀 진리를 드러내는 일은 사람으로서 가장 가치 있고 중요한 일이라고 생각한다.

人中天地一 (인 중 천 지 일)
사람 안에 천지가 하나로써 존재한다.

본래 마음을 찾아 생명의 근원과 하나가 된 사람은 마음 안에 몸과 정신이 하나로 살아 있다. 본래 마음 안에 몸과 정신이 하나의 순수한 생명으로 피어난다. 다시 말해 본래 마음을 밝힌 사람에게는 몸과 땅이 하나요, 정신과 하늘이 하나이다. 즉 나와 우주가 하나가 된다. 그것은 내가 없어 근원인 본래 마음에서 모두가 하나이기 때문이다.

이것은 말이나 글로 꾸며내고 상상하는 추상적인 것이 아니다. 마음에 모든 상을 깨고 내가 없어지면 본래 마음이 드러난다. 이때 형용할 수 없는 새로운 존재를 맞이하게 된다. 이것은 본래 이름도 없어 무어라 말할 수 없으나, 본래 마음이 드러난 이로써는 이것을 어떻게 말해도 관계없다. 이것은 우주 삼라만상 모두요, 또 우주 가운데 어떤 것도 아니다. 드러낸 사람만이 알고 희열 속에 그것과 하나 될 수 있다. 이것이 생명의 씨알이며, 우주의 씨알인 한얼이요, 기천이다. 이것을 찾아 자신의 존재성을 밝히는 것이 바로 천부경의 가르침이요, 기천의 길이다.

一 終 無 終 一 (일 종 무 종 일)
하나는 끝이 없는 하나일 뿐이다.

생명의 근원은 끝이 없는 하나이다. 참 생명은 시작도 없다고 했듯이 그 끝도 없음을 말한다. 참 생명은 시간과 공간을 초월한 무한한 존재임을 말하는 것이다. 이것이 순수한 생명의 존재이며, 우주의 씨알이다.

천부경에서 기천을 풀어낼 수 있는 것은 천부경과 기천이 같은 근원을 말하고 있기 때문이다. 이것은 천부경이 우리 민족 최고의 경전이요, 기천이 민족 정통의 선도법이라는 고리이기도 하다. 본래 마음이 밝게 드러나 기천이 바로 생명의 씨알인 한얼을 의미한다는 것을 알 때, 천부경은 자연스럽게 기천의 글이 된다. 천부경은 우주를 말하고 우주의 근원이 바로 자신의 바탕임을 말했다. 기천은 생명을 보듬어 가꾸고 궁극에는 그 뿌리를 드러내 밝힘으로써 자신이 곧 우주의 바탕이 되는 공부이다. 작은 개체가 점점 자라 우주의 바탕으로 커나가는 홍익인간은 곧 천부경의 가르침이요, 기천 수행의 길이다.

홍익인간은 인간을 널리 이롭게 한다는 피상적 뜻에만 국한하지 않는다고 생각된다. 자신의 존재를 점점 더 크게 키워가는 공부를 말한다. 궁극에는 신성을 밝혀 생명의 근원에 닿고, 우주의 바탕이 되어 모든 존재와 하나로 통하는 크나큰 사람이 되는 것이다. 홍익인간의 끝자락이 곧 인간 완성이다. 홍익인간이란 말 자체도 점점 큰 사람이 되어가는 것을 뜻하지 않는가?

천부경에서 진정한 홍익인간 사상은 인간만을 위한 것에서 끝나지 않음을 이해해야 한다. 천부경에서는 인간과 우주의 근본이 하나임을 일깨워 줌으로써 인간이 우주와 더불어 조화를 이뤄야 함을 가르치고 있다. 현재 자연 생태계와 우주 기후변화에 대한 것까지 모두 우리가 책임져야 할 사항임을 명확하게 밝히고 있다. 이것을 깨달아 행하는 이가 바로 신성이 밝아진 홍익인간이며, 기천에서 추구하는 진인이다.

IX. 일저와 다시 느낀 기천

말이나 글에 집착하지 말고
몸으로 수행하라

1. 단전호흡
2. 해동검도와 단전호흡
3. 절 수련법
4. 초현실적 체험과 환난
5. 다시 보는 햇살
6. 새로운 나의 길
    (1) 해동검도 도장
    (2) 기천과의 만남
    (3) 깊어져 가는 단전호흡
    (4) 새로 찾은 수련의 길
    (5) 계룡산에서 가야산으로
7. 새 하늘로 거듭난 일저
    (1) 근원적 관점에서 느낀 기천
    (2) 기천 천라수련원
    (3) 수련원 개원 후 기천 수련

IX. 일저와 다시 느낀 기천

1. 단전호흡

나는 어려서부터 막연하게 수련에 관심을 가지고 있었는데, 단전호흡에 매료되어 20대 중반부터 나도 모르는 사이 수련의 길로 들어서게 되었다. 그 이후 해동검도를 시작했고, 단전호흡하면서 여러 가지 초현실적 체험과 함께 수련에 대한 열망이 커졌다.

내가 우연히 단전호흡을 알게 된 것은 20대 초반이다. 그 당시 단전호흡에 대해 들은 얘기들은 대부분 " ~카더라"였다. "자기 스승은, 자기가 아는 누구는, 옛날 우리 조상의 어떤 신선들은, 중국의 유명한 누구누구는 어떠어떠했다"라는 말이 무성했다.

이런 말에서 호기심은 생길지 모르나 실제 수련에 도움 되는 정보를 찾기는 어려웠다. 여기서 구체적으로 정리된 수련법을 알아내기는 더더욱 쉽지 않았다. 단전호흡을 어떻게 하라는 얘기보다는 어떻게 하면 안 된다는 주의가 더 많아 복잡하고 난해하게 느껴졌다. 거의 추상적인 얘기로 꽃을 피우는 이런 말들은 사실 가르치는 자의 자격 없음을 드러내는 증거들이다.

그러면서도 단전호흡을 하면 몸에 엄청난 힘이 생기고 자신감과 담력이 커져 담대해진다는 것이었다. 이것은 누구 말에서나 공통적이었다. 나는 이 말에 은근히 관심이 끌렸다. 내가 단전호흡을 해보니 실제 평소 느끼지 못하던 새로운 변화가 일어났다. 나는 그 변화가 어디까지 갈지 궁금했다. 이렇게 단전호흡에 대한 호기심과 소문에 대한 의문이 뒤범벅되었던 때도 있었다. 어찌 되었든 나는 단전호흡으로 인해 수련의 길에 빠져들었고 지금 이 자리에 있다.

호기심에서 시작했던 단전호흡은 처음에 어떻게 하는지도 잘 몰랐고, 아무리 해봐도 별 느낌이 없었다. 얼마 후 단전을 부풀려 호흡하니 뭔가 아랫배에 힘이 생기는 느낌이 들었다. 그때 나는 단전을 크게 부풀려 복압에 의지하여 호흡했다. 단전에 빵빵한 힘이 느껴졌다. 그것만으로도 신기하고 흥미로웠다.

몇 개월 동안 좀 더 길고 깊게 숨을 들이마시고 내쉬기에 심혈을 기울였다. 빵빵하게 부풀려진 단전에 열기가 생기면서 온몸에서 땀이 나기 시작했다. 가만히 앉아서 호흡하는데 등줄기에서 땀이 흘러내리기 시작하더니 머리와 얼굴에서도 땀이 뚝뚝 떨어졌다. 참으로 신기하기만 했다. 그리고 건강이 무척 좋아졌다. 그때 나는 소화가 잘 안되고 장 기능이 약했었는데 이런 부분이 좋아지는 것을 확연하게 느꼈다.

이렇게 단전호흡에 빠져들었고, 몸에 변화는 점점 커갔다. 몸이 가벼워지고 힘이 생기며 자신감이 팽배해졌다. 전과 다르게 너무 무모하리만큼 자신감이 커진 것에 스스로 놀랄 정도였다. 나중에는 내가 들었던 형이상학적이고 추상적인 얘기에도 혹시나 하는 생각이 들면서 은근히 호기심이 커갔다.

나는 자연스럽게 단전호흡에 관한 서적을 찾게 되었다. 김정빈이 쓴 소설 단에서부터 홍태수가 쓴 여러 권의 책들, 소설가 김태영이 쓴 여러 권의 수련 체험기, 국선도와 단학선원에서 나온 책들, 북창 정렴이 쓴 용호비결, 헌책방을 뒤져 찾은 여러 가지 고문서, 참동계, 서화담 이야기, 근대문학인들의 수련 이야기 등 내가 구할 수 있는 책들을 닥치는 대로 찾아 읽었다. 그리고 만날 수 있는 사람들은 직접 찾아가 말씀 듣고 자료도 받으면서 단전호흡에 점점 빠져들었다.

그러다 그 당시 단전호흡에 대해 세상에 유명했던 분이 직접 쓴 수련 일기를 구하게 되었다. 그 일기에는 단전호흡의 핵심이 바로 호흡 길이와 운기에 방점이 찍혀있었다. 나는 한동안 그 방식으로 매일 단전호흡을 했다. 밤잠을 줄여서라도 최소 하루 1~2시간 이상은 하루도 빠짐없이 했다. 들숨에 우주의 기가 단전에 들어와 쌓이고 날숨에 탁기(濁氣)가 빠져나간다는 간절한 마음으로 호흡했다.

그러면서 대맥을 돌리고 임·독 맥을 돌리기 위해 심혈을 기울였다. 나는 오로지 단전에 기를 모아 기맥을 열어주고 기를 돌리고 싶은 마음뿐이었다. 그러기 위해 호흡 길이를 늘려야 한다고 생각했다. 우선 호흡 길이를 1분 이상 만들기로 작정하고 시간을 재가며 호흡했다. 이렇게 단전호흡에 몰입하니 정말 시간 가는 줄 몰랐다. 신선놀음에 도낏자루 썩는 줄 모른다고 했던가? 나는 혼자 웃으며 단전호흡이야말로 시간 도둑이라는 생각을 했다.

이미 복압으로 익숙해진 단전호흡 방법에다 긴 호흡을 하기 위해 애쓰는 과정에서 나는 복압과 긴 호흡이 서로 상충 되는 것을 느꼈다. 복압이 강하면 단전에 충만감은 쉽게 오지만, 금방 들숨에 한계가 느껴졌다. 부풀어진 단전과 복압으로 인해 더 이상 숨을 길게 들이마실 수가 없었다. 이렇게 복압으로 인한 들숨의 한계를 절절히 느끼면서 자연스럽게 복압을 빼고 단전으로 호흡하는 법이 터득되었다.

단전에 힘을 빼고 호흡하니 복압을 줄 때보다 숨이 훨씬 편안하고 길어졌다. 단전이 딱딱한 나무통에서 말랑말랑한 고무통으로 바뀐 느낌이었다. 몸 안에서 무언가 알 수 없는 부드러우면서도 강력한 힘이 저절로 움직였다. 이곳저곳에서 근육이 불룩거리고, 어떤 곳은 파르르 떨리며 야릇한 힘이 용솟음쳤다. 때로는 나도 모르게 몸이 율동적으로 움직여지기도 하는데 가볍기 그지없는 느낌이었다.

이때 단전호흡 길이가 부쩍 길어지고 기의 느낌 또한 짙고 강해졌다. 숲에 들어가 호흡할 때도 그랬고, 나무를 끌어안고 느낄 때도 그랬다. 어느 날 기가 묵직하고 거대한 자력처럼 느껴지더니 색감까지 느껴졌다. 이러한 신비로운 체험을 통해 나는 단전호흡에 점점 깊게 매료되어 갔다.

2. 해동검도와 단전호흡

이 무렵 천안 영성동 남산 아래 단전호흡이 붙은 해동검도 도장을 발견하고 즉시 찾아가 수련을 시작했다. 해동검도 수련도 나의 호기심을 끌어당기기에 부족함이 없었다. 그 당시 관장님은 대한검도(죽도)를 수련하다 해동검도를 하신 분으로서 해동검도와 더불어 죽도 술도 함께 가르쳐 주셨다. 해동검도는 월. 수. 금. 3회/주 수련 프로그램대로 진행되었고, 죽도는 화. 목. 2회/주 했는데 기본을 배운 후에는 주로 자유대련으로 이루어졌다. 해동검도 검법도 재미있었고, 죽도 자유대련도 매력이 있었다. 나는 하루도 빠짐없이 도장에 나갔고, 가끔은 주말에도 나가 혼자 검을 휘두르며 나만의 세상에 빠져들곤 했다.

그런데 수련 시간에 잠깐씩 하는 단전호흡에 대해서는 만족할 수가 없었다. 단전호흡은 집에서 꾸준히 혼자 했다. 그때까지 여러 경로로 입수한 단전호흡에 대한 자료들을 토대로 내 경험을 바탕삼아 수련했다. 매일 집에서 혼자 하는 단전호흡에 익숙해졌고 몸의 변화에 감동하면서 재미를 붙여갔다.

그때는 내공을 쌓기 위한 지식(止息) 위주로 단전호흡을 할 때였다. 호흡 길이를 늘려 내공을 쌓고자 하는 마음이 매우 강렬했었다. 숨을 마음껏 들이마시고 머금어 주기에 온 정성을 기울였다. 숨을 들이마실 때는 우주의 맑은 기를 끌어들인다는 마음이었고, 들이마신 숨을 최대한 머금어 주기 위해 애썼다. 숨을 머금고 있을 때는 단전에 들어온 기가 내 몸에서 정기로 변화된다는 마음으로 그 느낌을 찾고자 했다. 내쉴 때는 탁해진 기를 내보낸다는 마음으로 숨을 놓아주었다. 내쉬는 숨길에서도 마음은 단전에 기를 보듬는데 정성을 다했다. 이것을 생각이 아닌 느낌으로 하려고 노력했다. 이 과정에서 느낀 경험을 떠벌리면 한이 없을 만큼 다양한 체험을 했다. 이런 체험들이 중요한 것은 아니지만, 그 당시 타오르는 나의 수련에 불쏘시개가 된 것 또한 사실이다.

머금은 숨이 길어질수록 몸에 잔잔한 진동이 일고 머리가 쭈뼛해지도록 강렬한 기운이 온몸에 뻗쳤다. 느끼는 기가 강해지면서 몸에 뻗치는 힘도 점점 강렬해졌다. 시간 가는 줄 모르게 지식을 하면 온몸이 흠뻑 젖을 만큼 땀이 많이 났다. 온몸이 달궈져 땀은 나지만 정작 시원하기 그지없고, 전신에 기운이 꽉 차오르는 충만감에 젖었다.

지식(止息)을 하니 조식(調息)보다 몸에 뻗치는 기운이 훨씬 강했다. 그런데 숨을 들이마시고 머금어 주다가 내쉴 때마다 아쉬움이 컸다. 좀 더 깊게 들이마시고 길게 머금어 주어야 할 것 같은 아쉬움이었다. 호흡 길이에 대해 이런 갈증을 느끼며 단전호흡에 매달리던 어느 날이었다. 단전호흡하는데 온몸이 강렬한 기운에 감싸이면서 들이마시는 숨이 단전에 깊고 길게 들이박히면서 숨결이 매우 안정적인 느낌이 들었다. 그리고 들이마신 숨을 내쉬어야 할 타임에 다시 들이마실 여유가 생겼다. 의도하지 않았는데 저절로 그렇게 되었다.

아니 이럴 수가 있나! 싶을 만큼 숨이 깊은 동굴 속으로 한없이 빨려 들어가는 느낌이었고, 호흡 길이도 전보다 1.5배 이상 길어졌다. 한창 단전호흡에 빠질 때는 한 호흡 길이가 2분이 넘어갔다. 혼자 놀라고 만족스러웠다. 마치 우주 허공에 빨대를 꽂고 찰진 기운을 빨아들이는 느낌이었다.

이렇게 되니 몸에 뻗치는 기운이 점점 더 강렬해졌고, 앉아서 호흡하면 온몸에 기운이 차오르면서 가볍게 흔들렸다. 몸에 피어나는 잔잔한 파동과 함께 머리는 부드러운 기운에 감싸여 지극히 편안하고 정신은 몽롱한 가운데 희열이 넘쳤다.

해동검도에도 매력을 느꼈지만, 단전호흡에서 변화되는 느낌에 훨씬 강렬하게 빠져들었다. 나는 시간만 나면 가부좌를 틀고 앉아 단전호흡에 매진했다. 수련에 대한 호기심과 몸에서 느껴지는 희열이 나를 단전호흡에 더욱 깊게 빠져들게 했다.

3. 절 수련법

끝내 나는 단전호흡 수련원에 입문해서 정식으로 단전호흡을 배우며 수련하기 시작했다. 얼마 후 단전호흡 수련원에서 절(拜) 수련을 하라는 얘기를 들었다. 절을 하라는 말에 괜한 거부감이 일어났다. 나는 며칠 동안 망설이다가 그 까닭을 알고 싶어 절을 시작했다. 단전호흡 수련원에서는 매일 103배씩 하라고 했지만, 나는 횟수를 무시하고 보통 200~300배씩 했다. 시간이 나면 500배, 1000배도 하고 가끔은 3000배도 했다. 절 수련의 효과를 빨리 알아내고 싶은 마음에서였다. 그 당시 100배 절하는데 약 12분 정도 걸렸다.

얼마 후 나는 절을 하면서 몸과 마음이 변하는 것을 확실하게 느꼈다. 몸이 부드럽게 풀어지고 온몸이 기운에 감싸여지는 느낌과 함께 기분이 좋아지고 호흡도 깊어졌다. 더 큰 변화는 마음이 편안해지고 머리도 맑아지는 것이었다.

이렇게 몇 개월이 지난 어느 토요일 오후였다. 낮 12시 퇴근 후 천안에서 대전까지 내려가 단전호흡 수련원에서 혼자 1000배를 넘게 하고 자리에 앉았다. 그랬더니 내가 세상 밖으로 나온 느낌이 들면서 빵빵한 기장(氣場)에 온몸이 감싸였다. 편안하기 그지없는 상태가 되어 내가 전혀 다른 세상에 있는 느낌이었다. 그토록 그윽해지는 느낌은 생전 처음이었다. 새로운 세상의 새로운 경험이었다.

이때 온몸에 느껴지는 강렬한 기감(氣感) 또한 놀라웠다. 장심에 마음을 집중하니 손바닥 위에 커다란 기운 덩어리가 묵직하게 넘실거렸다. 마음을 용천에 주니 발바닥에 그런 기운이 느껴졌다. 또 명문에 마음을 주니 척추가 쭉 펴지면서 온몸에 묵직한 기운이 느껴졌다. 억지로 기맥을 열고 돌리려고 애쓰지 않아도 기는 저절로 작용하고 온몸을 기분 좋게 만들어 주었다.

가슴을 활짝 열고 중단전을 느껴보니 부드러운 기운이 안개처럼 피어오르면서 마음이 끝없이 넓어지는 느낌이었다. 마치 솜사탕이 부풀어 오르는 것 같았다. 모든 것이 용납되고 포용 되는 마음이었고, 세상 밖으로 멀찌감치 떨어져 나와 세상을 바라보는 느낌이었다. 정말 편안한 상태였다. 머리를 텅 비워보니 어찔하고 정신이 몽롱해지면서 황홀하기 그지없었다.

온몸을 활짝 열고 세포 하나하나가 정화된다는 마음을 가지니, 실제 몸이 정화되는 느낌이 들면서 온몸이 더욱 편안하고 가벼워졌다. 기는 마음 가는 대로 움직이고 기분 좋게 작용했다.

나는 절이 몸을 살리고 마음을 닦는 좋은 수련법임을 체험을 통해 느낀 것이다. 이때부터 나는 절에 대한 거부감 대신 절대적 호감이 생겼다. 절을 하고 나서 단전호흡을 하면 훨씬 찰진 기운이 강하게 작용했다. 이후로 절은 나의 수련에 기본이 되어 줄기차게 이어갔다.

4. 초현실적 체험과 환난

이렇게 수련이 한창이던 어느 날이었다. 그날도 여느 때와 마찬가지로 앉아서 단전호흡과 함께 명상하는데 안으로부터 기운이 차오르더니 온몸이 엄청난 기운에 휩싸이는 기분이 들었다. 나는 기에 취해 자리에 누워 황홀감에 도취 되었다. 그런데 갑자기 누워있던 내 몸이 서서히 허공에 떠오르는 것이 아닌가? 참으로 놀라운 일이 아닐 수 없었다. 나는 기함하듯 놀라 사방을 두리번거렸다. 방안의 사물들이 눈 아래로 보였다. 내 몸이 정말 공중에 뜬 것이다. 느낌 또한 실제 몸이 공중에 뜬 것이 분명 했다.

나는 두려움과 가슴 벅찬 기쁨이 뒤범벅되었다. 이러는 과정에 몸이 움직여지면서 실제 내 몸은 바닥에 그대로 누워있는 것을 알게 되었다. 분명히 내가 공중에 떠올랐었는데 도대체 어찌 된 영문인지 몰랐다. 참으로 묘한 기분이고 약간의 허탈감과 함께 무엇에 홀린 것만 같았다. 공중에 뜬 것은 실제 몸이 아닌 몸으로 느끼는 기운 덩어리였던 것이다. 즉 유체가 뜨고 움직이는 경험을 한 것이다.

이 사건 이후 나는 한동안 수련이 더 안 되고 혼란스러웠다. 오랜 기간 혼란의 시간이 지난 뒤에서야 다시 예전의 느낌을 되찾아 수련에 몰두할 수 있었다. 그 이후 어느 날 나는 길게 좌공(座功)을 마치고 누웠는데 잠들기 전 정신이 몽롱해지며 늘 느끼던 기운이 강하게 감고 돌았다. 그러더니 갑자기 누운 내 몸이 뻣뻣한 상태로 벌떡 일어서는 놀라운 경험을 했다. 마치 강시처럼 관절을 굽히지 않고 누운 상태 그대로 일어선 것이다. 일어선 내가 방문을 열고 나서는데 온 천지가 거꾸로 보였다. 땅바닥이 위에 있고 하늘이 아래로 펼쳐져 있었다. 기겁하여 다시 방안으로 뛰어 들어오는 동작에 그대로 누워있는 내 모습을 알게 된 것이다. 그 이후 이와 비슷하게 내 몸을 벗어난 또 다른 내가 몸 밖을 벗어나는 경험을 가끔 했다. 그 과정에서 점차 거꾸로 펼쳐졌던 환경도 바르게 보이고 현실과 똑같이 느껴졌다.

몸이 공중에 뜨는 현상이나 몸 밖을 빠져나가는 느낌은 모두 현실 경험과 조금도 다르지 않았다. 현실에서 실제 경험하는 것과 똑같은 느낌이었다. 그러나 그 느낌은 별로 기분 좋지 않았다. 끈적거리고 칙칙한 느낌이었다. 여러 가지 생각과 감정이 오르내리는 것도 현실과 다르지 않았다. 어쨌든 나는 이러한 초현실적인 체험에서 나도 모르게 우쭐거리는 마음이 꿈틀거렸다.

그 후 나는 결코 경거망동해서는 안 된다는 것을 뼈저리게 느낄 수 있는 무서운 경험을 했다. 어떤 현상이 나타나도 자신을 잃어버려서는 안 된다. 잘못하면 엉뚱한 길로 빠져들 수도 있다는 것을 혹독한 체험으로 알게 되었다. 그때 나는 기에 대한 무성한 얘기들에 나도 모르게 마음이 사로잡혀 있었다. 나는 어떤 능력을 터득해 보기 위해 여러 가지 방법을 시도했다. 몸에 솟구치는 힘이 강렬해지니 자연스럽게 초능력도 기대되고, 영계에 대한 호기심과 미지 세계에 대한 막연한 궁금증도 일어났다.

그 당시 떠도는 얘기 중에는 단전호흡이 깊어지면 몇백 근의 힘을 쓰는 것은 물론이고 공중 부양을 하고, 영계를 넘나들면서 전생과 후생을 훤히 본다는 얘기가 많았다. 그리고 깨달음을 얻어 신선이 되는 것은 예사처럼 말했다. 그렇지만 그에 대한 구체적인 방법을 제시하는 사람은 아무도 없고 소리만 무성할 뿐이었다. 단전호흡이 이렇게 흘러갈 때 단전호흡은 많은 사람으로부터 외면당할 것이다. 그것은 매우 안타까운 일이다.

그때 나도 단전호흡하면서 이런저런 것들을 은근히 갈구했었다. 마음을 집중하고 이런저런 방편에 몰입하면 실제 그런 반응이 일어나거나 일어나는 것 같이 느껴진다. 이런 반응을 쫓아 나도 모르게 단전호흡의 실체는 저버리고 엉뚱한 곳에 빠진 것이다. 결론부터 말한다면 이런 것은 모두 헛되고 삿된 방편들이다. 이것은 바로 자기 함정에 빠지는 지름길이다. 굳이 말하고 싶지 않은 지난날 어리석었던 행위까지 소개하는 것은, 수련하는 사람들에게 도움이 될까, 하는 마음에서다.

호기심에 치달아 수련하던 어느 날 어두운 그림자가 언뜻언뜻 느껴지기 시작했다. 그것은 이때까지의 경험과는 달리 머리가 쭈뼛해지고 소름 돋는 기분 나쁜 느낌이었다. 이런 일이 생기고 나더니 그와 같은 느낌이 점점 커져 급기야는 단전호흡하면 머리 위 뒤쪽에서 누군가가 나를 내려다보는 느낌이 들었다. 잽싸게 뒤를 돌아다보면 아무도 없었지만, 소름이 돋고 무서워졌다. 그런 증상은 쉽게 가라앉지 않고 더욱 끈끈하고 강해졌다. 그러더니 급기야 단전호흡하려고 앉아 있으면, 머리 뚜껑을 열고 얼음을 들이붓듯이 차가운 기운이 엄습하면서 나도 모르게 몸서리쳐지는 두려움과 공포심이 생겼다.

나는 무섭고 두려웠다. 어떻게 해야 할지 모르겠고 암담했다. 수행의 길에 모든 것이 스승이라고 하는데 그 당시 내게는 어디에도 스승이 없는 느낌이었다. 의지할 수만 있다면 지푸라기라도 잡고 싶은 심정이었지만, 믿고 기댈 수 있는 곳은 어디에도 없었다. 이런 심정을 아무에게나 함부로 얘기할 수도 없었다. 무서우면서도 부끄럽고 황당할 뿐이었다.

이 지경이 되고 보니 그 당시 푹 빠져 있던 단전호흡은 더 이상 할 수가 없었다. 나는 해동검도 도장에서 혼신의 힘을 다해 검을 휘둘러댔다. 그때 나에게는 이 방법 이외는 할 수 있는 것이 아무것도 없었다. 몇 개월 동안 몸을 혹사할 정도로 검도 수련에만 매달렸다. 아무도 없는 주말에는 도장에서 혼자 미친 듯 혹독하게 검을 휘둘러댔다. 그러다 보면 온몸이 땀에 젖어 바닥에 벌러덩 나뒹굴게 된다.

5. 다시 보는 햇살

 이렇게 또다시 수개월이 지나니 몸이 정화되는 느낌이 들었고 정체 모를 헛것도 느껴지지 않았다. 참으로 다행스러운 일이었다. 천만다행으로 하늘의 보살핌이 있어 제자리로 되돌아올 수 있었다는 생각에 그냥 감사한 마음이 들었다. 나는 이 무렵부터 절 수련에 더욱 치중했다. 이후 나는 절 수련을 기본 삼아 다시 수련에 몰입할 수 있었다.

 단전호흡하면서 어떤 특별한 능력을 갖고자 기를 쓰는 행위는 결코 수련에 도움 되지 않는다. 그런 것들은 모두 요사스러운 방법들이다. 기를 써서 무엇을 어떻게 하려는 마음부터가 이미 요사스럽고 삿된 마음이다. 예를 들어 기를 통해 초능력을 나타내 보이고자 하거나, 상상으로 만든 상에 빠져 전설적 신선이 되고자 한다든가, 미지의 세계를 보려는 마음, 더 나아가 전생을 보고 내생을 알아보려는 등 엉뚱한 생각 자체가 모두 삿된 짓이다.

 이후 나는 수련에 대한 과장된 말이나 삿된 방편에 대해서는 단호하다. 수련 중에 경험하는 이런저런 기이한 현상에 대해 무시하고 깨어 있음을 강조한다. 혹시 수련 과정에서 어떤 현상이 있더라도 겸손하게 받아들이고 있는 그대로 느껴줄 수 있는 여유가 있어야 한다. 정말 중요한 것은 초자연적인 경험이 아닌 올바른 법과 참된 스승을 만나 자신을 바르게 닦아 가는 일이다. 바른 수련은 먼저 텅 빈 마음이 되어야 한다. 무엇을 어떻게 하고자 하는 마음 없이 기가 저절로 흐르고 작용하게 해주어야 한다. 억지로 기를 돌리고 움직이려 해서는 안 된다.

 이 무렵 "기는 곧 생명 에너지"라는 절절한 울림이 내면으로부터 느껴졌다. 나는 기 수련은 곧 생명을 보듬고 가꾸는 일이라고 여기고, 기를 느끼는 것은 곧 생명을 느끼는 것과 같다고 이해했다.

 그 이후 나는 기에 대한 헛된 망상을 버리고, 언제나 기를 생명으로 여기고 느끼며 나 자신을 기준 삼아 수련했다. 느낌에 집중하고 기를 키우고 가꾸기에 최선을 다했다. 실제 기의 느낌이 명료해지고 짙어질수록 몸은 점점 건강하고 활기차게 살아났다. 이것이야말로 몸에 생명이 살아나는 것이 아니겠는가?

6. 새로운 나의 길

이런 세월 속에 나는 이미 수련에 깊게 빠져들어 도저히 되돌아갈 수 없는 지경까지 이른 것을 느꼈다. 회사 생활하면서 수련하기에는 성에 차지 않았다. 어떻게 하면 더 깊이 수련할 수 있을까 늘 고심하면서 수련에 대한 미련이 내 머리를 꽉 채웠다. 그렇다고 먹고 살 일도 생각지 않을 수가 없었다. 무엇을 하며 수련해야 성에 찰 수 있을지 고민에 고민을 거듭하다가 해동검도 도장을 하면서 해야겠다고 생각했다.

급기야 나는 다니던 회사를 그만두었다. 그때 내 나이 30대 중반이었고, 큰아이가 5살, 아내는 둘째를 임신한 상태였다. 일반적인 사고로서는 쉽게 할 수 없는 일을 저지르고 만 것이다.

(1) 해동검도 도장

해동검도 개관 (1995년)

1995년 2월 다니던 회사를 그만두고 수련에 매진해 볼 생각으로 공주에 해동검도 도장을 열었다. 해동검도 도장은 직업 선택이라기보다는 수련을 위한 호구지책으로 생각했다. 나는 도장 운영보다는 수련에 관심이 더 많았고 내 수련에 매진 했다. 그렇지만 천우신조로 도장은 너무나 순조롭게 부흥했다.

내 수련에 빠져 도장 운영은 뒷전이었지만, 도장은 문을 열자마자 금방 젊은 학생들로 가득 찼고, 직장인들과 지역 주민들이 모여들어 도장 분위기가 무르익었다. 그 당시 전국에서 성인 회원이 가장 많은 도장으로 이름났었다. 그때 수련하시던 분들은 도장 운영보다 수련에 빠진 내 모습이 더 좋아 보였던 모양이다. 성인 회원들이 회원들 관리를 스스로 해주시고 도장에 대한 사랑이 매우 컸다. 이렇게 하늘의 보살핌으로 나는 경제적 어려움 없이 수련에 매진할 수 있었다. 이 얼마나 큰 복이던가? 스스로 감사하고 또 감사한 마음이었다.

수련생들에 대한 수련에도 책임감 있는 마음으로 열과 성을 다해 정직하게 가르치며 최선을 다했다. 내가 배운 대로 해동검도뿐만 아니라 죽도 술도 함께 가르쳤으며, 단전호흡과 명상도 성의껏 가르쳤다. 주말이면 수련생들과 함께 산행도 하면서 자연에서의 단전호흡과 명상 수련도 체험시켜 주었다. 수련 강도도 다른 도장에 뒤지지 않도록 각별하게 신경 썼다. 검도에서 2등은 없다는 신념으로 강한 수련을 강조했다.

전국해동검도대회 검법과 격검 모두 1위 (2000년)

그 결과는 현실로 드러났다. 2000년 처음 시작된 전국 해동검도 대회에서 공주 도장이 검법 부문과 격검 부문 모두 전국 1위를 했다. 그 이후 제자가 인수한 뒤에도 수년간 공주 도장이 전국 1위의 전통을 이어갔으니, 언제나 땀의 대가는 정직하다는 생각이 든다.

낮에 도장 수련 시간 외에는 나 혼자 공산성에 올라가 몸 수련을 했고, 밤에는 도장 수련이 끝나고 늦게까지 수련했다. 밤에는 주로 절 수련과 단전호흡, 그리고 명상에 집중했다. 이렇게 혼자 수련하는 것을 안 수련생 중에 관심 있는 분들이 뒤에서 같이 따라 하면 어떠냐고 묻기에 나는 흔쾌히 그렇게 하자고 했다. 나도 밤에 혼자 수련하는 것보다 여럿이 함께 하니 훨씬 좋았다. 그리고 휴일에는 더욱 수련을 게을리하지 않았다. 이렇게 공주 해동검도 도장은 마음먹었던 대로 나의 수련 도량이 되었다.

(2) 기천과의 만남

해동검도를 하면서 기천을 알게 되었고 그에 대한 깊은 관심이 있었다. 그런데 내가 해동검도 도장을 연 다음 해인 1996년 말 대전에 기천 수련원이 열린다는 소식을 들었다. 나는 곧바로 대전에 문을 여는 기천 수련원을 찾아가 정식으로 입문하고 수련을 시작했다. 그 당시 대전 내동에 기천 수련원을 처음 연 분은 이름을 기억하지 못하는 여자 원장님과 지성철 범사님 두 분이었다. 그 이후 지성철 범사님이 원장이 되어 지도해 주셨다.

그렇게 수련하다가 1999년 기천 지도자 수련 반에 들어가 박사규 문주님과 인연이 되었다. 박 문주님께 처음 배우던 날 내가 신장 1시간, 반장 3000번을 했다. 그 당시 내게는 놀랄만한 숫자였다. 이렇게 시작하여 6개월간 이어진 지도자 반 수련은 매주 일요일 계룡산에서 진행되었다. 오전에 정공 3시간을 박사규 문주님께 지도받았고, 오후에는 동공 3시간을 지성철 원장님께 지도받았다.

오전에 하는 정공은 평소 단전호흡과 함께 명상에 익숙했던 내게는 그리 어렵지 않았다. 그런데 오후에 이어지는 동공 3시간은 어찌나 힘들고 지루했었는지 모른다. 한 수를 한참 한 것 같은데 겨우 3분, 5분이 지났다. 이렇게 이어지는 모든 수가 마찬가지였다. 동공에서는 나도 모르게 수련보다 시간 흐름에 정신을 빼앗기는 경우가 더 많았다. 아무리 지루하고 힘들어도 시간은 갔다. 수련자의 마음이 어떻든 6시가 되면 예외 없이 갑사에 저녁 예불 종소리가 났다. 그러면 우리 수련도 마무리되었다.

지도자 과정을 마친 후에는 박사규 문주님의 제자가 되어 가르침을 받았다. 대하 박사규 사부께서 가장 중요하게 여기는 기천 수련은 동공보다 정공이었고, 동공 수련에서는 연결수보다 단수를 많이 반복시켰다. 그것이 기천을 몸에 담을 수 있는 유일한 길이라고 말씀하시고 변화수 대신 원형 그대로 수련할 것을 늘 강조하셨다.

나는 그때 계룡산 갑사 입구 하숙집에 계시던 사부님을 일주일에 세 번 찾아가 지도받았다. 일요일에는 여럿이 함께 수련했고, 수요일과 토요일은 주로 혼자 했다. 다른 사람들과 같이 수련하던 일요일이 훨씬 재미있었지만, 사부님께 1:1 지도받을 때 또 다른 특별한 맛이 있었다. 그 당시 혼자 수련하는 날에는 사부님께 미안한 마음 없지 않았으나, 이것이 내게 마지막 기회일지 모른다는 생각에 염치불구 하고 찾아뵈었다. 그때 배우면서 느낀 바가 매우 컸다. 그중 몇 가지만 간추려 본다.

나는 그때 수련에서의 한계를 넘겨주던 사부님의 가르침에 크게 감동했고, 내 수련에 가장 큰 자산이 되었다. 이런 가르침이 내 수련에 근간이 되었다. 육합단공은 맨몸으로 해도 어려운데 돌을 들어 세우고, 소도를 할 때도 한계에 다다랐을 때 사부님 발끝으로 내 발뒤꿈치를 받치고 죽비로 오금을 눌러 꼼짝 못 하게 하고는 고통에 발악하는 몸을 무섭게 타통해 주셨다. 마치 구타 수준이었다. 신기한 것은 그렇게 강한 타통에 금방이라도 죽을 것만 같던 몸이 시원하게 뚫리는 것이었다. 그때 사부에 대한 감사한 마음이 저절로 올라왔다. 이런 수련은 여럿이 함께 수련할 때는 경험할 수 없는 맛이었다.

또 한번은 정공 수련 터에서 가장 굵고 큰 소나무 하나를 가리키며 솔방울이 떨어지도록 팔뚝으로 좌우 100회씩 치라고 하셨다. 큰 나무에 솔방울이 떨어지도록 치지는 못했지만, 사부님이 옆에 서서 독려하시니 꾀를 부리거나 엄살을 떨 수는 없었다. 나무 치기가 끝나자, 양 팔뚝이 뚱뚱 부어올랐고 손끝까지 파르르 떨리는 것을 주체할 수가 없었다. 그렇지만 나도 모를 뿌듯함과 함께 사부에 대한 감사한 마음이 부풀어 올랐던 기억이 생생하다. 이후로 나는 혼자서 육합단공과 나무 치기를 이런 방식으로 할 수 있었다. 이것은 지금 생각해도 감사한 마음이다.

사부님은 혼자 수련하는 가르침도 많이 주셨다. 대자암 산신각에서의 단배공 수련이라든가, 단수 1000번 이상 반복 수련, 계룡산 한 바퀴 돌아오기 등 혼자 수련할 내용을 말씀해 주셨다. 그러면서 기천은 깨달음의 도학이며 구원의 법이라고 늘 강조하셨다. 나는 이 과정에서 "아! 기천 수련을 이렇게 하는구나!"라고 이해하게 되었다.

계룡산에 가지 않는 날에는 공주 산성에 올라가 혼자 수련했다. 공산성에 올라가면 우선 내가신장 1시간을 선 후 육합단공을 하고, 나무 치기를 했다. 반장은 육합단공과 같이 했는데, 보통 하루 3000번 하기를 목표로 하고 최하 1000번 이상은 꼭 하고 넘어갔다.

칠보절권은 1주일에 1수씩 정하여 매일 1,000번씩 했다. 이렇게 몇 개월 하니 칠보절권이 익숙해졌으며, 몸에서 불끈불끈 뻗치는 기운에 자신감이 차고 넘쳤다. 몸에 기맥이 열리면서 솟구치는 기운에 기백이 끓어 넘친 것이다.

공산성에서 이렇게 혼자 수련하고 땀에 흠뻑 젖은 몸이 되면 스스로 흐뭇함에 빠져 넉넉하고 여유로운 마음이 되었다. 이것이 바로 모든 것을 가진 것 같은 수행자의 행복이 아니겠는가?

몸으로 이해된 내가신장

내가신장은 기천의 대표적인 기본 수련법이다. 내가신장을 어떻게 수련하느냐에 따라 기천 수련의 향방이 달라질 수 있다. 나는 내가신장을 해동검도에서 처음 배우고 기천에서 다시 접했지만, 처음에는 무척 힘들기만 할 뿐 그것을 왜 하는지 잘 몰랐다. 처음에는 남에게 지기 싫은 마음으로 했던 것 같다. 나는 단전호흡을 먼저 했었기 때문에 내가신장을 하면서 자연스럽게 단전호흡을 같이 할 수 있었다. 그래서 다른 사람보다 좀 더 쉽게 설 수 있었던 것 같다.

기천에 입문해서도 처음에는 잘 알지도 못하고 지루하게 내가신장을 서던 어느 날 처음으로 몸 안에 무언가 살아 움직이는 기운을 느꼈다. 그 느낌은 참으로 묘했다. 명확하게 표현할 길은 없지만, 몸 안에 살아 있는 생명의 기운을 강렬하게 느낀 것이다. 이것이 무엇일까? 나는 이때부터 내가신장에 호기심이 생겨 관심을 갖기 시작했다. 관심을 가지고 탐구하듯 내가신장을 서니 누구에게 지기 싫은 마음과 남들보다 좀 쉽게 설 수 있다는 위안만으로 할 때와는 사뭇 달랐다.

그렇지만 그때까지는 내가신장을 길게 서면 밀려오는 고통 또한 만만치 않았다. 때때로 팔이 떨어지듯 아프고, 허리가 끊어질 것 같았고, 허벅지도 터지는 듯한 고통이 오기도 했다. 이럴 때면 자세를 풀어야 할지 말지 심한 갈등에 휩싸이기도 했다. 주로 이를 악물고 참아냈고, 때로는 단전호흡에 몰입하며 고통을 정면으로 마주하고 느껴주기도 했다. 이렇게 내가신장의 고통을 스스로 이겨내며 근근이 수행을 이어갔다.

대하 사부께서는 내가신장을 세워놓고 선(禪)하듯이 하라는 말씀을 자주 하셨다. 나는 좌공수련(座功修練)이 습관화되어 있어 내가신장도 단전호흡하면서 실제 선(禪)을 했다. 입선(立禪)을 한 것이다. 그러다 보면 정신없이 몰려오던 고통이 눈 녹듯 사라지고 편안해지기도 했다. 이토록 어렵사리 내가신장 하는 날이 점점 쌓여갔다.

그러던 어느 날, 그날도 내가신장을 1시간 넘게 서는데 여느 때보다 훨씬 더 몸에 고통이 심하게 엄습해 왔다. 수련해 본 사람은 알듯이 이럴 때는 몸 고통보다 더한 것은 마음의 갈등이다. 끝까지 포기하지 않고 고통과 맞서고 있을 때 사부님의 죽비 타통(打通)이 이어졌다. 이때 팽팽하게 부풀었던 몸의 긴장이 한순간 퍽 풀어지는 느낌이 일었다. 죽비 타통이 끝나자, 몸이 구리철사로 감아놓은 것처럼 온몸에 기운이 감돌았다. 그리고 안으로부터 잔잔한 진동이 일어나고 상체가 가볍게 떠올라 하늘거렸다. 상체가 마치 물속에 잠긴 물풀처럼 허공에 떠오르는 느낌이었다. 이때까지 내가신장을 하면서 이토록 편안했던 적은 처음이다. 이후로는 내가신장을 하면서 몸에 고통을 모른다.

내가신장은 근력이 아닌 기력으로 서는 것임을 몸으로 체득하는 순간이었다. 기맥이 열려야 육합단공이 쉬워지는 것을 체험으로 알게 된 것이다. 육합단공의 목적이 바로 기맥을 열고 내공을 기르는 것이지만, 기맥이 열리기 전까지는 누구나 육합단공을 근력으로 서게 된다. 기맥이 열리기 전 근력으로 서면 당연히 힘들 수밖에 없는 이치를 경험한 것이다. 육합단공을 근력으로 서는 것에서 빨리 벗어나 기력으로 서도록 해야 한다. 그러기 위해서는 육합단공에서 단전호흡이 중요하다.

그 후 육합단공을 하면 늘 온몸에 느껴지는 기와 함께 등줄기를 타고 오르내리는 기운에 취하는 것이 기분 좋았다. 이때부터 내가신장을 어려운 줄 모르고 섰으며, 단전호흡은 천부경에 맞추어 함께 했다. 내가신장을 서서 천부경 한 글자에 한 호흡씩 했다. 천부경 한 글자에 한 호흡씩 한 것은 그냥 숫자를 세기 위한 방편만이 아니었다. 도공이 도자기 하나하나를 정성으로 빚어내듯이 천부경 한 글자 한 글자의 의미를 떠올려 호흡에 맞추어 마음으로 글자의 의미를 빚어냈다. 한 호흡에 천부경 한 글자의 의미를 정성으로 빚어낸 것이다. 단전호흡으로 천부경 81자 의미를 모두 빚어내면 대략 1시간 가까이 걸렸다. 이렇게 하면 온몸에 기운이 꽉 차올랐고, 나는 천부경 기운에 감싸이는 느낌이었다. 이때서야 비로소 내가신장을 몸으로 이해하기 시작한 것이다. 이때가 기천을 시작한 지 5~6년쯤 된 공인 과정이었다.

그 후로는 기운이 온몸에 차고 넘치는 것을 느끼면서 내가신장을 즐겼다. 내가신장에서 다리 속에 뻗치는 기운 줄기는 쇠심이 박힌 것 같았고, 양팔에는 부목을 덧대놓은 것같이 기운에 감겨 온몸이 저절로 떠받쳐진 느낌이었다. 팔이 근육 힘으로 드는 것이 아니라 뻗치는 기운으로 저절로 들어 올려졌다.

나는 두 다리로 땅의 기운을, 양팔로 하늘의 기운을 끌어들이는 마음으로 단전호흡했다. 사지를 통해 들어온 천지 기운이 내 안에서 정기(精氣)를 만든다고 생각하며 느껴주었다. 이런 호흡이 깊어지면 온몸이 거대한 기장(氣場)에 휩싸여 가볍게 하늘거리고, 기분 좋은 황홀감으로 정신이 몽롱하고 어찔했다. 나는 이때부터는 시간 가는 줄 모르게 내가신장을 설 수 있었다.

속리산 관음암에서 태극권을 수련했다는 무도 스님을 만나
기천을 설명하고 내가신장을 가르치는 필자 (왼쪽)

단배공에서 새롭게 느낀 수련

나는 절 수련과 단전호흡을 하다가 기천에 입문하여 단배공을 알았다. 이미 절 수련에 익숙했던 나는 기천에 입문하여 단배공을 처음 배우는데 호흡과 몸과 기가 하나로 어우러지는 것을 바로 느꼈다. 단배공을 하면 온몸을 휘감는 기운이 이전에 하던 절 수련과는 사뭇 달랐다. 나는 개인적으로 기천에서 가장 귀중하게 생각하는 수련법이 바로 단배공이다. 단배공은 전신운동이면서 단전호흡과 심법 수련에도 큰 효과가 있는 기천 3법 수련의 정수라고 생각한다. 단배공은 내 수련에 중심이 되었다.

초장기 단배공 할 때는 강한 역근과 함께 기운을 끌어들이는 단법(丹法)에 중점을 두었었다. 그때는 오로지 기운을 끌어들여 정기를 쌓고 기른다는 마음뿐이었다. 그 당시 나는 한시도 기운을 놓치지 않고 마음을 챙겼다. 들고 나는 숨길에 기운의 느낌을 세심하게 느껴주었다. 기의 느낌에 빠지면 온몸에 기운이 빵빵하게 차오르고 금방 기장에 감싸였다. 이렇게 기분 좋은 느낌을 어디다 비교할 수 있을까?

발끝을 곧추세워 전신을 곧게 편 자세에서 무릎 꿇고 머리가 땅에 닿도록 엎드렸다가 다시 일어서기를 반복하는 단배공에서, 우주 자연의 사계절 기운이 온몸에 작용하는 느낌이 절절하게 느껴졌다. 발끝을 곧추세운 자세에서 양기는 한여름 기운같이 온몸에 뻗쳤고, 무릎 꿇고 양팔을 크게 벌린 자세는 기운을 거두는 가을 기운처럼 느껴졌다. 머리를 땅에 닿게 납작 엎드린 자세는 모든 것을 안으로 감추고 거두어들이는 동절기 기운이요, 상체를 다시 세워 반장으로 온몸을 치켜세우려는 자세는 다시 양기를 뿜어내는 봄의 기세로 느껴졌다. 이렇게 춘하추동 사계절 기운의 느낌과 울림이 내 몸에서 느껴지는 것은 단배공 수련의 백미가 아닐 수 없었다.

이것은 단순한 생각이나 상상이 아니었다. 단배공 한배 한배의 동작마다 자연의 사계절 기운이 생생하게 몸에 느껴졌다. 단배공 1배를 할 때마다 1년 사계절 기운이 내 몸에서 작용하는 느낌이었다. 혼자 단배공 할 때는 단배공 숫자도 1년, 2년으로 세어가면서 1년의 시간 속에 내가 익어가는 느낌으로 했다. 이런 느낌은 내 안에 생명 농사를 짓는다는 마음으로 살아났다. 단배공의 어떤 동작도 결코 소홀히 할 수가 없었다. 내게 단배공 수련은 정성스러운 마음으로 몸에 생명을 살리고 신성을 키우는 사계절 농사일이 된 것이다. 이렇게 이어지는 단배공에서 나 자신이 정화되는 느낌과 영글어 가는 영혼이 느껴져 마음이 저절로 경건해졌다.

단배공은 내 수련에 기본으로 자리 잡으면서 하루도 빠짐없이 했다. 그러던 어느 날 단배공 하는데 꿈을 꾸는 것과 똑같은 세계가 펼쳐졌다. 꿈 같은 정신세계 속에서 앞에 늘어진 오물[시체]을 펄쩍 뛰어넘는데, 몸이 휘청하면서 현재 의식으로 깨어난 것이다. 정말로 놀라지 않을 수 없었고 참으로 기이하다는 생각을 아니 할 수 없었다. 그 후로는 단배공 하면서 이같이 꿈같은 세계를 가끔 경험했다. 이런 현상은 또 하나의 의식 확장이라고 생각된다. 생생한 꿈도 깨고 나면 금방 기억나지 않을 때가 많은데, 단배공에서 겪은 꿈같은 경험은 지금도 생생하게 기억할 만큼 현실보다도 훨씬 더 선명했다.

우리 의식은 잠재의식과 현재 의식 사이에 꿈의 의식이 있지 않나 생각된다. 잠재의식은 현재 의식에서 인지할 수 없으나, 그 중간 영역에 꿈의 의식이 통로 역할을 하고 있다고 생각되었다. 어쨌든, 그 당시 내 몸과 마음은 깊은 잠에 빠져 꿈을 꿀만큼 이완되었다는 증거이다. 이때부터 내 수련은 저절로 이루어졌다. 이때까지는 의지로 수련했지만, 이후부터는 의지와 관계없이 그냥 저절로 되는 수련이 되었다. 그리고 나도 모르게 감사한 마음이 생기고 모든 것에 대해 열린 마음이 되었다.

단배공의 발끝 역근

단배공 발끝 역근

기천에서 단배공 할 때 두 발끝을 포개놓으라고 한다. 그 이유를 알고 싶었다. 내게 이 문제를 예사로 넘길 수 없었던 것은 전에 단전호흡 수련원에서 절(拜)을 할 때, 두 발을 포개면 골반이 틀어진다고 나란히 놓으라고 배웠기 때문이다. 그런데 기천에서는 두 발끝을 포개놓을 것을 강조했지만, 정작 두 발끝을 포개는 이유는 명확하게 듣지 못했다. 나로서는 이것을 그냥 가볍게 넘길 수 없는 과제가 된 것이다.

나는 스스로 해보는 수밖에 없었다. 양 발끝을 나란히 놓기도 하고, 포개보기도 했다. 그러면서 근육을 비틀어 보기도 하고, 풀기도 했다. 또 호흡을 밀고, 당기고, 멈추고, 내쉬는 등 갖가지 방법으로 몸에 어떤 반응이 나타나는지를 살펴보았다. 발끝을 포개는 것과 나란히 놓는 것의 차이가 무엇인지 알고 싶었다. 도대체 왜 발끝을 포개어야 하는지 여러 방면으로 연구해 보았다.

언제나 그렇듯 나는 기천 수련법의 원리를 확인하고 그 이유를 찾을 때는 그 행위의 목적이 무엇인지를 먼저 생각하고, 그 행위가 몸에 어떤 영향을 주는지를 가장 중요하게 생각하고 살펴보았다. 가장 먼저 그 행 법이 호흡에 어떤 영향을 미치고, 기운이 어떻게 작용하는지를 세심하게 살펴보았다. 또 근력이나 몸의 균형에는 어떤 영향을 주는지도 살피면서 그 동작의 목적과 몸의 작용이 어떻게 부합하는지 생각하고 그 원리를 찾고자 했다.

　궁하면 통한다고 했던가? 어려움이 극에 달하면 해결의 길이 열린다는 말이다. 주역의 원문은 [궁즉변 변즉통 통즉구(窮則變 變則通 通則久)]이다. 즉 궁하면 변화가 생기고, 변화 뒤에는 통하는 길이 있으며, 통하면 오래 갈 수 있다는 말이다. 발끝을 왜 포개는지 여러 가지 궁리를 하다 보니 자연스럽게 그 이유를 알 것 같았다.

　나는 끝내 그 이유를 이렇게 찾아 이해했다. 호흡과 무관하고 역근 없이 하는 절은 두 발끝을 나란히 놓는 것도 괜찮다. 그것이 골반을 편안하게 해주는 자세가 될 수 있다. 그런데 기천 단배공은 단전호흡하면서 온몸에 기맥을 열기 위해서는 손목만이 아니라 발끝까지 강하게 짜주는 역근이 필요하다.

　회음혈을 공고히 하고 단전에 기운을 채우기 위해서는 반드시 발끝을 포개 놓아야 했다. 이렇게 할 때 호흡도 깊어지고 단전에 기가 차고 온몸에 기운이 뻗치고 채워진다. 발끝 역근은 온몸에 기를 살리는 단배공에서 꼭 필요한 단법(丹法)으로 이해되었다. 이것은 공작새의 꼬리털이 X자로 엇갈려 겹친 이치와도 같은 원리로 이해되었다. 이런 이유에서 기천 단배공은 발끝을 나란히 놓지 않고 포개 놓는 것임을 이해할 수 있었다.

　이후로 단배공 할 때 나는 의구심 없이 두 발끝을 포개서 한다. 다만 많은 횟수를 할 경우는 손과 발의 위치를 적당한 숫자로 바꾸어 가면서 한다. 상·하체의 좌우 균형을 맞추기 위해서다. 나는 단배공을 하면 언제나 온몸이 기운에 감싸여 구름 위에 두둥실 뜬 느낌에 도취 된다. 그리고 머리에 희열이 솟아 기분 좋은 상태가 된다. 나는 언제나 단배공을 시작하기만 하면 자동으로 이런 기운에 빠져들었다.

(3) 깊어져 가는 단전호흡

단전호흡할 때도 자연스럽게 기를 느끼며 호흡 길이를 더 길게 하기 위한 노력을 계속 강구했다. 그러던 어느 날 단전에 불어 넣은 숨을 머금어 막바지에 이를 즈음 단전 안쪽에 숨을 더 불어 넣을 공간이 느껴졌다. 숨을 들이마시고 머금을 수 있는 공간이 저절로 확보된 것이다. 의지와는 관계 없이 저절로 느껴진 것이지만, 이것은 내게 별천지를 찾은 것 같은 가슴 벅찬 일이 아닐 수 없었다. 이런 원리가 터득된 후 나는 더욱 크게 확장된 단전을 느끼며 길고 깊은 호흡을 편안하게 할 수 있었다. 이전보다 훨씬 긴 호흡이 되었다. 이렇게 길어졌음에도 호흡은 예전보다 훨씬 편안하고 여유로웠다.

이전과 다르게 들숨과 날숨이 끝없이 들어가고 나가는 느낌이고, 들숨과 날숨에서 아쉬움이 남지 않았다. 저절로 호흡 길이에 연연하지 않는 여유로운 마음이 된 것이다. 그리고 들숨과 날숨에서 자연스럽게 파동을 타는 호흡이 이루어졌다. 파동을 타는 호흡이 되니 아무리 긴 숨도 막히거나 걸리지 않고 더욱 편안하고 자연스러웠다. 파동은 안쪽 숨결에서 느껴지는 리듬이며, 호흡의 바깥 결은 한결같은 흐름이다. 내게 느껴지는 파동은 오로지 내면에서 느끼며 즐기는 생명 리듬이 되었다. 마음은 늘 여유와 풍요가 넘치는 충만함으로 가득 차 정말 기분 좋았다. 단전호흡하는 시간 역시 완전히 다른 세상을 만난 것 같았다.

이후 수련은 나날이 달라졌다. 단전호흡하면서 더 이상 마음 쓰지 않아도 들숨에 우주가 통째로 들어오는 느낌이었다. 이보다 더 큰 느낌은 없으리라. 이 무렵 나는 숨결 따라 기운이 몸의 경계를 넘어 허공과 하나 되는 것을 느꼈다. 내 기운이 우주 기운이요, 우주 기운이 곧 내 기운이었다. 숨을 쉬면 허공이 움직이는 느낌이었고, 가슴이 열리면서 우주 허공이 가슴으로 들고 났다. 호흡할 때는 유유자적해졌고, 어디에도 매임 없는 편안하기 그지없는 여유로운 마음이었다.

이것은 참으로 놀라운 변화였다. 몸은 내가 아니요, 나는 하나의 기운 자체였다. 내게 느껴지는 기운은 몸 안의 기와 몸 밖의 기가 다르지 않았다. 우주 허공이 나요, 내가 곧 우주이기도 했다. 기분이 묘했다. 이렇게 되니 호흡할 때 더 이상 기를 끌어들이려는 마음은 필요치 않았다. 저절로 끌어들이는 마음의 끈이 놓아졌다. 끈 풀린 마음은 한량없이 편안했다.

그러던 어느 날부턴가 단전에 뻗치는 기운이 빛 덩어리로 감지되기 시작했다. 아랫배 전체가 기운 덩어리로 느껴지고 빛이 방사되는 것 같았다. 한동안 이렇게 수련하니 소리 없이 형성된 단전의 기운이 점점 커지면서 몸에 뻗치는 기세 또한 더욱 크고 강해졌다. 급기야 아랫배 전체가 마치 끝없이 넓은 기 바다처럼 느껴졌다. 이때 마음은 평화 그 자체이고 기분은 금방이라도 천하를 휘어잡을 것 같은 느낌이었다.

아래 배 전체가 기 바다 같더니 넘실거리는 파동과 함께 저절로 무게중심이 아랫배에 잡혔다. 단전에 중심이 잡혀 내 몸이 거대한 오뚜기처럼 느껴졌다. 한동안 이런 느낌이 기분 좋게 이어지다가 후끈한 기운이 회음혈을 자극하기 시작했다. 이때 느낌은 참으로 묘한 기분이었다. 이런 기감이 팽배해지던 어느 날 갑자기 척추가 곧게 펴지면서 뜨거운 기운 줄기가 척추로 솟구치는 파동이 느껴졌다. 이때 틀어졌던 척추가 저절로 교정되어졌다. 오래전 천안에서 검도 수련하면서 다쳤던 척추가 이 과정에서 저절로 잡히는 것을 직접 경험한 것이다. 이런 경험 이후에는 척추가 저절로 곧게 펴지는 느낌이었고 정좌하는 것도 훨씬 편안해졌다. 온몸이 강렬한 기운으로 꽉 차올랐다. 이때 기분은 뭐든 다 할 것 같고, 세상에 무서울 것이 없었다.

이런 현상들은 모두 온몸에 기맥이 열리는 느낌이다. 흔히들 이야기 하는 대맥과 임·독 맥에 기가 뻗쳐 작용하는 현상이다. 이런 현상을 대략 서술했지만 사실 꽤 오랜 기간 수련한 결과였으며, 이때 일어났던 수많은 느낌을 모두 말이나 글로 표현하는 데는 한계가 있으며 굉장히 가슴 벅찼다. 그러던 어느 날 가슴이 뻥 뚫리면서 한순간 머리가 날아가는 느낌이 들었다. 머리가 어찔하고 멍~ 해지면서 끝없는 희열이 퍼져나갔다. 이후부터는 수련할 때면 정수리에서 물고기가 숨 쉬듯 뻐끔뻐끔 희열이 터져 나온다. 들이마시는 숨결에 온몸이 부풀어지며 풍요로움이 가득해지고 내쉬는 숨길에는 끝없이 편안한 파동에 묻힌다. 이쯤 되니 수련은 공짜로 하는 기분이었다. 아니 엄청난 보너스를 받은 것 같은 기분이 들었다. 나는 이후부터 단전호흡은 물론 기천 수련을 할 때도 대부분 이런 희열 속에 있다.

(4) 새로 찾은 수련의 길

수련이 깊어 갈수록 깨달음에 대한 나의 목마름은 더욱 커져만 갔다. 깨닫기 위해서라면 무엇이라도 하겠다는 일념으로 이리저리 치닫는 나의 수련 모습은 늘

분주했다. 그러다 외국의 유명한 정신 수련 코스를 찾아가 하게 되었다.

사실 처음에는 너무 시시하다는 생각에 괜히 왔다는 후회가 컸다. 없는 시간 쪼개서 왔는데 수련 코스 초반에 하는 내용은 내가 이미 알고 있던 내용이 대부분이었다. 코스 비용도 만만치 않은 금액이었기 때문에 더더욱 갈등이 컸을지도 모른다. 이렇게 갈등하면서 1~2일 지나자 조금씩 내게 변화가 오기 시작했다. 나는 의혹을 떨치고 적극적으로 코스에 임하면서 수련에 빠져들었다.

그러던 중 몸 전체가 없어지면서 이마 앞 위쪽에 맑고 영롱한 의식의 빛이 떠올랐다. 의식의 빛이란 내 느낌을 표현한 것일 뿐 그것을 정확하게 표현할 길은 없다. 그것을 말이나 글로 표현할 방법은 진정 없다. 다만 내 경험을 최대한 유사하게 묘사하는 것뿐이다. 누구나 그렇듯 몸을 자신으로 느끼고 경험한다. 이때는 몸이 아닌 형체도 없는 영롱한 빛 덩어리가 바로 나로 느껴졌다. 나는 형체 없는 빛이었다. 몸 대신 몸 밖에 뜬 영롱한 의식체를 나로 느끼고 경험하고 있는 것이었다. 이 상황은 혼미한 상태에서 감지되는 느낌이 아니다. 온전히 깨어 있는 현실에서 경험한 것이다. 이때 몸을 느끼려 해도 전혀 느껴지지 않았다.

이것은 다름 아닌 영체였다. 이전에 유체를 느끼고 경험할 때와는 다르게 영체는 투명하리만큼 맑고 기분 좋은 느낌이었다. 경쾌하고 환희로웠다. 영체가 몸 밖에 뜨니 그동안 나로 느껴지던 몸은 느껴지지 않고, 내 기운이 우주 기운을 넘어 내가 곧 우주이고 우주가 바로 나로 느껴졌다.

이런 현상은 나의 모든 생각을 지우고, 모든 희망조차 내려놓은 후 마지막 내 몸까지 털어내고 지우는 과정에서 경험되어진 것이다. 나를 안내하던 마스터는 그 영체마저 지우자고 하는데, 나는 그 느낌이 너무 좋아서 지우기를 거부하고 한동안 그 경지에 머물렀다. 그렇지만 나를 만든 것은 생각이며, 그 생각은 지울 수도 있다는 것을 알았다. 또 그 생각을 지우고 나면 내게 변화가 오는 것을 경험으로 체득한 것이다.

이제 수련을 어떻게 해야 할지 분명하게 알아졌다. 나를 비워야 함도, 나를 비우는 방법도 체험으로 느끼며 너무나 분명하게 알게 되었다. 나는 뛸 듯이 기뻤다. 이때 나는 얼마나 좋았는지 모른다. 그동안 막막한 마음으로 애타게 찾아 헤맨 수련의 향방을 알게 되어 정말 미치도록 좋았다.

이때까지 수련하면서 다양한 체험을 하고, 수련도 어느 정도 깊어졌다는 것을 느꼈지만, 깨달음을 위해 나는 구체적으로 무엇을 어떻게 할지를 몰라 무척 갑갑했었다. 수련에 대한 구체적인 방법만 알면 무엇이든 하겠다고 스스로 다짐하면서 그 방법을 알기 위해 별의별 짓을 다 했었다. 이 정신 수련 코스도 그 방법을 알기 위해 한 것이다. 그런데 처음에 후회하던 것과는 다르게 나는 너무나 큰 성과를 얻었다. 그러니 어찌 기쁘지 아니하겠는가?

외국 정신 수련 프로그램 (1999년)

나는 그 자리에서 마스터 과정까지 예약하고 내려왔다. 마스터 과정은 이미 알고 있는 내용을 더욱 확고히 다지는 기회가 되었다. 어떤 방법으로든 마음을 비우고 나를 내려놓아 무아(無我)가 되어야 한다는 것을 체험을 통해 절절히 느끼고 이해했다. 마스터 과정이 끝나고, 나는 앞으로 수련할 항목을 일목요연하게 정리했다. 마음을 비우고 나라는 생각을 털어낼 수 있는 나의 수련 계획표를 꼼꼼하게 작성해 놓은 것이다. 그리고 언젠가는 꼭 이 수련을 하리라 다짐했다.

(5) 계룡산에서 가야산으로

새천년의 첫해가 저물어 갈 무렵 나는 공주 해동검도 도장을 제자에게 인계하고 정리했다. 갑자기 그런 상황이 되어 지난번에 작성해 놓고 계획한 나의 수련 내용을 수행할 기회가 온 것이다. 먼저 우연히 알게 된 대전 선화동에 있는 M 수련원에 입문하여

3개월 정도 수련해 보았다. 마음먹은 나의 수련을 하기에 적합하다는 생각이 들었다. 나는 계획했던 수련을 본격적으로 해야겠다고 마음먹었다. 그리고 계룡산에서 하던 기천 수련도 잠시 내려놓고 가야산으로 들어갔다.

처음 수련은 가야산에 있는 수련단체를 통해서 하다가 점차 가야산 기슭에 자리 잡은 나만의 수련 터에서 홀로 수련하는 날이 많아졌다. 이전에 정리 해놓았던 수련 계획표대로 신념 체계와 생각 덩어리를 비우고, 나의 모든 것을 내려놓는 수련에 주력했다.

가장 먼저 마음에 잡힌 생각들을 걷어냈다. 불편하고 가슴 아픈 사연들을 떠올려 느껴주고 지우기를 반복했다. 아무리 민감한 사연도 작심하고 몇 번 지워내면 마음이 가벼워진다. 민감한 사연을 떠올려도 더 이상 마음이 동하지 않을 때까지 했다. 미리 정리해 놓았던 민감한 사연들을 떠올려 그에 대한 감정과 생각을 모조리 비우고 털어냈다. 하면 할수록 마음이 편안해지고 여유가 생겼다.

기를 끌어들여 채울 때와 생각을 비울 때 느낌은 전혀 달랐다. 기를 끌어들여 채울 때는 내 안에 충만함과 넘치는 자신감이 생기지만, 비울 때는 편안하고 여유로운 마음이 끝없이 펼쳐졌다. 마음이 비워질수록 편안함은 더욱 깊어만 갔다. 비운 마음의 편안함은 비워본 사람만이 안다.

나는 마음 편안해지는 데서 만족하지 못했다. 마음이 편안해질수록 나는 누구인지, 깨달음에 대한 궁금증에 더욱 안달이 났다. 그리고 미지에 대한 막연한 기대심도 다시 일렁였다. 나를 비우고 털어내는 수련에서 나도 모르게 무언가를 바라는 마음에 빠진 것이다. 미지에 대한 궁금증이 그랬고, 나의 참모습을 찾고자 하는 깨달음을 갈구하는 마음이 그랬다.

어찌 되었든 이때 나는 다양한 영적 체험을 많이 했다. 생전 듣도 보도 못하던 영적(靈的) 세계가 눈 앞에 펼쳐지기도 하고, 특별한 인물들이 나타나는 등 그 당시 생각에 감개무량한 경험을 많이 했다. 아마도 이런 경험을 바탕으로 내가 직접 보고 접한 저승 세계가 어떻고, 선계가 어떠어떠하다고 떠벌린다며 끝도 없을 것이다.

지옥 수련

이렇게 신비로운 수련이 이어지던 어느 날이었다. 그날도 나의 모든 것을 내려놓는 수련을 하는데 정신이 몽롱해지도록 환희롭더니 어렴풋이 닭 다리가 언뜻 보였다. 깜짝 놀란 마음에 눈을 감은 채로 불현듯 나타난 형상에 주의가 쏠렸다. 잠시 후 다리 위쪽으로 전체의 형상이 드러나는데 푸른색을 띤 멋진 봉(鳳)의 모습이었다. 잘생기고 멋진 봉이었다. 눈을 깜빡이는데 정말 살아 있는 실물 같았다. 깜짝 놀란 것은 그 봉이 바로 나 자신으로 느껴졌다. 이전에 밝고 맑은 영체가 나로 느껴지던 것과 똑같이 이번에는 앞에 보이는 봉이 바로 나로 느껴졌다. 그것은 바로 나였다. 생각이 아닌 확연한 느낌으로 다가왔다. 나는 기분이 고조되고 마음이 잔잔하게 흥분되는 것을 느꼈다. 굉장히 기분 좋은 상태가 되었다.

그 봉의 모습에 정신없이 푹 빠져 있는데 앞에 있던 푸른 봉이 가볍게 하늘로 날아올랐다. 날갯짓하는 봉이 우주 공간을 꽉 채웠다. 한참을 지나 이번에는 하늘을 날던 봉이 갑자기 푸른 용으로 바뀌어 하늘을 휘저었다. 그 역시 나로 느껴졌다. 그때 나는 흥분되는 마음과 함께 뭐라 표현할 수 없을 만큼 우쭐한 기분이 들었다. 용과 봉황은 상상의 동물이라더니 정신세계에 실제 존재하는 신물(神物)이구나 하는 생각이 나를 지배했다. 그리고 내가 봉이 되고 용이 되었다는 생각이 들자, 가슴이 터질 것 같은 기분이었다. 이런 시간이 한동안 지속되며 나는 우주를 갖고 하늘을 나는 기분 좋은 느낌과 함께 나도 모르게 우쭐거리는 마음에 빠져 있었다.

그러는 사이 용의 모습이 서서히 흉측한 괴물로 형상을 바꾸어 갔다. 그것을 바라보고 느끼던 나는 머리가 쭈뼛하게 뻗치고 소름이 돋았다. 그것 또한 그대로 나 자신으로 느껴졌기 때문이다. 내 몸을 나로 느끼는 것과 똑같은 느낌이었다. 한번 형상을 바꾼 괴물은 다양한 형태로 모습을 바꾸는데 모두가 말로 형용하기 어려울 만큼 해괴한 모습들이었다. 몸서리치며 그것을 바라보고 있는데 내 몸 여기저기 근육이 저절로 꿈틀거리고 얼굴까지 실룩거려지며 일그러졌다. 내가 겁을 먹고 놀라는 가운데 그 괴물이 내 몸속으로 들어간 것이다. 몸속으로 들어간 괴물이 꿈틀대는 대로 실제 근육이 실룩거리고 얼굴이 일그러지는 것이었다. 그것은 내 의지와는 상관 없이 저절로 그랬다. 내 몸이 곧 괴물로 느껴졌다. 몸에 소름이 돋고 두려움과 공포심이 올라와 까무러칠 지경이었다.

나는 당장 거기서 벗어나기 위해 몸부림쳤다. 마음은 더욱 다급해졌다. 그놈들을 몸에서 쫓아내기 위해 별짓을 다 했다. 그러면 그럴수록 그것들의 난폭함도 끝없이 치솟았고, 힘 또한 감당하기 힘들 만큼 대단했다. 이놈들이 몸속에서 난동을 부리면 실제 몸이 뒤틀리고 아팠다. 이놈들의 힘이 뻗치면 허공에 형상을 드러내 활개를 치고 나를 희롱했다. 나는 어떻게든 이것들을 쳐 없애려고 안간힘을 썼다. 별의별 짓을 다 해도 이놈들을 당해낼 수가 없었고, 이놈들을 도저히 처단할 방법이 없었다. 참으로 난감했다. 이때는 내 몸에도 힘이 뻗쳐 있고 마음도 극도로 긴장되어 폭력적 감정이 끓어올랐다. 이럴 때면 마음도 망가지고 호흡도 엉망이 되었다. 모든 신경이 이놈에게 집중되어 전력을 다해 싸우느라 죽을 지경이었다.

이놈들이 힘이 빠져 흐느적거리는 듯하면 영락없이 내 몸으로 스며들었다. 그러면 이놈들이 실제 내 몸에 들어온 느낌이 들고 이놈들이 꿈틀거리는 대로 근육이 저절로 실룩거렸다. 이렇게 되면 공포심이 무섭게 엄습해 왔다. 이놈들의 최종 은신처는 바로 내 몸이었다. 나는 어떻게 해서든 이놈들이 내 몸에 들어오지 못하도록 갖은 방법을 다 썼지만, 번번이 실패로 돌아가곤 했다. 이놈들이 내 몸에 들어오는 순간 나는 머리카락이 뻗치고 소름이 돋아나며 두려움과 공포의 도가니에 빠지고 말았다. 공상 영화의 한 장면이 실제 내게서 일어나고 있었다. 지금 이렇게 글을 쓰지만, 그 당시는 정말 미쳐버릴 것 같은 공포 그 자체였다. 만약 그 당시 누군가에게 그런 사실을 말했다면 사람들은 틀림없이 귀신이 몸에 들었다고 했을 것이다.

이렇게 나로 인지되고 느껴지는 괴물들과의 싸움은 암담하기 짝이 없는 일이었다. 아무리 몸부림쳐도 나는 거기서 벗어날 수가 없었다. 거기서 어떻게 빠져나가야 할지를 몰랐다. 언제 끝날지도 모르는 나와의 전쟁은 이렇게 끝없이 이어졌다. 더 한심한 것은 "내가 한낱 이런 미물에 지나지 않았구나" 하는 자괴감이 나를 더욱 무겁게 짓눌렀다. 좀 전까지 느끼던 환상적인 기분은 어디에서도 찾을 수 없었다. 참으로 암담하고 비통했다.

지금까지 내 삶의 전부로 여겨온 수련에 대한 열망! 즉 깨달음에 대한 희망 따위는 그 당시 떠올릴 엄두도 못 낼 지경이었다. 깨달을 수만 있다면 내 목숨까지도 내놓을 것이라고 스스로 되뇌던 수련에 대한 나의 열정은 하늘을 찌르고도 남았었는데 말이다. 그때까지 나는 수련을 위해서라면 나의 모든 것을 다 걸었다. 그런데 그때의 심정은 오로지 더럽고 흉측한 짐승의 모습에서 벗어나는 일 이외에는 어떤 생각도 할 수가 없었다. 나는 그때 해괴한 짐승의 탈에서 벗어나는 일이 나의 유일한 희망이며 다급하고 절박한 심정이었다.

이 과정에서 나는 지난날 이기적인 내 모습이 적나라하게 떠올라 느껴졌다. 수련 중에 잠시 생긴 우쭐함은 부끄럽기 그지없고, 내가 잘못한 일들만 짙게 떠올라 마음이 찢어지듯 아팠다. 많은 군중 앞에 발가벗고 선 기분이었다. 수련을 빙자하여 가족도 돌보지 않던 이기적인 내 삶의 방식이 생생하게 떠올라 느껴졌다. 수련에 대한 끝없는 욕망으로 직장도 놓고, 마지막 생계 수단이던 도장마저 내팽개친 채 혼자 산으로 들어온 내 모습이 적나라하게 떠오르며 나를 사로잡았다. 가족들에게 미안한 마음이 들어 가슴이 미어졌다. 너무 부끄럽고 한심한 생각에 괴로워 죽을 지경이었다. 나는 진정으로 참회할 수밖에 없었다. 뼛속부터 스며 나오는 회한의 눈물과 함께 저절로 참회가 되었다.

나 자신을 철저히 미워하고 죽어야 할 대상으로 생각했다. 스스로 먹을 자격도, 잠잘 자격도 없다는 생각이 들었다. 나는 이렇게 산에서 혼자 울부짖으며 처절하고 절박한 마음으로 자신과의 싸움에 몸부림치며 지옥 속에서 시간을 보냈다. 이런 와중에서도 몸에 잠을 재우지 않으니, 졸음이 몰려들었다. 그럴 때면 머리로 나무를 쳐 받으며 자신을 혹사했다. 머리가 헐어 딱지가 덕지덕지 생겼다. 참으로 죽고 싶은 생각뿐이었다. 그렇지만 내 몸을 들락거리며 희롱하는 괴물들이 나로 느껴지니 이것들을 없애지 못하고 죽는다면 나는 영원히 짐승으로 남아 있을 것만 같았다. 몸이 죽는다고 내가 죽는 것이 아닌 현상을 경험하고 있기 때문이다. 생지옥에 갇혀 죽지도 못하고 거기서 빠져나오지도 못하는 처참한 지경에 이른 것이다.

잠시 산에서 내려가 사람들을 보면 주위 사람들이 슬금슬금 나를 피하고 도망갔다. 이때의 심정은 어떻게 말로 형용할 수 없을 만큼 부끄럽고 암담했다. 나는 두렵고 무서워 공포에 질렸다. 도무지 무엇을 어떻게 해야 할지를 몰랐다. 그 당시 나는 속수무책이고 사면초가였다.

태산 심법에서 허공 심법으로

나는 다시 가야산 기슭에 자리 잡은 내 수련 터로 돌아와 지난 과오를 참회하면서 처절한 마음으로 단배공하고, 멍하니 앉아 단전호흡과 명상으로 시간을 보냈다.

이전까지 하던 단전호흡이나 단배공과는 달랐다. 단전호흡과 단배공 모두 나를 비우고 놓아주기 위주로 했다. 우주의 기운을 끌어들여 힘을 쓰던 태산 심법 대신 모든 것을 내려놓고 비우는 허공 심법으로 바꾸었다. 그때 상황상 저절로 그렇게 되었다. 절박하고 처절한 마음이 되어 나의 모든 것을 내려놓고 버리는 방식이 되어버린 것이다.

단배공에서 무릎을 꿇고 양팔을 벌릴 때는 들숨과 함께 온몸의 세포가 얇은 막으로 펼쳐진다고 상상하면서 실제 상황으로 느끼려고 했다. 상체를 굽혀 머리가 땅에 닿을 때는 얇게 펼쳐진 온몸의 세포막으로 가야산을 덮었다. 가야산을 덮은 세포막은 곧 땅으로 스며들어 없어지는 것을 상상하며 세포막이 소멸되는 것을 느끼려고 정성을 다했다. 이때 나의 모든 것을 포기하고 전부 내려놓았다. 머리가 땅에 닿을 때마다 나의 모든 것과 함께 몸까지 없애는 방식으로 단배공을 했다.

이때까지는 수련을 위한 수련을 했다면, 이때야말로 참으로 나를 내려놓고 모든 것을 포기하고 허물어트리는 수련이었다. 진정으로 놓고 비울 수밖에 없는 상황에서 나도 모르게 그렇게 한 것이다. 때로는 머리가 땅에 닿을 때마다 엄청난 중력에 몸이 땅속으로 끌려 들어간다고 상상하기도 했다. 지구 중심부로 끌려 들어간 몸은 마그마에 녹아 흔적도 없이 사라지는 현상을 느껴주었다. 이토록 단배공 동작마다 몸을 열고 자신을 비워냈다. 나는 이외에도 여러 가지 다양한 방법으로 나 자신을 녹이고, 바람결에 날려버리기를 수없이 반복했다.

단전호흡 역시 기를 끌어들여 모으고 운용하려던 방식 대신 내가 가지고 있던 모든 것을 내려놓고 몸까지 허물었다. 들숨에 머리를 부풀렸다가 날숨에 부풀린 머리를 모두 허공에 흩어내는 방식으로 호흡을 이어 나갔다. 머리가 끝나면 몸통을 같은 방식으로 털어냈다. 이렇게 온몸을 부분으로 나누어 호흡과 함께 부풀렸다 털어내기를 무한 반복하면서 나의 모든 것을 내려놓고 작살냈다. 절박한 마음으로 처절하게 내 몸을 썰어내고 허물어트렸다. 나라고 여기거나 내 것이라고 하는 것은 모조리 내려놓고 부수었다. 나쁜 것은 물론 좋은 의도라고 생각했던 것까지 모두 허물었다. 이때까지 가지고 있던 나의 모든 것을 포기하고 허물어트린 것이다.

이렇게 간략히 기술하지만, 실제 나를 놓고 비우는 일은 죽기보다 힘든 일이다. 이때까지는 나 역시 비우는 수련을 해도 비우는 행위에 그치고 말았던 것 같다. 나를 놓고 비운다는 생각에 머물렀을 뿐 실제 마음으로부터 진정으로 비우지 못했던 것이다. 그러나 이때는 절박한 심경이 되어, 그렇게 할 수밖에 없는 형편이었다. 이런 수련은 꽤 오랜 기간 굉장히 어려운 자기와의 싸움으로 이어졌다. 그 당시 절박하고 암담한 상황은 지금 생각해도 아찔할 지경이다.

그랬더니 참으로 신기한 일이 벌어졌다. 그토록 강성이던 괴물들이 서서히 순해지기 시작했다. 몸속에서 이리저리 난동을 부리며 여기저기 근육과 얼굴을 제멋대로 실룩거리게 하고 뒤틀던 것도 점차 잦아들기 시작했다. 지금까지 어떤 방법으로도 없앨 수 없었는데 진정한 참회와 함께 나를 내려놓고 허물어 내니 이놈들이 점점 힘을 잃고 조금씩 녹아내리는 느낌이 들었다. 암담하기만 했던 내게 새로운 희망이 생겼다. 이때의 희망은 예전에 하늘을 찌르던 깨달음의 높은 꿈이 아니다. 오로지 흉측한 짐승의 탈에서 벗어날 수도 있다는 가장 절박하고 미천한 희망이었다.

백척간두에서 열린 새 하늘

이와 같이 힘들고 처절한 수련이 꽤 오랜 시간 이어졌다. 점차 나의 모든 형상이 허물어지고 내 몸마저 털려 나가기 시작했다. 마침내 내 몸의 형체가 다 털리고 마지막 한 올이 남아 간당거렸다. 그것마저 털어내려는데 발아래 까마득한 허공이 오금을 저리게 하여 나도 모르게 뒷걸음질 치고 말았다. 그 순간 없어지던 내 몸이 순식간에 다시 차오르며 긴장된 신경이 핏대를 세워 소름을 돋궜다.

그럴 때면 나 자신이 한심하고 한스럽기만 했다. 그토록 죽는다고 몸부림치다가 막상 죽을 지경에 이르니 움츠러들고 도망치는 나 자신이 너무 밉기만 했다. 이렇게 기회를 놓치면 다시 그곳까지 가기가 쉽지만은 않았다. 그렇지만 나는 포기할 수 없었다. 갖은 노력을 다해 간신이 그 언저리까지 갔다가 나도 모르게 뒷걸음질 쳐 도망치기를 몇 번을 했는지 모른다.

그러던 어느 날 새벽녘 몸을 털어낼 때 마지막 한 올을 남기고 되돌림 하던 그 상황에 다시 이르렀다. 이때 마지막 그 형체마저 날리고 보니 실제 내 존재가 한 올도 남김없이 없어지고 말았다. 나로 느껴지던 터럭 하나까지 완전히 소멸시키고 나니, 발아래 끝없이 펼쳐진 파란 하늘이 활짝 열렸다.

이때 내 앞에는 티끌 하나 없이 아무것도 존재하지 않는 무(無) 자체였다. 내가 없었다. 내 몸도 없었다. 몸이 전혀 느껴지지 않았다. 몸을 흔들고 움직여 봐도 그냥 그뿐 몸은 이미 내가 아니었다. 나는 그 어디에도 없었다. 오로지 발아래 활짝 열린 텅 빈 하늘뿐이었다. 우주 삼라만상 모두가 이 하늘을 벗어날 수 없음이 느껴졌다. 모든 것은 이곳에 이르고 있으며, 여기서부터 펼쳐질 수밖에 없다는 것이 명명백백한 느낌으로 나를 덮치고 우주를 채웠다.

내가 없어지면서 드러난 새 하늘이었다. 몸으로 느끼던 하늘은 머리 위에 있었지만, 텅 빈 마음 통해 새롭게 열린 새 하늘은 발아래로 펼쳐졌다. 이것이 바로 진정한 무! 진공이다. 진공에 우주 삼라만상이 나고 변화하는 묘한 힘이 있어 우주가 펼쳐진다. 그것이 바로 원양(元陽)이고 묘유(妙有)가 아니겠는가? 진공 묘유가 발아래 새 하늘로 활짝 열린 것이다. 내가 없으니, 일체가 없는 진공! 발아래 아득한 하늘로 드러났다.

이것은 새 하늘의 열림이었다. 참으로 신기한 것은 내가 변한 것이다. 조금 전까지 그토록 암담하고 악에 받쳐 암울하기만 했었는데, 이 모두가 씻은 듯이 사라지고 무어라 표현할 수 없는 새로운 환희의 즐거움뿐이었다. 그동안 가지고 있던 수련에 대한 모든 고뇌와 희망조차 폭죽처럼 터져 말끔하게 없어졌다. 실제 아무것도 존재하지 않았다. 내게는 오로지 텅 빈 하늘만 드러난 가운데 나는 그냥 무한한 희열 속에 잠겼다. 나로부터의 해탈이고, 고통과 미혹으로부터의 완전한 해탈이었다. 모든 것이 오케이다. 내게는 더 이상 아무것도 필요치 않았다. 이미 모든 것이 충족되어 있었다. 어떤 말이나 생각 따위도 무의미하다. 삼라만상 모두가 이 하나로 귀결되고, 여기서부터 터져 나감이 확연할 뿐이다. 어쩌면 이렇게 바뀔 수가 있을까 싶었다.

지금까지 경험했던 어떤 체험들과도 달랐다. 이전에도 초현실적인 다양한 체험을 했지만, 그때마다 세상과 내가 둘로 나뉘어 있고 늘 수련에 대한 미련이 남았었다. 이때는 내가 없어 텅 빈 하늘만 있고 어떠한 미련도 없었다. 내가 없어지고 새 하늘이 열리면서 내가 바뀐 것이다. 이때 나는 이미 변화되어 있었으며 나의 모든 것이 바뀌어 있었다. 나는 이미 예전의 내가 아님을 확연히 알 수 있었다. 보고 느끼는 관점 또한 완전히 달랐다. 내 관점은 새로 열린 하늘의 관점이 되었다. 즉 근원적 관점이 된 것이다. 어찌 이럴 수가 있을까? 좀 전까지만 해도 상상도 못 했던 상황들이다.

이때 하늘을 우러러보니 우주 삼라만상 모두가 한 올도 빠짐없이 내 안에 꽉 들어찼음이 느껴졌다. 나는 우주 삼라만상으로 꽉 채워져 드러난 완전함, 그 자체였다. 우주 삼라만상 모든 것이 한 올도 빠짐없이 나를 이루고 있으니, 내가 곧 우주 삼라만상의 독생자가 아닌가? 또 우주를 굽어살펴 보니 우주 삼라만상 가운데 나 아닌 것이 없었다. 모든 것이 나였다. 그 어떤 것도 나를 벗어나 존재할 수 없었다. "아! 인류의 최고 스승인 예수와 석가도 차마 이와 같은 두 현상이 동시에 있음을 모르진 않았겠지"라는 울림이 일어났다.

이때 상황은 무슨 말로도 온전히 표현할 길이 없다. 이것은 내가 경험한 하나의 사건에 불과한 것만이 아니다. 나는 이로 인해 완전히 변화되었으며 지금도 그 기운으로 여기에 있다. 나는 이렇게 열린 새 하늘이 곧 순수한 생명의 바탕이요, 우주의 근원으로 느껴졌고 이해되었다. 이것이 바로 우주의 신성이며, 한얼이고, 진리 중 진리가 아니겠는가?

들이마시는 숨이 활짝 열린 새 하늘에서 내게 들어왔다. 내쉬는 숨결 또한 그곳으로 들어가고 있음이 느껴졌다. 기특한 것은 아무것도 없는 하나에서 숨을 들이마시니 내가 있고 만물이 드러남이 느껴졌다. 또 날숨에 내가 녹고 만물도 스러졌다. 만물 만상이 드러나고 스러지는 가운데 오로지 존재하는 것은 새롭게 열린 청정무구한 하늘뿐이었다. 그 안에서 어떤 형상을 갖거나 말거나 모두가 그 자체이다. 어떤 것도 그 하늘에서 벗어날 수가 없다. 우주 삼라만상 모든 것이 하나였다. 일체가 하나이다. 그냥 하나이다.

이 하나가 바로 내가 나오고 들어가는 생명의 근원이요, 만물을 드러내고 거두어들이는 우주의 씨알이 아닌가? 천부경에서 가르친 하나! 이 하나가 내 안에서 본래 마음 타고 텅 빈 하늘로 떠오른 것이다. 그동안 가지고 있던 나의 모든 의혹이 일순간에 완전하고 영원히 사라졌다. 이렇게 청정하게 열린 새 하늘과 함께 나는 맑게 개었다.

아!
이 단순함이여!
이토록 오묘하고 신통함이여!
일체가 하나요, 천지 삼라만상이 하나 안에 하나로 존재하네!
이것을 아는 사람 안에는 이미 천지가 하나로 들어와 있도다.

이제야 알 수 있네.
내가 없어지니 하나가 저절로 드러나는 밝은 이치를!

그동안은 내가 있어 단순하고 오묘한 하나의 이치를 몰랐을 뿐이다. 내가 없어져 하나가 되니 단순한 하나의 이치 안에 변화무쌍한 우주 삼라만상의 법칙이 모두 들어 있음을 알 수 있다. 이 하나를 벗어날 존재는 그 어디에도 없다. 하나의 원리에서 우주 삼라만상 모든 법도가 풀어진다. 숨을 들이마시니 우주가 들어찬 풍만감이 온몸을 채우고 숨을 내쉬면 머리에서 희열이 터진다.

7. 새 하늘로 거듭난 일저

"일저"는 필자가 목숨과도 바꿀 수 있다는 결연한 각오로 수련하던 중 큰 변화 끝에 스스로 느껴지는 자신의 존재감으로 붙인 호(號)이다.

나는 문득 "나는 누구인가?"를 생각했다. 나는 방금 열린 하늘의 숨결로 드러나고 다시 그 하늘에 녹아드는 하늘 자체였다. 이 하늘은 천부경에서 말하는 우주의 근본이며 본래 마음자리인 하나[一]이다. 나는 하나의 숨결로 하나의 소리를 내는 하나의 피리라고 느껴졌다. 그래서 나는 세상에 태어나서 받은 조성호라는 이름 외에 내가 느낀 "일저"라는 또 하나의 이름을 갖는다. "일(一)"은 새롭게 열린 새 하늘! 즉 생명의 근원이요, 우주의 씨알인 하나[一]이며, "저"는 피리(笛)의 우리말이다.

나는 하나의 소리를 내고 하나의 소식을 전하는 하나의 피리이다. 하나의 소리는 단순하고 간결하며 순수하다. 자신을 덮어씌운 덮개를 걷어내고, 내면을 탐구하려는 사람에게 하나의 소리는 심금을 울릴 것이다. 이런 사람에게 하나의 소리는 빛이요, 생명을 살리는 소금이다. 이런 사람에게 하나의 소리는 사막에서 얻은 생명수가 될 것이다. 이런 사람은 하나의 소리에 생명을 얻고 다시 깨어날 수 있다. 자신을 찾고자 하는 사람에게 일저는 생명을 살리는 소리가 될 것이다. 이 소리를 따라 오르면 누구나 새 하늘을 열고 하나 안에 들 것이다. 일저는 모든 사람에게 하나의 소리로 하나의 소식을 전한다.

(1) 근원적 관점에서 느낀 기천

일저는 새 하늘의 기운에 젖어 유유자적 가야산 자락을 산책하며 즐기다 수련하던 자리로 되돌아왔다. 자리에 앉아 편안하고 텅 빈 마음으로 수련 끝자락에 걸쳐 있던 기천에 대해 생각해 보았다. 잠시 후 자리에서 일어나 단배공과 육합단공을 하다가 기천이 새롭게 느껴져 깜짝 놀랐다. 새로 열린 근원적 관점으로 새롭게 이해되는 기천이 일저를 놀라게 했다. 이때 느껴지는 기천은 전에 배우고 이해하던 기천이 아니었다. 기천은 좀 전 일저로 거듭난 무아 속에 활짝 열린 새 하늘, 하나ᅳㅣ와 동의어로 느껴졌다. 생생하고 절절하게 깊은 내면으로부터 울림으로 다가왔다.

일저는 새롭게 이해된 기천에 감동하여 내가신장을 서서 기운을 타고 더욱 세심하게 느끼고 음미 하면서 기천 수련의 원리와 개념에 대해서도 깊게 생각해 보았다. 그러다 또다시 소름 끼치도록 놀라운 사실을 발견했다. 내가신장에서 육대 관절이 모두 비틀려 꺾인 역근 자세임은 이미 알고 있었지만, 그때까지는 이것이 오장육부와 관계되어 있다는 것은 생각지 못했었다. 그런데 그 연관성이 인지되면서 놀라지 않을 수가 없었다. 육대 관절이란 어깨, 팔꿈치, 손목, 고 관절, 무릎, 발목 관절을 말한다. 그런데 육대 관절은 모두 오장육부와 연결되었다는 사실이 머리를 스친 것이다. 이는 황제내경과 동의보감에 있는 내용이지만, 그동안 기천 수련을 하면서는 이런 이론이 기천 동작에 내포되어 있었다는 것을 전혀 생각지도 못했었다.

황제내경과 동의보감에 따르면 육대 관절은 모두 오장육부와 상관관계가 있다. 예를 들어 무릎 관절과 무릎 관절을 움직이는 허벅지 근육은 비장과 위장에 영향을 주며, 발목 관절과 발목 관절을 움직이는 정강이 종아리 근육은 신장과 방광에 영향을 준다. 이와 같이 육대 관절은 모두 오장육부와 관계되어 서로 영향을 주고받는다.

내가신장은 육대 관절을 움직이는 근육을 모두 비틀어 놓은 역근 자세로써 처음 하는 사람은 쉽게 설 수 없을 만큼 힘들다. 고통을 견디고 이 부분에 힘을 기르면 그와 연관된 오장육부도 자연스럽게 좋아질 수밖에 없는 원리가 새삼스럽게 이해된 것이다. 이런 관점으로 육합단공 6가지 기본자세를 세세히 살펴보니 각각의 자세가 모두 오행의 원리를 갖춘 오형으로 만들어졌음을 알 수 있었다.

오장육부에서 간·담은 목기(木氣)인데 범도법이 목형(木形)이고, 심포·삼초는 상화기(相火氣)인데 금계독립법은 상화형(相火形)이며, 비·위장은 토기(土氣)인데 소도법은 토형(土形)이고, 폐·대장은 금기(金氣)인데 대도법이 금형(金形)이며, 신·방광은 수기(水氣)인데 허공법은 수형(水形)이다. 그리고 마법은 육대관절을 모두 비틀어 변형시킨 전신 역근형으로써 종합형이라고 볼 수 있다. 이렇게 오장육부와 육합단공의 자세가 정확하게 맞아떨어지는 것을 알았다.

이때 비로소 육합단공은 12경락의 기를 살려 오장육부를 건강하게 만드는 기공법이라는 것을 확연하게 이해할 수 있었다. 일저는 육합단공을 반복 수련하면서 새롭게 이해된 오행과 오장육부와의 원리를 확인하고 또 확인했다. 이쯤 되니 새롭게 열린 하늘과 동의어로 이해되었던 기천을 다시 해석하지 않을 수가 없었다.

기천이란 그냥 하늘의 기라고 생각하기보다는 하늘로부터 받은 천부적인 생명의 기운으로 이해해야 하지 않겠는가? 그러기 때문에 기천 육합단공은 생명의 기를 살리는 단법(丹法)으로 이루어진 것이라고 이해할 수 있었다. 이런 이치가 이해되면서 처음 기천을 만드신 분은 몸과 생명에 대해 꿰뚫어 아는 도인이 분명하다는 생각이 들어 더욱 감동했다. 최초 기천을 만든이는 오장육부를 살리고 동시에 기력를 기를 수 있는 틀법으로 수련법을 만들어 놓은 것이 분명하다는 생각이 들었다.

내친김에 기천 수련의 핵심이라고 배운 역근(易筋)과 반탄(磐彈)에 대해서도 궁구해 보았다. 반탄은 몸을 흐느적거리듯 움직이며 단전을 중심으로 내공을 기르고 쓰기 위한 기공법으로 이해할 수 있으나, 역근의 역할이 무엇이길래 기천 수련의 핵심이라고 하는지 궁금했다. 육합단공을 하면서 온몸 역근도 하고 부분 역근도 해보았다. 또 역근의 강약을 조절하면서 무엇이 달라지는지 주의 깊게 살피면서 역근이 몸에 어떤 영향을 주는지 궁구해 보았다.

온몸으로 수없이 역근을 하고 느끼면서 연구한 끝에 역근에 따라 호흡이 달라지는 것을 느꼈다. 역근은 단전호흡을 조절하고 기를 어떻게 쓸 것인가를 결정짓는 수련법으로 이해할 수 있었다. 상체 역근이 강하면 기운을 위로 끌어올려 뻗치게 하고, 하체 역근이 강하면 호흡이 자연스럽게 단전에 깊어지면서 기운이 아래로 내려가 머무는 것을 알 수 있었다. 역근을 어떻게 하느냐에 따라 단전호흡이 달라졌다. 이렇게 느끼고 보니 역근이 참으로 신통한 묘법이라고 이해되었다.

일저는 여러 가지 형태로 역근을 해가며 수련에 가장 좋은 역근법을 찾아보았다. 건강을 위하고 깊은 내공을 기르기 위해서는 육합단공에서 상체와 하체의 역근 비율을 3:7로 할 때 최상으로 느껴졌다. 이때 몸과 마음도 편안하고 기운 또한 활짝 열렸다. 무술을 연마하는 데는 상체와 하체의 역근 비율을 5:5에 가깝게 하는 것이 좋았다. 이때도 상체보다 하체 역근이 약간 강해야 최상의 조화가 이루어진다. 49:51이라고나 할까? 이런 비율은 온몸에 기운이 뻗치고 기백이 차오르는 것을 알 수 있었다.

(2) 기천 천라수련원

일저는 더 이상 가야산에 머물러 있을 필요가 없었다. 곧바로 가야산에서 내려와 계룡산으로 내달아 갔다. 기천문 문주 대하 박사규 사부님을 찾아가 기천 수련원을 개원하겠다고 말씀드리고 허락을 받았다. 실은 내가 가야산으로 가기 전 공주 해동검도 도장을 운영할 때 기천 수련원을 개원하라는 권유를 많이 받았었다. 그러나 그때는 내 수련에 갈 길이 멀어 가야산으로 도망가듯 떠났다. 이번에는 일저가 되어 새롭게 느끼고 이해한 경이로운 기천을 모든 사람에게 전하고 함께 공유하고 싶은 마음에서 스스로 사부를 찾아가 수련원을 열겠다고 말씀드린 것이다.

천라수련원 개원 (2001년)

일저는 2001년 초여름 대전에 천라수련원을 개원하고 기천을 사람들에게 전하고 펼치기 위한 대장정에 들어섰다. 공주에 해동검도 도장을 연 것은 내 수련을 위한 방편이었으나, 천라수련원 개원은 내가 느끼고 깨달은 기천의 법을 펼치기 위함이었다. 이 일은 하늘이 내게 맡긴 사명이라고 생각했다. 그리고 이 일을 위해서라면 어떤 일이라도 하겠다는 각오였다.

기천은 반드시 신법, 단법, 심법이 조화를 이루어야 생명을 살리고 신성을 밝힐 수 있다는 확고한 생각이었다. 제일 먼저 계룡산에 계신 사부님을 중심으로 기천을 신법, 단법, 심법이 하나로 어우러진 삼법으로 펼치기 위한 일을 하고 싶었다. 계룡 본산 수련원에서 심법은 일저가 맡고, 다른 부문은 각지의 수련원 원장들이 맡아 하는 것으로 계획했다. 이러한 계획은 사부님께 허락받는 데까지는 성공했으나, 계룡 본산에서는 그 뜻을 펼쳐보지도 못하고 좌절되고 말았다.

그렇지만 이 법은 반드시 펼쳐내야만 한다고 혼자 부르짖었다. 그것은 안으로부터 터져 나오는 울림이었다. 생명을 살리는 기천 삼법은 모든 사람에게 꼭 필요하다고 생각했다. 일저는 어떤 사람이라도 이 법으로 크게 변화시킬 수 있다는 자신감이 있었다. 하늘의 큰 법은 인연 따라 되어 질뿐 결코 마음대로 되지 않는다는 옛 말씀은 이해하고 싶지 않았다.

일저는 계룡산에서 사부님을 중심으로 펼치려고 계획했던 기천 삼법을 천라수련원에서 홀로 펼쳐 나갔다. 심법은 삼일 명상으로 했다. 삼일 명상은 몸, 마음, 의식으로 펼쳐진 생명은 근원에서 하나라는 의미이다. 천라수련원에서 삼일 명상 심법을 바탕으로 단전호흡과 함께 기천 수련을 한 사람 중에는 크게 변화하고 감동하는 사람이 많았다. 삶을 영위하기 힘들 만큼 어려워하던 사람들도 수련 후에는 어두운 의식에서 벗어나 밝고 희망찬 새로운 사람이 되었다. 이렇게 변화하는 사람들을 보면서 일저 생각은 더욱 강렬해졌다. 죽기 전에 이 법을 꼭 펼쳐내야 한다는 절대적 사명감으로 이리 뛰고 저리 뛰며 수련의 필요성을 외쳐댔다.

그러는 과정에서 많은 사람의 수련 결과는 적지 않았지만, 홀로 사회에 이 법을 펼치는 데는 힘에 부치다는 것을 절절히 느꼈다. 처음 삼천동에서 문을 연 천라수련원이 지금은 7번째 자리를 옮겨 유성에 와 있다. 칠전팔기라 했던가? 어떤 어려움이 있어도 굴하지 않으려 하지만, 이 과정에서 겪은 세속적 어려움은 상상하는 것보다 훨씬 더 컸다. 지나고 보니 내가 수련했던 과정도 쉽지만은 않았다. 그러나 이 법을 펼치고자 했던 과정이 더 어려웠다는 생각이 들 정도이다. 수련하고 지도하며 지낸 40년 세월을 되돌아보니 어느덧 나도 백발이 되었다. 그렇지만 지금도 생명을 살리는 기천의 참 법이 세상에 널리 펼쳐지기를 고대하면서 나는 또다시 원점에 선 텅 빈 마음으로 이 책을 쓴다.

(3) 수련원 개원 후 기천 수련

기천 수련원을 개원할 때 내가 기천 몸짓을 모두 배우고 익힌 것은 아니었다. 가야산에 가기 전 기천 수련원을 개원하라는 권유에 나는 두 가지 이유로 받아들이지 못했었다. 하나는 그 당시 내 수련에 갈 길이 바빴고, 또 하나는 아직 기천 수련의 미숙함이었다. 이 때문에 여러 사람의 권유에도 나는 기천 수련원을 개원할 수 없음을 분명히 밝혔었다.

그런데 위에서 언급했듯이 가야산에서 새롭게 느낀 기천에 반해서, 기천을 삼법으로 펼치겠다는 각오로 자진해서 수련원을 개원한 것이다. 그렇지만 부족한 기천 몸짓에 대한 수련이 더 필요했다.

나는 수련원 개원 후에도 계룡산에 계신 대하 사부님을 찾아가 기천 수련을 계속했다. 육합단공은 역근으로 단전호흡을 조절하며 했다. 이때는 역근을 통해 호흡을 조절하고 마음대로 기운을 탈 수 있었다. 그러던 어느 날 온몸에 기운이 차고 넘치더니 몸이 허공에 붕 떠오르는 듯한 느낌이 들었다. 몸이 거대한 기장에 휩싸여 허공에 떠받쳐지는 느낌이었다. 이때부터 육합단공은 대부분 내 몸이 구름 위에 있거나 나뭇잎 위에 있다는 마음으로 섰다. 나만의 육합단공 수련 방식이 생긴 것이다. 땅을 짓눌러 설 때보다 훨씬 가볍게 설 수 있었다. 이렇게 하니 몸에 서리는 기운 또한 솜털처럼 가볍고 부드러웠다.

양손의 움직임도 부드러우면서도 찰진 기가 휘감겼다. 기운을 타고 수련하다 보면 몸에 느낌이 시시각각 달라지는 즐거움이 수련에 재미를 더해 주었다. 이때의 수련은 기운의 느낌 속에서 홀로 즐기는 신나는 놀이 같았다. 이것은 결코 생각만으로는 할 수 없다. 실제 기를 느끼고 그 파동을 탈 때 느낄 수 있는 즐거움이다.

그 무렵 사람을 앉혀놓고 강한 기와 부드러운 기를 교대로 교감시켜 보니 실제 사람의 몸무게가 다르게 느껴지는 현상이 나타났다. 이렇게 기를 교감시킨 사람을 다른 사람에게 들어보게 하면 드는 사람과 들리는 사람 모두 몸무게가 변화된 현상을 느꼈다. 이후로는 내 몸을 벗어난 곳까지 기를 쓰는 요령이 자연스럽게 터득되었다.

전찬욱 (사)기천협회 총재, 필자 (왼쪽부터)

그리고 나는 한동안 전찬욱 총재님을 찾아뵙고 기천 몸짓을 배웠다. 전찬욱 총재님께서는 본인이 수련하고 체득한 기천을 친절하고 진솔하게 가르쳐 주셨다. 전찬욱 총재님께서 풀어주시는 기천 몸짓의 무술적 특성은 매우 독특하고 매력적이었다. 기천 한수 한수에 대한 개념원리와 함께 여러 가지 변화되는 수를 배우면서 스스로 감탄하지 않을 수가 없었다. 그리고 기천 무학에 대해 좀 더 다른 방향으로도 이해할 수 있었다.

성남수련원 원장 김창일

그리고 김창일 원장님을 만나 기천 내력에 대해 좀 더 자세히 알게 되었다. 김창일 원장님 또한 솔직하고 진솔한 마음으로 본인이 배우고 터득한 기천의 모든 것을 아낌없이 가르쳐주셨다. 특히 그분이 대양 박정용 상인으로부터 지도받던 내용과 분위기까지 자상하게 전해주실 때는 내가 그 자리에 있었던 것같이 느껴졌다. 그때 대양 박정용 상인이 지도하시며 하신 말씀을 매우 현실감 있게 듣게 되었다. 이런 시간이 많아지면서 기천이 대중에게 전해지던 초창기와 내가 지도받을 때, 그리고 현재 기천 상황이 꿰뚫어져 이해되었다.

이외에도 많은 선배 원장님으로부터도 기천에 대해 다양하게 듣고 배웠으며, 같이 수련하던 사람들과도 서로 의견을 나누며 기천 수에 대한 개념의 폭을 넓혀갔다. 이런 과정에서 현재 펼쳐지는 기천의 무학적 개념에 대한 좀 더 폭넓은 시야가 뜨여져 현재에 이른다. 이 자리를 빌어 사부님의 가르침과 수련에 도움 주신 모든 분께 진심으로 감사의 마음 전해 드린다.

기천 수련 보감

초판 1쇄 발행_ 2024년 6월 27일

지은이_ 일저 조성호
펴낸이_ 천라수련원

펴낸곳_ 도서출판 애드모아
등록번호_ 제2011-000010호
주소_ 대전광역시 동구 대전로 815번길 35
전화_ 042-222-6880

ISBN_ 979-11-957898-9-4

이 책은 저작권법에 따라 보호받는 저작물로 무단 전제와 무단 복제를 금합니다.
이 책 내용의 전부 또는 일부를 재사용하려면 저자의 동의를 받아야 합니다.
잘못된 책은 교환해 드립니다.